# RUSSIAN

TEACH YOURSELF BOOKS

# RUSSIAN

Daphne M. West

## Hodder & Stoughton

A MEMBER OF THE HODDER HEADLINE GROUP

# Acknowledgements

The author and publishers would like to thank Irina Vorobyova, Elena Selyanina and Dr Michael Ransome for their invaluable advice, criticism and suggestions. They would also like to thank VAAP for permission to reproduce material from: *Literanturnaia gazeta, Pravda, Puteshestvie v USSR, Zdorov'e, Sovetskii soyuz, Sputnik.*

*British Library Cataloguing in Publication Data*

West, Daphne M.
  Russian. (Teach Yourself)
  I. Title    II. Series
  491.78
ISBN 0 340 61712 3

First Published 1991
Second edition 1995
Impression number 10 9  8  7  6  5  4  3  2  1
Year                1999  1998  1997  1996  1995
Copyright © 1995 (second edition) Daphne West

Typeset by Transet Typesetters Ltd, Coventry, England.
Printed in Great Britain for Hodder & Stoughton Educational,
a division of Hodder Headline Plc, 338 Euston Road, London NW1 3BH by
Cox & Wyman Ltd, Reading, Berks.

# Contents

# Introduction

A holiday, a business trip, an interest in world affairs or in the riches of Russian culture and history – there are many reasons for learning Russian, a language spoken throughout the *Commonwealth of Independent States* (formerly the USSR) by more than 285 million people (for about half of whom it is the mother tongue).

The aim of this course is to equip the complete beginner with the skills needed to communicate in practical, everyday situations and to give some background information about Russia and the nature of Russian society. The units of the course are designed to teach specific uses of language, these are related to situations which visitors to Russia may encounter. For example, you will learn how to give and seek information about people and places, how to make requests, complaints, apologies, arrangements, how to express opinions and explain what has happened and what will happen. You will meet topics such as shopping, health, accommodation and entertainment and learn how to cope with them in related settings – in a shop, with the doctor, in a hotel, at the theatre. A clear indication is given, at the beginning of each unit, of the language uses covered and of the setting of the dialogue which forms the basis of the unit.

### Note to 1995 edition

The recent dramatic and rapid changes in what used to be the USSR have resulted in equally swift changes in country, place and street names, and in prices. These continue as we go to press so that names and prices given in the book may not always tally with the current situation. You will still find, though, that through this course you are learning the language used throughout the former USSR, and that it is valid despite the changes.

# How to use this course

First work carefully through the sections on the alphabet and pronunciation before you attempt unit one. Each unit follows the same pattern, starting with a dialogue; study this carefully, noting all the new language forms and vocabulary. The vocabulary list at the end of the dialogue contains key words and expressions which are necessary to understand it. Other words are given in the Russian-English vocabulary at the end of the book. Any important cultural points are explained in the commentary which follows. Next the section *Attention!* draws your attention to the purpose of some of the sentences used in the dialogue and the main grammatical structures are explained and illustrated in sentences in the *Why is it like that?* section.

Once you have grasped the meaning of the dialogue, read it through again until you are satisfied that it is clear. Then turn to the questions and test your understanding of the dialogue (you can check your answers in the key to the exercises, which begins on page 302).

The exercises are designed to help you practise the written and spoken language and they will involve a range of activities: reading, asking, answering, looking (at pictures, maps, charts, forms) and writing. In the first unit instructions will be given in English and in Russian, and thereafter in Russian only. The answers to all the exercises can be found in the key to the exercises.

The final section is divided into two parts: conversation and reading. In each unit the conversation is based on the topic and language points of the dialogue and it is followed by a set of questions. Study the conversation carefully until you understand it clearly, then answer the questions (checking your answers in the key to the exercises). The texts in the reading section give information about the geography, history, culture and society of Russia. You will meet new vocabulary here – you will not need to understand every word or every grammatical form in order to answer the questions and the important vocabulary will be given for you at the end of the text; try to work out what the new words might mean before you look at the vocabulary at the end of the text (or at the end of the book) and use the questions which precede the text to help you follow the passage more easily and concentrate on the main points. The reading section is designed to improve your ability to understand written Russian and the questions (and your answers) will always be in English. You will probably find that you need to spend rather more time on the later units, which contain more material than the earlier ones.

# The Alphabet

Is Russian difficult? It is certainly very different from English; this is part of its fascination. An obvious difference is the Cyrillic alphabet – named after the ninth-century monk, St Cyril, its reputed author.

Using the Cyrillic alphabet to write Russian is actually a great deal easier than transliterating it – i.e. writing Russian in the English (Latin) alphabet, – because two or more English letters are often needed to render a single letter in Russian. In the following example only two Russian letters are needed to provide the word meaning *cabbage soup*, while five are needed in English:

| Cyrillic | English |
|----------|---------|
| щи | shchi (pronouned 'shchee') |

Learning the alphabet is the first step to learning Russian.

# Pronunciation

The alphabet can be divided into three different groups of letters: those which look and sound very much like English letters; those which look like English letters but have different sounds; those which neither look nor sound like English letters. If you are familiar with Greek or Hebrew letters you will recognise that some Russian letters have been developed from these sources.

Five letters fall into the first group (those which are equivalent to their English counterparts):

| | | | | |
|---|---|---|---|---|
| **a** | sounds slightly shorter than | *a* | in | father |
| **к** | sounds like | *k* | in | kit |
| **м** | sounds like | *m* | in | motor |
| **o** | sounds like | *o* | in | bore |
| **т**[1] | sounds like | *t* | in | tired |

There are seven letters in the second group (those which look like English letters but which sound different):

| в | sounds like | *v* | in | *v*isit |
|---|---|---|---|---|
| е | sounds like | *ye* | in | *ye*t |
| н[1] | sounds like | *n* | in | *n*ovel |
| р[2] | sounds like | *r* | in | *r*at |
| с | sounds like | *s* | in | *s*ip |
| у | sounds like | *oo* | in | sh*oo*t |
| х | sounds like | *ch* | in | lo*ch* (Scots) |

The third group do not look like any English letters:

| б | sounds like | *b* | in | *b*ox |
|---|---|---|---|---|
| г | sounds like | *g* | in | *g*oat |
| д[1] | sounds like | *d* | in | *d*aughter |
| ё | sounds like | *yo* | in | *yo*nder |
| ж | sounds like | *s* | in | plea*s*ure |
| з | sounds like | *z* | in | *z*oo |
| и | sounds like | *ee* | in | f*ee*t |
| й[4] | sounds like | *y* | in | bo*y* |
| л[5] | sounds like | *l* | in | bott*l*e |
| п | sounds like | *p* | in | *p*each |
| ф | sounds like | *f* | in | *f*ather |
| ц | sounds like | *ts* | in | qui*ts* |
| ч | sounds like | *ch* | in | *ch*ick |
| ш[3] | sounds like | *sh* | in | *sh*ift |
| щ | sounds like | *shch* | in | po*sh ch*ina |
| ъ[7] | hard sign – see note | | | |
| ы[6] | sounds like | *y* | in | ph*y*sics |
| ь[7] | soft sign – see note | | | |
| э | sounds like | *e* | in | l*e*t |
| ю | sounds like | *yu* | in | *yu*le |
| я | sounds like | *ya* | in | *ya*k |

The English equivalents given are only approximate and the best way to master Russian pronunciation is to listen to native speakers and to try to imitate them – the cassette will help you do this.

You will find more information on pronunciation in notes 1–7 in Appendix 2 on page 298

# Handwritten Russian

Some letters in the handwritten alphabet look a little different from <u>those</u> in the printed alphabet – the full alphabet, typed and handwritten, is given below. Compare each version of the letters, and practise saying them out loud.

| А | а | $\mathcal{A}\,a$ |
|---|---|---|
| Б | б | $\mathcal{Б}\,\delta$ |
| В | в | $\mathcal{B}\,\theta$ |
| Г | г | $\mathcal{Г}\,\imath$ |
| Д | д | $\mathcal{D}\,g$ (or $\partial$ ) |
| Е | е | $\mathcal{E}\,e$ |
| Ё | ё | $\ddot{\mathcal{E}}\,\ddot{e}$ |
| Ж | ж | $\mathcal{Ж}\,\varkappa$ |
| З | з | $3\,\jmath\,3$ |
| И | и | $\mathcal{U}\,u$ |
| Й | й | $\breve{\mathcal{U}}\,\breve{u}$ |
| К | к | $\mathcal{K}\,\kappa$ |
| Л | л | $\mathcal{Л}\,\iota$ |
| М | м | $\mathcal{M}\,\iota\iota$ |
| Н | н | $\mathcal{H}\,\iota\iota$ |
| О | о | $\mathcal{O}\,\sigma$ |

| | | |
|---|---|---|
| П | п | *П п* |
| Р | р | *Р р* |
| С | с | *С с* |
| Т | т | *Т т* (or *Т т*) |
| У˘ | у | *У у* |
| Ф | ф | *Ф ф* |
| Х | х | *Х х* |
| Ц | ц | *Ц ц* |
| Ч | ч | *Ч ч* |
| Ш | ш | *Ш ш* |
| Щ | щ | *Щ щ* |
| | ъ | *ъ* |
| | ы | *ы* |
| | ь | *ь* |
| Э | э | *Э э* |
| Ю | ю | *Ю ю* |
| Я | я | *Я я* |

Here are some words you've already met, given in both the printed and the handwritten form – note that the letters л, м, and я must always begin with a little hook, wherever they occur in the word; т and ш are often written with a line above and a line below, for the sake of clarity; while most letters in a word are joined together, it is not possible to join о to certain letters which follow it (e.g. л, м and я), otherwise it will look like an а. Practise saying these words aloud and try copying them out. Pay special attention to the relative height of the letters:

| 1 | Бага́ж | бага́ж | (*luggage*) | *багаж* |
| 2 | Во́дка | во́дка | (*vodka*) | *водка* |
| 3 | Го́род | го́род | (*town*) | *город* |
| 4 | Да | да | (*yes*) | *да* |
| 5 | Друг | друг | (*friend*) | *друг* |
| 6 | Дя́дя | дя́дя | (*uncle*) | *дядя* |
| 7 | Е́сли | е́сли | (*if*) | *если* |
| 8 | Лы́жи | лы́жи | (*skis*) | *лыжи* |
| 9 | Мать | мать | (*mother*) | *мать* |
| 10 | Сад | сад | (*garden*) | *сад* |
| 11 | Тётя | тётя | (*aunt*) | *тётя* |
| 12 | Футбо́л | футбо́л | (*football*) | *футбол* |
| 13 | Хлеб | хлеб | (*bread*) | *хлеб* |
| 14 | Цирк | цирк | (*circus*) | *цирк* |
| 15 | Ча́сто | ча́сто | (*often*) | *часто* |

# Practice

**1**   Now that you are acquainted with the alphabet, try to decipher these place names (answers in the key to exercises, p.302).

(*a*) Лондон

(*b*) Ланкастер

(*c*) Мадрид

(*d*) Корнуолл

(*e*) Амстердам

(*f*) Абердин

(*g*) Хантингдон

(*h*) Солфорд

(*i*) Эпсом

(*j*) Мельбурн

**2**   Given below is the room allocation list for a group of tourists. Look at the second list in English and work out who is in which room (answers in the key to exercises, p.302).

| | | | | |
|---|---|---|---|---|
| Джон Смит | 201 | Хью Райли | 206 |
| Джейн Кларк | 202 | Ричард Харрисон | 207 |
| Вероника Томсон | 203 | Стефани Браун | 208 |
| Лилиан Уэст | 204 | Маргарет Дэйвиз | 209 |
| Саймон Макензи | 205 | Николас Тэйлор | 210 |

(*a*) Stephanie Brown

(*b*) Jane Clark

(*c*) Margaret Davies

(*d*) Richard Harrison

(*e*) Simon Mackenzie

(*f*) Hugh Riley

(*g*) John Smith

(*h*) Nicholas Taylor

(*i*) Veronica Thomson

(*j*) Lilian West

# Using the course with the cassette

The cassette contains recordings of the alphabet, the words on page 7 of the introduction, the dialogues and the conversations. You will find it very helpful for your comprehension and pronunciation of Russian to listen to the cassette as you work through the course. To begin with, listen to the dialogue at the same time as you read it in the book; when you have finished studying the important language forms of the dialogue try listening to it again, this time without looking at the book. The more times you listen the better; try to concentrate on the pronunciation and intonation of the speakers. The conversations can be used as listening comprehension exercises; listen to the conversation to get the general gist (don't worry about understanding every single word), look at the questions which follow, then listen again before you try to answer them.

## The appendices and vocabulary

Appendix 1 includes summaries and notes on nouns, pronouns, adjectives, prepositions and verbs. Common irregularities are noted in Appendix 1. Appendix 2 contains more on pronunciation. Other irregularities are noted in the Russian-English vocabulary.

## Stress

Stress (indicated by ´) is very important – however many syllables there are in a word, only one of them can be stressed. Every time you learn a new word, make sure you learn which syllable is stressed. If you get the stress wrong then your Russian will sound rather strange – just as your English would sound strange if you emphasised the wrong syllable (e.g. *hótel*, *visít*). In Russian the stressed vowel is 'given its full value' (it is pronounced quite distinctly) whereas the unstressed vowel is passed over quickly, almost 'thrown away'. This is heard most clearly with 'o'. If an 'o' comes immediately before the stressed syllable of the word, it is 'reduced' to a sound rather like the 'a' in the English word 'matter': e.g. **Москва** (*Moscow*). In any other position in the word, an unstressed 'o' is pronounced like the second syllable of 'matter': **го́род.** (See Appendix 2 for further details on how stress affects vowels – note 8). Note that the letter ё always carries the stress. In texts where the stress is not indicated (which includes most Russian publications), the two dots are not normally marked above this letter.

Note that stress is marked in all words in the dialogues, conversations, reading texts, commentaries, grammars and vocabularies.

# 1  Ваш паспорт, пожалуйста!
## Your passport, please!

The aim of this unit is to teach you how to respond to requests for personal information and documentation. You will also learn some forms of courtesy.

## Диалóг

Anna Prince, a tourist from England, has just arrived at Sheremet'evo airport in Moscow and is passing through passport control and customs. A young man at passport control checks her passport; she then moves on to customs where a young woman checks her luggage and currency declaration.

| | |
|---|---|
| **Молодóй человéк** | Здрáвствуйте! Ваш пáспорт, пожáлуйста. |
| **Áнна** | Здрáвствуйте! Вот мой пáспорт. |
| **Молодóй человéк** | Вы турúстка? |
| **Áнна** | Да, я турúстка. |
| **Молодóй человéк** | Вы англичáнка, да? |
| **Áнна** | Да, я англичáнка. |
| **Молодóй человек** | Как вáша фамúлия? |
| **Áнна** | Моя фамúлия – Принс. |
| **Молодóй человéк** | Хорошó. Вот ваш пáспорт. |
| **Áнна** | Спасúбо. |
| **Молодóй человéк** | Пожáлуйста. |
| **Дéвушка** | Где ваш багáж? |
| **Áнна** | Вот он. |
| **Дéвушка** | Пожáлуйста, где вáша декларáция? |
| **Áнна** | Вот онá. |
| **Дéвушка** | Хорошó. Вот вáша декларáция. |
| **Áнна** | Спасúбо. |
| **Дéвушка** | Пожáлуйста. До свидáния. |
| **Áнна** | До свидáния. |

**молодо́й челове́к** *young man*
**здра́вствуйте** *hello;*
  *how do you do*
**ваш па́спорт** *your passport*
**пожа́луйста** *please*
**вот** *here/there is/are*
**вы** *you*
**англича́нка** *English (woman)*
**да** *yes*
**я** *I*
**Как ва́ша фами́лия?**
  *What's your surname*

**хорошо́** *good, fine*
**спаси́бо** *thank you*
**де́вушка** *girl*
**где** *where*
**ваш бага́ж** *your luggage*
**он** *he, it*
**ва́ша деклара́ция** *your*
  *currency declaration*
**она́** *she, it*
**до свида́ния** *good-bye*

# Примеча́ния (*Commentary*)

## Па́спорт

Visitors to Russia must be in possession of a passport (**па́спорт**) and a visa (**ви́за**). Russian border guards are renowned for taking their time over scrutinising these documents! On entering Russia visitors must give details of money, travellers cheques and other valuables they have with them on their currency declaration form (**деклара́ция**) and this is checked again when they leave Russia.

## Фами́лия

Anna supplies her surname (**фами́лия**) and her first name (**и́мя**). Russians would also give their patronymic (**о́тчество**) – a middle name derived from their father's first name and usually ending in **-овна** or **-евна** (for a woman) and **-ович** or **-евич** (for a man). Women's surnames usually end in **-a** (which is why Anna Karenina is married to a man called Karenin):

| First Name | Surname | Father's Name | Full Name |
|---|---|---|---|
| Гали́на | Петро́ва | Влади́мир | Гали́на Влади́мировна Петро́ва |
| Бори́с | Петро́в | Серге́й | Бори́с Серге́евич Петро́в |
| Ири́на | Его́рова | Никола́й | Ири́на Никола́евна Его́рова |
| Алексе́й | Его́ров | Па́вел | Алексе́й Па́влович Его́ров |

There is no Russian equivalent for the English 'titles' *Mr, Mrs, Ms, Miss*; members of the family, close friends, children and young people address each other by the first name (or a 'diminutive' – affectionate – version of the first name, – e.g. the diminitive of **Светла́на** is **Све́та**); in more formal situations the first name and patronymic are used. So, **Гали́на Влади́мировна Петро́ва** would be known as **Гали́на** (or diminutive **Га́ля**) to her close friends and formally as **Гали́на Влади́мировна**. **Това́рищ** (*comrade*), which used to be used with the surname as an official form of address (or to address someone whose name you didn't know), is no longer used and **господи́н** (feminine **госпожа́**) has come back into usage as an official form of address.

## Вы

In Russian there are two ways of saying *you*; **Вы** is used to indicate both singular (i.e. one person) and plural (more than one) – in the former case it is the polite form of address used when talking to someone you don't know, or don't know very well (like the French word *vous*). If you are speaking to a member of your family, a close friend or a child you would use the word **ты** (like the French word *tu*).

## Здра́вствуйте!

This literally means *be healthy* and is used to greet a group of people or one person you would call **вы.** Note that the first **в** is not pronounced. If you were addressing one person whom you call **ты** you would say **Здра́вствуй!**

## Пожа́луйста

This means *please*, but is also used to mean *don't mention it, you're welcome* when someone has said **спаси́бо** to you (like the German word *bitte*).

# Вопросы (*Questions*)

### 1   Правда или неправда? (*True or False?*)

(*a*)  Анна – американка.

(b) Её (*her*) фамилия – Петрова.
(c) Анна – туристка.

**2 Ответьте на вопросы** (*Answer the questions*)

(a) Анна англичанка?
(b) Как её фамилия?

# Внимание! (*Attention!*)

How to:

1 *Greet people.*

Здра́вствуйте!

2 *Say please and thank you.*

пожа́луйста
спаси́бо

3 *Ask someone's surname and say your own.*

Как ва́ша фами́лия?
Моя́ фами́лия Принс

4 *Ask people their nationality and state yours.*

Вы англича́нка?
Да, я англича́нка

5 *Respond to requests for items, say here it is, etc.*

Где ваш па́спорт?
Вот мой па́спорт.

# Почему это так?
# (*Why is it like that?*)

## 1 *The/a*

There are no words in Russian for *the* (the definite article) or *a* (the indefinite article), so **па́спорт** means *the passport* or *a passport*.

## 2   *To be*

The verb *to be* is not used in Russian in the present tense (*I am*, *you are* and so on). So **Вы турист** (which means literally *you tourist*) is the way of saying *you are a tourist*. If both words separated by the 'missing' verb *to be* are nouns, a dash may be used: **Моя фамилия – Петрóва.**

## 3   Statements and questions

The only difference between a statement and a question in written Russian is that a question ends with a question mark ... and a statement does not!
There is no change in word order:

> Анна турúстка.    *Anna is a tourist.*
> Анна турúстка?    *Is Anna a tourist?*

In spoken statements, the voice usually falls on the last stressed syllable of the last word:

Анна турúстка.

In a spoken question, the voice is raised on the last stressed syllable of the last word:

Анна турúстка?

If the question begins with a question word (an interrogative), the voice is raised on that word:

Где ваш багáж?

If a question implies a contrast, a dip occurs:

А это?

## 4   Groups of nouns

Nouns are randomly divided into different groups – in Russian there are three groups (also known as 'genders') masculine, feminine and neuter. The important thing to remember is that it is possible to work out the group which a Russian word belongs to by looking at its ending. The most common endings are:

| | | |
|---|---|---|
| Masculine words | end in | a consonant (**стол** *table*) |
| Feminine words | end in | **а** (**книга** *book*) |
| Neuter words | end in | **о** (**письмо** *letter*) |

Sometimes a word has two forms to distinguish between males and females, e.g.

> Борис турист. *Boris is a tourist.*
> Анна туристка. *Anna is a tourist.*

You will soon become familiar with these endings as they are also present in certain pronouns, adjectives and past tense verbs. Other group endings are:

| | |
|---|---|
| Masculine words end in | a diphthong (e.g. **-ой, -ай, -ей**) (**май** *May*) |
| | a soft sign (**ь**) (**автомобиль** *car*) |
| Feminine words end in | **я** (**неделя** *week*) |
| | **ия** (**А́нглия** *England*) |
| | a soft sign (**ь**) (**тетрадь** *exercise book*) |
| Neuter words end in | **е** (**по́ле** *field*) |
| | **ие** (**зда́ние** *building*) |

So, the only ending 'shared' by more than one group is **ь** (the soft sign), and this is the only time you will need to learn the gender of a word. Very occasionally you will meet exceptions to these patterns – the most common are **вре́мя** (*time*) and **и́мя** (*first name*), which are both neuter.

## 5 How to say *I, you, he, she, it, we, you* and *they*

The grammatical name for these words is the subject pronoun and the table below gives a full list of them:

| | |
|---|---|
| **я** | *I* |
| **ты** | *you* (singular, informal) |
| **он** | *he* (person), *it* (when referring to a masculine noun) |
| **она́** | *she* (person), *it* (when referring to a feminine noun) |
| **оно́** | *it* (can only refer to a neuter noun) |
| **мы** | *we* |
| **вы** | *you* (singular, formal; plural) |
| **они́** | *they* |

## 6 *My, our, your*

These are known as possessive adjectives because they denote possession. They change their endings depending on the gender of the noun they are describing:

| | | |
|---|---|---|
| **мой** (for masculine words): | **мой па́спорт** | *my passport* |
| **моя́** (for feminine words): | **моя́ деклара́ция** | *my declaration* |
| **моё** (for neuter words): | **моё и́мя** | *my (first) name* |

The word **твой** (*your*, i.e. belonging to **ты**) works in just the same way.

| | | |
|---|---|---|
| **ваш** (for masculine words): | **ваш бага́ж** | *your luggage* (i.e. belonging to **вы**) |
| **ва́ша** (for feminine words): | **ва́ша фами́лия** | *your surname* |
| **ва́ше** (for neuter words): | **ва́ше письмо́** | *your letter* |

The word **наш** (*our*, i.e. belonging to **мы**) works in just the same way.

### *His, her, its*

The following words never change form:

> **его́\*** *his, its* (when referring to a masculine or a neuter noun)

**её**     *her, its* (when referring to a feminine noun)
**их**     *their*

| | |
|---|---|
| ·Где его деклара́ция? | *Where is his declaration?* |
| Вот её бага́ж | *Here is her luggage* |
| Как их фами́лия? | *What is their surname?* |

\* Note the pronunciation of this word, which is not what you would expect: **yevó** (not **yegó**).

## 7 Как (*How?*)

This word means *how* and is frequently used in questions:

| | |
|---|---|
| Как вы? | *How are you?* |
| Как дела́? | *How are things?* |
| Как ваш брат? | *How's your brother?* |

## 8 Nationalities

Russian uses two nouns (one masculine, one feminine) to describe nationality:

| | |
|---|---|
| Он англича́нин | *He is English* |
| Он америка́нец | *He is American* |
| Он испа́нец | *He is Spanish* |
| Она́ англича́нка | *She is English* |
| Она́ америка́нка | *She is American* |
| Она́ испа́нка | *She is Spanish* |

*He is Russian, She is Russian*, etc. look rather different:

Он ру́сский          Она́ ру́сская

(This is because these are adjectives – see unit 5.)
A general rule would be that the feminine nouns end in –**a**.

# Упражне́ния (*Exercises*)

The exercises in this unit give you practice in recognising the alphabet and in using some of the vocabulary and grammatical items covered in the unit.

## 1.1   Прочитайте и ответьте! (*Read and answer*)

Look carefully at the form below and then answer the questions which follow it:

---

Форма №210

Национальность    *Русская*

Фамилия    *Воробьёва*

Имя, отчество    *Галина, Сергеевна*

Профессия    *пианист*

---

(*a*) What nationality is indicated on this form?
(*b*) What is the person's surname?
(*c*) What is her occupation?

## 1.2   Галина Сергеевна Воробьёва русская. Она пианист.

Make up similar sentences for the following people, indicating their name and occupation. Practise saying the sentences aloud.

(*a*)   Джим        американец      журналист
(*b*)   Мария       итальянка       актриса (*actress*)
(*c*)   Борис       русский         инженер
(*d*)   Патрик      ирландец        студент

## 1.3   Посмотрите и ответьте! (*Look and answer*)

(*a*)   What kind of confectionery is the wrapper taken from?
(*b*)   What make of car is featured on the wrapper?

(*c*)  Which city features on the hotel emblem below?

| гости́ница | *hotel* |
|---|---|

**1.4  Прочита́йте и отве́тьте!** (*Read and answer*)

Match the question with the answer.

1  Как ва́ша фами́лия?  (*a*)  Нет, она́ англича́нка.
2  Где ва́ша деклара́ция?  (*b*)  Да, мой.
3  Она́ ру́сская?  (*c*)  Вот она́.
4  Э́то ваш бага́ж?  (*d*)  Воробьёв

| нет *no* | э́то *it is/this is/these are* |
|---|---|

**1.5  Прочита́йте и напиши́те!** (*Read and write*)

Где ваш па́спорт? *Вот мой паспорт*

Make up similar answers to the following:

(*a*)  Где ва́ша деклара́ция? _____

(*b*)  Где ва́ше письмо́? _____

(*c*)　Где ваш багаж? _____

(*d*)　Где ваш журнал? _____

(*e*)　Где ваша виза? _____

| | |
|---|---|
| **журна́л** *magazine* | **письмо́** *letter* |

### 1.6　Прочитайте вопросы и напишите ответы!
　　　(*Read the questions and write your answers*)

(*a*)　Как ваша фамилия?
(*b*)　Вы англичанин/англичанка?
(*c*)　Вы студент/студентка?

# Всё понятно? (*Comprehension*)

## 1　Разговор (*Conversation*)

Прочитайте разговор и ответьте на вопросы. (*Read the conversation and answer the questions.*)

A Russian tourist had just boarded a plane at Sheremet'evo for a holiday in Yalta. He is talking to the stewardess.

| | |
|---|---|
| **Стюарде́сса** | Здра́вствуйте. |
| **Тури́ст** | Здра́вствуйте. |
| **Стюарде́сса** | Как ва́ша фами́лия? |
| **Тури́ст** | Цве́тов. Бори́с Влади́мирович Цве́тов. |
| **Стюарде́сса** | Где ваш биле́т? |
| **Тури́ст** | Вот он. |
| **Стюарде́сса** | Спаси́бо. Ва́ше ме́сто 5Б. |
| **Тури́ст** | Спаси́бо. |
| **Стюарде́сса** | Пожа́луйста. |

| | |
|---|---|
| **ме́сто** *place, seat* | **пять** *five* |

Правда или неправда? (*True or false?*) Read the statements about the tourist and state whether they are true or false:

(*a*)  Его фамилия – Петров.
(*b*)  Его имя – Борис.
(*c*)  Он турист.

## 2  Чтение (*Reading*)

Прочитайте текст и ответьте на вопросы по-английски. (*Read the text and answer the questions in English.*)

(*a*)  Where is Viktor from?
(*b*)  What is his job?
(*c*)  Which famous places are mentioned?

Виктор москвич.
Виктор русский. Он журналист. Он москвич.
Москва.
Москва – столица России. Это центр политики и культуры. Там Большой театр, Московский университет и Кремль.

| Москва́ | *Moscow* | Росси́и | *of Russia* |
|---------|----------|---------|-------------|
| москви́ч | *Muscovite* | там | *there* |
| столи́ца | *capital* | Кремль | *Kremlin* |

# 2 Меня зовут Ира  *I'm called Ira*

The aim of this unit is to teach you how to give further information about yourself and how to request such information from others.

## Диалог

Anna is travelling with a group of tourists from England who are all interested in painting and architecture. *Intourist* has arranged a social evening at which they are to meet a group of Russian artists and teachers of art.

| | |
|---|---|
| **Ира** | Давáйте познакóмимся! Меня́ зову́т Ира. |
| **Анна** | Óчень прия́тно. |
| **Ира** | Как вас зову́т? |
| **Анна** | Меня́ зову́т Áнна |
| **Ира** | Óчень прия́тно, Áнна ... Вы ужé хорошó говори́те по-ру́сски! |
| **Анна** | Спаси́бо. Я изучáю ру́сский язы́к ужé три гóда. Йра, вы москви́чка? |
| **Ира** | Да, я живу́ в Москвé. А где вы живёте? В Лóндоне? |
| **Анна** | Нет, я живу́ в Бри́столе. Я рабóтаю там в шкóле, преподаю́ англи́йский язы́к. А где вы рабóтаете? |
| **Ира** | Здесь в Москвé, в институ́те. Я – худóжница, преподаю́ жи́вопись. |
| **Анна** | Ой, как интерéсно! |

| | |
|---|---|
| дава́йте познако́мимся | *let's introduce ourselves* |
| меня́ зову́т | *I'm called* |
| о́чень прия́тно | *Pleased to meet you* |
| как вас зову́т? | *what are you called?* |
| вы уже́ хорошо́ говори́те по-ру́сски | *you already speak Russian well* |
| я изуча́ю | *I'm learning [I have been learning]* |
| ру́сский язы́к | *Russian (language)* |
| три го́да | *(for) three years* |
| москви́чка | *a Muscovite (female)* |
| я живу́ | *I live* |
| в Москве́ | *in Moscow* |
| а | *and; but* |
| вы живёте | *you live* |
| в Ло́ндоне | *in London* |
| я рабо́таю | *I work* |
| там | *there* |
| в шко́ле | *in (a/the) school* |
| я преподаю́ | *I teach* |
| англи́йский язы́к | *English (language)* |
| здесь | *here* |
| в институ́те | *in the/an institute* |
| худо́жница | *(female) artist* |
| жи́вопись (f.) | *drawing, painting* |

# Примечания

## Дава́йте познако́мимся!

This literally means *let's get to know each other* and is used when you're introducing yourself (or a group of which you are a member). If you were introducing two people to each other you would say **познако́мьтесь!** (literally *get to know each other!*).

## Меня́ зову́т Ира

This literally means *me they call Ira*. Russians will often introduce themselves at the sort of function described here by just giving their first name (in this case Ira is the diminutive of Irina).

## Óчень приятно

The literal meaning of this is *very pleasant*. There is another common way of saying *pleased to meet you*: you could say **óчень рад** (if you're a man) or **óчень páда** (if you're a woman).

## В институ́те

Russia's higher education system includes universities, institutes, academies, conservatories and specialist high schools. The institutes specialise in preparing students for practical qualifications in education, art, science, modern languages and so on. The education reforms of 1984 made education compulsory between the ages of six and 17. For pre-school children, up to the age of three, there are crèches (**я́сли**) and for three- to six-year-olds there is the kindergarten (**де́тский сад**). Education used to be free and open-access; however, there are now fee-paying private secondary schools (and terms such as **лице́й** and **гимна́зия** have reappeared). Higher education is no longer free for all students and, increasingly, students' studies are linked to work for commercial concerns.

# Вопросы

### 1 Правда или неправда?

(*a*) Ира англичанка.
(*b*) Анна говорит по-русски.
(*c*) Ира – инженер.

### 2 Ответьте на вопросы:

(*a*) Как Анна говорит по-русски?
(*b*) Где Анна живёт?
(*c*) Что (*what*) Анна преподаёт?

# Внимание!

How to:

1 *Introduce yourself.*

Дава́йте познако́мимся!

2 *Say your name and ask someone else's name.*

Меня́ зову́т ...
Как вас зову́т?

3 *Say 'pleased to meet you'.*

О́чень прия́тно!
О́чень рад! О́чень ра́да!

4 *Ask people where they live and say where you live.*

Где вы живёте?
Я живу́ в ...

5 *Ask people where they work and say where you work.*

Где вы рабо́таете?
Я рабо́таю в ...

# Почему э́то так?

## 1 Verbs

(a) You learnt in unit 1 that the verb *to be* is not used in the present tense in Russian, but this is an exception. It is important to know how the present tense of other verbs works in Russian (just as in English you need to know how verbs change depending on who is being talked about – *I play*, *she plays*, etc.). When speaking a foreign language you tend to use *I* and *you* (i.e. **я, ты** and **вы** in Russian) most frequently, so it is especially important to learn these parts of the verb.

There are two main groups (or conjugations) of verbs in Russian:

(*i*) Most verbs whose infinitive (the *to do* part of the verb) ends in **-ать** will work like the verb **рабо́тать** (*to work*) in the present tense:

| | | | |
|---|---|---|---|
| я рабо́таю | *I work* | мы рабо́таем | *we work* |
| ты рабо́та**ешь** | *you work* | вы рабо́таете | *you work* |
| он/она́/оно́ рабо́тает | *he/she/it works* | они́ рабо́та**ют** | *they work* |

i.e. remove the **ть** and add: **-ю, -ешь, -ет, -ем, -ете, ют**.

(*ii*)　Most verbs whose infinitive ends in **-ить** will work like **говори́ть** (*to speak*) in the present tense:

| | | | |
|---|---|---|---|
| я говорю́ | *I speak* | мы говори́м | *we speak* |
| ты говори́шь | *you speak* | вы говори́те | *you speak* |
| он/она́/оно́ говори́т | *he/she/it speaks* | они́ говоря́т | *they speak* |

i.e. remove the **ить** and add: **-ю, -ишь, -ит, -им, -ите, -ят**.

(*b*)　Like other languages, Russian has verbs which do not conform to the usual patterns (irregular verbs). In Russian, however, even irregular verbs are fairly consistent, and in order to be able to use them, the important thing is to know their stem and the **я, ты, они** endings (and these are always given for irregular verbs in the vocabulary at the end of the book), e.g.:

> **жить** (*to live*) has the stem **жив-** and the following endings: я живу́, ты живёшь, он живёт, мы живём, вы живёте, они живу́т

(*c*)　**Преподава́ть** (*to teach*) like all verbs ending in **-авать** loses its middle (**ав**) and is conjugated as follows:

| | | | |
|---|---|---|---|
| я преподаю́ | *I teach* | мы преподаём | *we teach* |
| ты преподаёшь | *you teach* | вы преподаёте | *you teach* |
| он преподаёт | *he teaches* | они́ преподаю́т | *they teach* |

It is important to know this, because there are some very common verbs which work this way: e.g. **дава́ть** (*to give*), **продава́ть** (*to sell*).

## 2　Endings

These change according to the function of the words (nouns, adjectives, pronouns) in a given sentence; the different endings are called cases. So far you have met the nominative case – this is used to talk about the person or thing doing an action (i.e. for the *subject* of the sentence):

| subject | verb |
|---------|------|
| Ири́на | рабо́тает |

The nominative is also used for the complement of the verb *to be* (i.e. the word(s) which complete(s) our knowledge of the subject):

| subject | complement |
|---------|-----------|
| Москва́ | – столи́ца Росси́и |
| Анна Принс | – тури́стка |

There are six cases in Russian, including the nominative (nouns and adjectives always appear in dictionaries and vocabularies in the nominative).

## 3  Describing place or position

To describe the place or position of something or someone after the following prepositions:

| в | *in* (*inside*) |
|---|-----------------|
| на | *on* |

the prepositional (or locative) case is used.

The prepositional is usually formed by adding the letter **e** to the end of a noun:

| Nominative | Remove | Add | Phrase | Meaning |
|------------|--------|-----|--------|---------|
| *Masculine*: | | | | |
| институ́т | – | е | в институ́те[1] | *in/at the institute* |
| автомоби́ль | ь | е | в автомоби́ле | *in the car* |
| трамва́й | й | е | на трамва́е | *on the/by tram* |
| *Feminine*: | | | | |
| Москва́ | а | е | в Москве́ | *in Moscow* |
| *Neuter*: | | | | |
| письмо́ | о | е | в письме́ | *in the letter* |
| мо́ре | е | е | в мо́ре[2] | *in the sea* |

[1](NB Note that the preposition **в** is elided with the word which follows i.e.: **в институ́те** is pronounced as if it were one word.)
[2]i.e. neuter nouns ending in **-e** stay the same.

The only exceptions to the usual ending are:

(*a*)   Feminine soft sign nouns, feminine nouns which end in **-ия** and neuter nouns which end in **-ие**:

| | | | | |
|---|---|---|---|---|
| тетра́дь | ь | и | в тетра́ди | *in the exercise book* |
| А́нглия | я | и | в А́нглии | *in England* |
| зда́ние | е | и | в зда́нии | *in the building* |

(*b*)   A group of masculine nouns which all take the stressed ending **у** (instead of **-е**). A full list of these is given in Appendix 1, but here are some common examples:

| | | | | |
|---|---|---|---|---|
| аэропо́рт | – | у́ | в аэропорту́ | *at the airport* |
| Крым | – | у́ | в Крыму́ | *in the Crimea* |
| пол | – | у́ | на полу́ | *on the floor* |
| сад | – | у́ | в саду́ | *in the garden* |
| у́гол | – | у́ | в углу́* | *in the corner* |
| шкаф | – | у́ | в шкафу́ | *in the cupboard* |

(*c*)   A small group of words (known as indeclinable) never change their form in any case – these tend to be words imported from other languages.
Common examples are:

| | | |
|---|---|---|
| кафе́ | в кафе́ | *in/at the café* |
| такси́ | в такси́ | *in the taxi* |

## 4   По-ру́сски

This word describes the way in which something is done, is formed from **ру́сский**, and means *in Russian*. Such words are called adverbs. Note the following similar adverbs:

---

* Note that **у́гол** has what is known as a 'fleeting vowel' – i.e. a vowel which is omitted in every case except the nominative (words which have fleeting vowels are indicated in the vocabulary at the end of this book).

Пьер говори́т по-францу́зски     *Pierre speaks French*
Пи́тер говори́т по-англи́йски     *Peter speaks English*
Мари́я говори́т по-италья́нски    *Maria speaks Italian*

# Упражнения

## 2.1   Прочита́йте и отве́тьте!

Which is the correct alternative?

(*a*) мы рабо́таю/рабо́таем/ рабо́тают

(*b*) она́ преподаёт/преподаёшь/ преподаёте

(*c*) вы живу́/живёте/живёшь

(*d*) они́ зна́ете/зна́ю/зна́ют

(*e*) я говорю́/говори́те/ говори́т

| | |
|---|---|
| знать | *to know* |

## 2.2   Прочита́йте и отве́тьте!

Match the question with the answer:

1   Вы рабо́таете в Москве́?
2   Как вас зову́т?
3   Вы живёте в Ки́еве?
4   Где вино́?

(*a*) Меня́ зову́т Ви́ктор
(*b*) Нет, я живу́ в Крыму́
(*c*) Вот оно́
(*d*) Да, в Москве́

## 2.3   Посмотри́те и отве́тьте!

Look carefully at the following theatre ticket:

(*a*) What is the name of the theatre?
(*b*) What is the theatre's telephone number?

Серия БТ     Б/кн. №

**9 НОЯБРЯ**     000207 ✳

Начало в 19 часов

**П А Р Т Е Р**

Государственный
академический
БОЛЬШОЙ ТЕАТР
РОССИИ

Театральная пл., дом 1
Телефон 292-00-50

Правая сторона   РЯД **16**   МЕСТО **6**

ЦЕНА **8000**

## 2.4 Прочитайте и напишите!

Кто где работает? *Who works where?*

| | | | |
|---|---|---|---|
| (*a*) | Виктор | работать | институт |
| (*b*) | Саша | работать | сад |
| (*c*) | Ты | работать | школа |
| (*d*) | Галина | работать | лаборатория |
| (*e*) | Вы | работать | бюро |
| (*f*) | Я | работать | гостиница |
| (*g*) | Борис | работать | Москва |

| | |
|---|---|
| **лаборато́рия** | *laboratory* |

(a)   *Виктор работает в институте.*

Write similar sentences about the others listed above.

## 2.5 Прочитайте и ответьте!

Can you work out which composers are featured in the concert programme below?

**1   отделение**

a)   И.–С Бах –   Токката, адажио и фуга до мажор
Трио-соната № 5

**2   отделение**

b)   Моцарт – Фантазия фа минор
c)   Шуман – Канон си минор

## 2.6 Прочитайте и напишите!

| | | | |
|---|---|---|---|
| (*a*) | Анна | Бристоль | по-английски |
| (*b*) | Я | Бирмингам | по-английски |
| (*c*) | Пьер | Париж | по-французски |

| | | |
|---|---|---|
| (*d*) Хосе | Испания | по-испански |
| (*e*) Вы | Москва | по-русски |

(a) *Анна живёт в Бристале.*
*Она говорит по-английски.*

Write similar sentences about the others listed above.

# Всё понятно?

## 1 Разговор

**Прочитайте разговор и ответьте на вопросы**

Michael Jones, a journalist, is met at St. Petersburg airport by his guide.

| | |
|---|---|
| **Гид** | Извините, пожалуйста, вы Майкл Джонс? |
| **Майкл** | Да, это я. |
| **Гид** | Здравствуйте! Я ваш гид. Меня зовут Володя. |
| **Майкл** | Очень приятно, Володя. |
| **Гид** | Вот наш автобус, номер пять, Майкл. |
| **Майкл** | Спасибо. |
| **Гид** | Скажите, Майкл, вы англичанин? |
| **Майкл** | Да, англичанин. |
| **Гид** | Вы живёте в Лондоне? |
| **Майкл** | Нет, нет, я живу в Оксфорде. |
| **Гид** | Как интересно. Вы работаете в университете? |
| **Майкл** | Нст, я журналист. |
| **Гид** | Вы очень хорошо говорите по-русски. |
| **Майкл** | Спасибо. Я работаю в Оксфорде, но иногда в России тоже. |
| **Гид** | А, понятно … вот почему вы говорите по-русски. |
| **Майкл** | А где вы живёте, Володя? |
| **Гид** | Я живу и работаю здесь в Санкт-Петербурге. |
| **Майкл** | В центре? |
| **Гид** | Да, да, в центре … Ну, вот и ваша гостиница. |

| вот почему́ | that's why | поня́тно | I see (lit. *it is* |
|---|---|---|---|
| здесь | here | | *understood*) |
| извини́те | excuse me | пять | five |
| иногда́ | sometimes | то́же | also |

**Правда или неправда?**

(*a*) Майкл Джонс живёт в Лондоне.
(*b*) Майкл Джонс журналист.
(*c*) Майкл Джонс хорошо говорит по-русски.
(*d*) Майкл Джонс работает только в Оксфорде.
(*e*) Володя живёт в Москве.

## 2  Чтение

Прочитайте текст и ответьте на вопросы по-английски:

1 What sort of city
  is St. Petersburg?
2 What do we learn about
  the population
  of St. Petersburg?
3 Where exactly does
  Elena live?
4 What does she say about
  the architecture?
5 Where does she work?

Еле́на Петро́вна Его́рова живёт в Санкт-Петербу́рге. Санкт-Петербу́рг о́чень большо́й го́род, культу́рный и администрати́вный центр. В Санкт-Петербу́рге живёт пять миллио́нов челове́к. Лена живёт в кварти́ре в це́нтре. Жить в це́нтре о́чень прия́тно! Там архитекту́ра о́чень краси́вая. Наприме́р, в це́нтре нахо́дятся Зи́мний дворе́ц и Эрмита́ж. И, коне́чно, в Санкт-Петербу́рге о́чень краси́вая река́ – Нева́. В це́нтре та́кже нахо́дится очень большо́й, ста́рый университе́т, где Еле́на рабо́тает. Еле́на – гео́лог.

| | |
|---|---|
| **большо́й** | *big* |
| **гео́лог** | *geologist* |
| **Зи́мний дворе́ц** | *Winter Palace* |
| **кварти́ра** | *flat* |
| **коне́чно** | *of course* |
| **краси́вая архитекту́ра** | *beautiful architecture* |
| **наприме́р** | *for example* |
| **находи́ться** | *to be situated* |
| **пять миллио́нов** | *5 million* |
| **река́** | *river* |
| **ста́рый** | *old* |
| **та́кже** | *also* |
| **челове́к** | *person* |

# 3 Где здесь телефон? *Where's the telephone?*

The aim of this unit is to teach you how to ask for and give directions. You will also learn some more forms of courtesy.

## Диалог

Ira, who lives near the hotel Салют, has invited Anna to her flat. Anna has some trouble in finding the flat and asks passers-by for help.

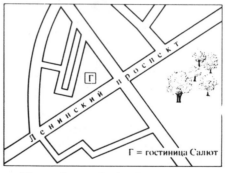

Г = гостиница Салют

| | |
|---|---|
| **Анна** | Извини́те, пожа́луйста, вы не зна́ете, где гости́ница Салю́т? |
| **Прохожий 1** | Извини́те, не зна́ю. |
| **Анна** | Извини́те, пожа́луйста, вы не зна́ете, как пройти́ в гости́ницу Салю́т? |
| **Прохожий 2** | Куда́? |
| **Анна** | В гости́ницу Салю́т. |
| **Прохожий 2** | Зна́ю. У вас есть план? |
| **Анна** | Да, у меня́ есть план. Вот он. |
| **Прохожий 2** | Ну, хорошо́. (*Points to map.*) Мы вот здесь. Поня́тно? |
| **Анна** | Да, поня́тно. |
| **Прохожий 2** | Хорошо́. Ви́дите рестора́н вон там? |

| | |
|---|---|
| **Анна** | Да, ви́жу. |
| **Прохожий 2** | Хорошо́. Отту́да иди́те напра́во, пото́м нале́во, пото́м опя́ть нале́во. |
| **Анна** | Хорошо́, я понима́ю: напра́во, нале́во, пото́м опя́ть нале́во. Спаси́бо большо́е. |
| **Прохожий 2** | Пожа́луйста. |
| **Анна** | (*Follows instructions and arrives at* Салю́т.) Вот гости́ница Салю́т. А где живёт Ира? (*Looks in her bag for the address.*) Вот её а́дрес: Ле́нинский проспе́кт, дом 120, ко́рпус 3, кварти́ра 5. Ой, как сло́жно! ... Скажи́те, пожа́луйста, как пройти́ в дом 120? Это далеко́? |
| **Прохожий 3** | Нет, не о́чень. Ви́дите апте́ку, да? Отту́да иди́те пря́мо, пото́м нале́во. |
| **Анна** | Спаси́бо большо́е. |
| **Прохожий 3** | Не́ за что. |
| **Анна** | Ну, хорошо́, вот дом 120. А где ко́рпус 3? ... Вот ко́рпус 1 ... Уже́ по́здно! (*Anna sighs ... and decides to give in and ring Ira.*) ... Скажи́те, пожа́луйста, где здесь телефо́н? |
| **Прохожий 4** | Телефо́н-автома́т вон там, напра́во. |
| **Анна** | Спаси́бо большо́е. |
| **Прохожий 4** | Пожа́луйста |

| | |
|---|---|
| не | *not* |
| прохо́жий | *passer-by* |
| как пройти́ в | *how do I/does one get to* |
| куда́ | *where to* |
| у вас есть? | *have you got?* |
| у меня́ есть | *I have* |
| план | *plan, map* |
| ви́дите, ви́жу (ви́деть) | *you see, I see (to see)* |
| вон там | *over there* |
| отту́да | *from there* |
| иди́те! (идти́) | *go! (to go on foot, to walk)* |
| напра́во | *on the/to the right* |
| пото́м | *then* |
| нале́во | *on the/to the left* |

| | |
|---|---|
| опя́ть | *again* |
| я понима́ю (понима́ть) | *I understand (to understand)* |
| спаси́бо большо́е | *thank you very much* |
| её | *her* |
| а́дрес | *address* |
| Ле́нинский проспе́кт | *Lenin Prospect* |
| дом | *house; block of flats* |
| 120 – сто два́дцать | *120* |
| ко́рпус | *block* |
| сло́жно | *complicated* |
| далеко́ | *a long way* |
| апте́ка | *chemist's shop* |
| пря́мо | *straight on* |
| не́ за что | *don't mention it* |
| по́здно | *(it is) late* |
| телефо́н-автома́т | *telephone box* |

# Примечания

## Вы не зна́ете

Verbs are made negative by the use of **не** (*not*) – e.g.: **я не понима́ю** (*I don't understand*). **Вы не зна́ете** is the polite formula to use when requesting information (roughly equivalent to *You don't know by any chance …*).

## Спаси́бо большо́е

This literally means *a big thank you*. As we saw in unit 1, this usually attracts the response **пожа́луйста**; an alternative form of courteous response is **не́ за что**, *don't mention it*.

## Ле́нинский проспе́кт, дом 120, ко́рпус 3, кварти́ра 5

Russian urban addresses tend to look like this, giving the number of the block of flats (**дом**), the individual building number – if the block of flats is made up of several sections (**ко́рпус**), and finally the flat number itself (**кварти́ра**).

It is not surprising that Anna feels daunted by the task of finding Ira's flat – the blocks and wings, which all look very similar, are built in large groups and in a typical **микрорайо́н** (*'microregion'*) such complexes of flats will have their own shops, school, health centre and so on.

For the majority of the population accommodation is still a problem in Russian towns – there are long waiting lists for those wanting flats and young married couples often have to live with their parents. A flat for a family of three (mother, father, one child) would typically consist of kitchen, bathroom, sitting room and one bedroom and it is usual for rooms to have more than one function (e.g. sitting room doubles up as second bedroom).

Concern about the problems of **жилпло́щадь** (*living space*) often features in satirical cartoons in the press (thus the wolf in the cartoon below is wanting to know *Why on earth, granny, have you got so much living space?*)

### Скажи́тс, пожа́луйста

This literally means *say/tell, please* and, like **извини́те, пожа́лу-йста** (*excuse, please*), it is a good way of calling someone's attention.

### Телефо́н-автома́т

Fortunately for stranded tourists there are a great many public telephones in the streets of Moscow and calls can be made from them very cheaply – using **жето́ны** (*tokens*).

# Вопросы

**1   Правда или неправда?**

(*a*)  Анна знает, где гостиница Салют.
(*b*)  Анна знает, где корпус три.
(*c*)  Сложно пройти в дом 120.

## 2   Ответьте на вопросы.

(*a*)  Первый (*first*) прохожий знает, где гостиница Салют?
(*b*)  Где живёт Ира? _____ 120, _____ 3, _____ 5.
(*c*)  Где телефон? Направо или налево?

# Внимание!

How to:

1   *Request information*: *Do you happen to know ...?*

   Вы не зна́ете ...?

2   *Ask the way.*

   Как пройти́ в ...?

3   *Ask if someone has, and say that you have.*

   У вас есть ...?
   У меня́ есть ...

4   *Give directions.*

   вон там
   напра́во
   нале́во
   отту́да
   пря́мо

5   *Ask and say if a place is far or not.*

   Это далеко́?
   Нет, не о́чень далеко́

6   *Call someone's attention.*

   Скажи́те, пожа́луйста
   Извини́те, пожа́луйста

7   *Respond to thanks, saying Don't mention it.*

   Пожа́луйста
   Не́ за что

# Почему это так?

## 1 Куда́

This means *where to?* (like the English word *whither*) – i.e. it must be used when you are asking a question about direction (as opposed to где, used when you are asking about position).

## 2 Negative

To make the negative of a verb, simple use **не** is front of the verb:

Я **не** говорю́ по-испа́нски    *I don't speak Spanish*
Я **не** понима́ю, что он говори́т *I don't understand what he says*

не is pronounced as part of the verb: **не говорю́** as *nigavaryú*.

## 3 Verbs

**Идти́** means *to go on foot, to walk*; this is another irregular verb. Remember that what you need to know here is:

| Stem | Я Form | Ты Form | Они Form |
|------|--------|---------|----------|
| ид-  | иду́   | идёшь   | иду́т    |

If you compare this with **жить** in unit 2, you will see that the pattern is the same.

**Видеть** (*to see*), like most verbs whose infinitive ends in **-еть**, is a second conjugation verb and so it works like **говори́ть** – but care is needed with second conjugation verbs with a **д** in their stem. Whenever you meet a verb like this, remember that in the present tense, **я** form only, the **д** changes to а **ж**:

**я ви́жу, ты ви́дишь, он ви́дит, мы ви́дим, вы ви́дите, они́ ви́дят.**

Another very common second conjugation verb which works in this way is **сиде́ть** (*to sit, be seated*): **я сижу́, ты сиди́шь**, etc.

Note that the subject pronoun (**я, ты**, etc.) can be omitted in direct speech: **Ви́дите апте́ку?**

## 4    Идúте!

This is the command (or imperative) form of the verb. You have already met several of these (**Здрáвствуйте, извинúте, скажúте**). They are very straightforward to form; take the **ты** form of the present tense and remove the last three letters – if you're left with a vowel add **йте** (if you're commanding **вы**; just **й** if you're commanding **ты**), if you're left with a consonant add **ите** (or just **и** if you're commanding **ты**):

рабóтаешь → рабóта- → + й/йте → рабóтай/
рабóтайте!
идёшь → ид- → + и/ите → идú/идúте!

Note that commands are usually followed by an exclamation mark in Russian.

## 5    Accusative case

In unit 2 we learnt about the nominative and prepositional cases. Now we meet the accusative case, which is used in the following ways:

(*a*) In Russian the person or thing to whom/which an action is being done (known as the **object**) in a sentence must be put into the accusative case:–

| Subject | Verb | Object | Meaning |
|---------|------|--------|---------|
| Анна | вúдит | здáние | *Anna sees the building* |
| Анна | вúдит | ресторáн | *Anna sees the restaurant* |
| Анна | вúдит | аптéку | *Anna sees the chemist's* |

The good news is that for neuter nouns the accusative is exactly the same as the nominative (thus the ending of **здáние** does not change in the sentence above). For masculine nouns the accusative and the nominative are the same if you're dealing with inanimate nouns (i.e. nouns which don't refer to people or animals). The accusative of masculine animate nouns will be dealt with in unit 5. *All* feminine nouns except those ending in a soft sign change their endings in the accusative:

| Nominative | Remove | Add | Phrase | Meaning |
|---|---|---|---|---|
| Москва́ | а | у | Он хорошо́ зна́ет Москву́ | *He knows Moscow well* |
| фами́лия | я | ю | Он зна́ет её фами́лию | *He knows her surname* |
| дверь | – | – | Он открыва́ет дверь | *He's opening the door* |

(i.e. **а → у; я → ю; ь** stays the same).

(*b*) In unit 2 we learnt that **в/на** + prepositional case are used to describe the *position* of something/someone:

Ива́н рабо́тает в рестора́не    *Ivan is working in the restaurant*

But, if you're describing motion towards (i.e. if you're answering the question *where to?*), when you're describing *direction*, **в/на** and the accusative must be used:

Ива́н идёт в рестора́н     *Ivan is going into/to the restaurant*

## 6 У вас есть ..?

If you want to say *have you got*, the phrase you use literally means *by you is there?* Take away the question mark and, of course, you have the statement *you have*.

*Notes:*

(*a*) This is *not* a verb, but a phrase used instead of a verb.

(*b*) It is not essential to include the word **есть** (which means *there is/are*): **У меня́ план** and **У меня́ есть план** both mean *I have a plan*. **Есть** lends greater emphasis: *I do have a plan*.

(*c*) Note these forms:

| ты | у тебя́ | *you have* |
|----|---------|-----------|
| он/оно́ | у него́ | *he/it has* |
| она́ | у неё | *she has* |
| мы | у нас | *we have* |
| вы | у вас | *you have* |
| они́ | у них | *they have* |

# Упражнения

**3.1    Прочитайте и ответьте!**

(*i*)  Which is the correct alternative (motion or position?)

(*a*)  Куда/где вы идёте?
(*b*)  Она живёт в Омск/в Омске.
(*c*)  Мы работаем в институт/в институте.
(*d*)  Саша идёт в аптеку/в аптеке.
(*e*)  Володя сидит в ресторан/в ресторане.

(*ii*)  Which is the correct alternative (subject or object?)

(*f*)  Вы знаете Ялта/Ялту?
(*g*)  Вот его декларация/декларацию.
(*h*)  Он видит Ольга/Ольгу.

**3.2    Посмотрите и ответьте!**

Look at the following extract from a theatre programme:

(*a*)  Will the audience be watching an opera or a ballet?
(*b*)  What is the title of the performance?

## ДОН КИХОТ
### Балет в 3 действиях
### Либретто М.Петипа по роману
### М.Сервантеса

**3.3    Прочитайте и напишите!**

Кто где живёт?

(*a*) Ольга/Самарканд  (*b*) Виктор/Киев  (*c*) Я/Англия
(*d*) Ты/Одесса  (*e*) Мария и Антонио/Италия

(*a*) Ольга живёт в Самарканде.
Write similar sentences about the others listed above.

### 3.4  Прочитайте и ответьте!

You are asking a passer-by how to get to the chemist's. Complete your part of the coversation:

| | |
|---|---|
| **Вы** | Ask how to get to the chemist's. |
| **Прохожий** | Идите прямо, потом налево. |
| **Вы** | Ask if it is far. |
| **Прохожий** | Нет, не очень. |
| **Вы** | Say thank you very much. |
| **Прохожий** | Не за что. |

### 3.5  Прочитайте и ответьте!

Work out what question was asked for each of these answers:

(*a*)  Меня зовут Анна.
(*b*)  Я живу в Англии.
(*c*)  Я работаю в Бристоле.
(*d*)  Я иду в гостиницу.
(*e*)  У меня есть план.

# Всё понятно?

## 1  Разговор

Прочитайте разговор и ответьте на вопросы

A tourist stops a passer-by to ask for directions to the Cosmos cinema.

| | |
|---|---|
| **Турист** | Извините, пожалуйста. |
| **Прохожий** | Да? |
| **Турист** | Вы не знаете, где находится кинотеатр Космос? |
| **Прохожий** | Кинотеатр Космос? ... ну, да ... на проспекте Мира. |

| | |
|---|---|
| **Турист** | Спаси́бо. А как пройти́ туда́, пожа́луйста? |
| **Прохожий** | Вы не зна́ете, где проспе́кт Ми́ра? |
| **Турист** | Нет, не зна́ю. Я не о́чень хорошо́ зна́ю Москву́. |
| **Прохожий** | Ничего́. Кинотеа́тр Ко́смос не о́чень далеко́. |
| **Турист** | Хорошо́! |
| **Прохожий** | Вы ви́дите ста́нцию метро́ вон там? |
| **Турист** | Да, ви́жу. |
| **Прохожий** | Хорошо́. Отту́да иди́те напра́во. Это проспе́кт Ми́ра. Нале́во гости́ница Ко́смос. |
| **Турист** | А кинотеа́тр то́же там? |
| **Прохожий** | Нет. Иди́те пря́мо. Напра́во нахо́дится музе́й космона́втики. |
| **Турист** | Хорошо́, я понима́ю – гости́ница нале́во, музе́й напра́во. |
| **Прохожий** | Да. Иди́те пря́мо. Кинотеа́тр на углу́. По́ня́тно? |
| **Турист** | Да, спаси́бо большо́е. |
| **Прохожий** | Не́ за что. |

| | |
|---|---|
| **кинотеа́тр** | *cinema* |
| **туда́** | *to there* |
| **ничего́** | *never mind* |
| **ста́нция метро́** | *metro station* |
| **музе́й космона́втики** | *space museum* |

① ста́нция метро
② гости́ница
③ музе́й
④ кинотеа́тр

Ответьте:

1 Кинотеатр Космос находится

(a) в гостинице Космос
(b) в музее космонавтики
(c) на проспекте Мира

2 Кинотеатр Космос находится

(a) очень далеко
(b) не очень далеко
(c) в метро

3 Вот станция метро. Оттуда

(a) турист идёт направо
(b) турист идёт налево
(c) турист идёт в гостиницу

4 Вот угол. Там находится

(a) кинотеатр
(b) гостиница
(c) музей

## 2 Чтение

Прочитайте текст и ответьте на вопросы по-английски

(a) What is Anatoly's surname?
(b) Where does his wife work?
(c) How long has Marina worked at the cinema?
(d) Where exactly do they live?
(e) What is a typical Russian flat like?
(f) What amenities are there in the area where Anatoly and his family live?

Анато́лий Фёдорович Маша́тин – инжене́р. Он живёт в Москве́ не в це́нтре, а на окра́ине. У него́ жена́, Валенти́на Никола́евна, дочь, Мари́на и соба́ка, Ша́рик. Валенти́на рабо́тает в апте́ке, а Мари́на уже́ три го́да рабо́тает в кинотеа́тре, она́ касси́рша. Гри́ша, коне́чно, не рабо́тает. Они́ живу́т в кварти́ре, на окра́ине. Э́то типи́чная кварти́ра: ку́хня, ва́нная, спа́льня и гости́ная. Зна́чит, э́то не о́чень больша́я кварти́ра. На окра́ине, где они́ живу́т, есть универса́м, апте́ка, кинотеа́тр, шко́ла и ста́нция метро́. Ита́к, Валенти́на и Мари́на рабо́тают на окра́ине, а Анато́лий рабо́тает в це́нтре, то есть о́чень далеко́.

| | |
|---|---|
| ва́нная | *bathroom* |
| гости́ная | *sitting room* |
| дочь (f.) | *daughter* |
| жена́ | *wife* |
| зна́чит | *that means, so* |
| касси́рша | *cashier* |
| коне́чно | *of course* |
| ку́хня | *kitchen* |
| на окра́ине | *in the outskirts* |
| соба́ка | *dog* |
| спа́льня | *bedroom* |
| типи́чная кварти́ра | *typical flat* |
| то есть | *that is (i.e.)* |
| универса́м | *supermarket* |

# 4 Здесь можно фотографировать?
## *Can one take photographs here?*

In this unit you will learn how to ask/state whether something is permitted or not, and to ask/state whether something is possible, impossible or necessary.

## Диалог

Ira has taken Anna to see Kolomenskoye, a former royal estate on the banks of the Moskva river.

| | |
|---|---|
| **Анна** | Какое красивое место! |
| **Ира** | Да, здесь здания очень красивые. |
| **Анна** | А какое это здание, вон там, налево? |
| **Ира** | Это очень старая церковь. Красивая, да? |
| **Анна** | Да, очень. Я хочу посетить музей. Можно? |
| **Ира** | Да, конечно. |
| **Анна** | Хорошо. Я очень люблю музеи |
| **Ира** | Хорошо ... Надо купить билеты в кассе. |
| **Анна** | Ладно ... Скажи, Ира, в кассе можно купить открытки? |
| **Ира** | Не знаю ... (*Asks at ticket office*) ... Нет, нельзя. Здесь можно купить только билеты. |
| **Анна** | Ничего. |
| **Ира** | Ну, вот вход в музей ... Смотри, Анна, вон там направо, очень старая карта. |
| **Анна** | Да, это действительно интересная карта. А это что? |
| **Ира** | Это очень старый деревянный стул. |
| **Анна** | Скажи, Ира, здесь можно фотографировать? |
| **Ира** | (*Asks the museum attendant*) ... Нет, Анна, к сожалению в музее нельзя фотографировать. |
| **Анна** | (*sighs*) ... Ну, ничего ... |

| | |
|---|---|
| **какóе красúвое мéсто** | *what a beautiful place* |
| **здáния** | *buildings* |
| **цéрковь** (f.; fleeting **о**) | *church* |
| **я хочý, ты хóчешь (хотéть) посе-** | *I want, you want (to want)* |
| **тúть** | *to visit* |
| **я люблю́ (любúть)** | *I like (to like)* |
| **нáдо** | *it is necessary* |
| **купúть** | *to buy* |
| **билéты** | *tickets* |
| **в кáссе** | *at the ticket office* |
| **лáдно** | *OK* |
| **мóжно** | *it is possible, one may* |
| **откры́тки** | *postcards* |
| **фотографúровать** | *to photograph* |
| **нельзя́** | *it is not possible,* |
| | *one may not* |
| **вход** | *entrance* |
| **смотрéть** | *to look, watch* |
| **кáрта** | *map* |
| **действúтельно** | *really* |
| **деревя́нный** | *wooden* |
| **стул** | *chair* |
| **к сожалéнию** | *unfortunately* |

# Примечания

## Музéй

Moscow is full of museums; the only pressure on the tourist is how to fit in all the interesting sights!

**Колóменское** is a **музéй-заповéдник** – a museum and conservation area.

It is usual for an attendant to be on duty in each room of a museum (often an elderly person) and in all but the smallest museums visitors are expected to leave their hats and coats in the **гардерóб** (*cloakroom*) – indeed it is considered **некультýрно** (*uncivilised*) to wear one's outdoor clothing in public places (e.g. theatres, restaurants).

## Ты хо́чешь

Anna and Ira have clearly become friends and now address each other as **ты**. Remember that **вы** is the polite form of address and on the whole it is better to use this unless a Russian invites you to change to **ты** (e.g. by saying **дава́й на ты**).

# Вопросы

**1 Пра́вда или непра́вда?**

(*a*) Анна думает, что церковь красивая.
(*b*) В кассе нельзя купить открытки.
(*c*) В музее можно фотографировать.

| ду́мать | *to think* |
|---------|-----------|

**2 Отве́тьте на вопро́сы:**

(*a*) Где надо купить билеты?
(*b*) Что они видят в музее?
(*c*) Что нельзя делать в музее?

| де́лать | *to do* |
|---------|---------|

# Внима́ние!

How to:

1 *Ask/state whether something is possible or if one may do something.*

Здесь мо́жно фотографи́ровать?
Здесь мо́жно купи́ть биле́ты.

2 *Ask/state whether something is impossible or if one may not do something.*

В ка́ссе нельзя́ купи́ть откры́тки?
В музе́е нельзя́ фотографи́ровать.

3    *Ask/state whether it is necessary to do something*

На́до идти́ в ка́ссу?
На́до купи́ть биле́ты.

4    *Express regret.*

К сожале́нию …

# Почему это так?

## 1    Plural nouns

The nominative plural of masculine or feminine nouns usually ends in **ы** if the noun is 'hard' (i.e. if it ends in a consonant or an 'a') or **и** if it is 'soft' (i.e. if it ends in **ь, й,** or **я**):

| Nominative singular | Remove | Add | Nominative plural | Meaning |
|---|---|---|---|---|
| *Masculine*: | | | | |
| институ́т | – | ы | институ́ты | *institutes* |
| автомоби́ль | ь | и | автомоби́ли | *cars* |
| трамва́й | й | и | трамва́и | *trams* |
| *Feminine*: | | | | |
| газе́та | а | ы | газе́ты | *newspapers* |
| дверь | ь | и | две́ри | *doors* |
| ста́нция | я | и | ста́нции | *stations* |

There is an essential rule of spelling in Russian which it is important to learn now. There are certain letters which can **never** be followed by **ы, ю, я.**
They are:

г, к, х            (gutturals)
ж, ч, ш, щ        (sibilants)

After these letters:

|   | instead of | | use | |
|---|---|---|---|---|
| instead of | | **ы** | use | **и** |
| instead of | | **ю** | use | **у** |
| instead of | | **я** | use | **а** |

This rule often affects different forms of nouns and verbs and you will see that it affects what we have just learnt about making the nominative plural of masculine and feminine nouns, e.g.:

| Nominative singular | Remove | Add | Nominative plural | Meaning |
|---|---|---|---|---|
| москви́ч | – | и | москвичи́ | *Muscovites* |
| де́вушка | a | и | де́вушки | *girls* |

The nominative plural of neuter nouns is **a** for 'hard' nouns (i.e. those ending in **o**) and **я** for soft nouns (i.e. those ending in **e**):

| Nominative singular | Remove | Add | Nominative plural | Meaning |
|---|---|---|---|---|
| письмо́ | о | а | пи́сьма | *letters* |
| зда́ние | e | я | зда́ния | *buildings* |

Notice that the stress moves in the nominative plural of **письмо́** – in many Russian nouns the stress is constant throughout the singular and plural, but there are some where it is not. On the whole it is better to try to learn instances of where stress moves as you meet them (but see also the note on stress patterns in Appendix 1).

Some very common nouns have irregular nominative plurals: the following are the most common (a fuller list is given in Appendix 1); notice how (apart from the words for *people* and *children*) there are recognisable patterns to these irregulars:

| Meaning | Singular | Plural | Meaning | Singular | Plural |
|---|---|---|---|---|---|
| *address* | а́дрес | адреса́ | *child* | ребёнок | де́ти |
| *bank, shore* | бе́рег | берега́ | *person* | челове́к | лю́ди |
| *eye* | глаз | глаза́ | | | |
| *town* | го́род | города́ | *daughter* | дочь | до́чери |
| *house* | дом | дома́ | *mother* | мать | ма́тери |
| *train* | по́езд | поезда́ | | | |
| *brother* | брат | бра́тья | *time* | вре́мя | времена́ |
| *friend* | друг | друзья́ | *name* | и́мя | имена́ |

The good news is that the accusative plural is exactly the same as the nominative plural for all inanimate nouns (for animate nouns see unit 7), e.g.:

| Nominative plural | | Accusative plural |
|---|---|---|
| Туристы | смотрят | фильмы |
| *The tourists* | *are watching* | *films* |

## 2   Adjectives

We have already met the possessive adjective (unit 1) – i.e. the word which describes to whom something belongs. All adjectives *describe*. We have already met the following phrases which include adjectives:

| красивая архитектура | *beautiful architecture* |
|---|---|
| типичная квартира | *a typical flat* |

The famous **Большой театр** includes an adjective – **большой** simply means *big* (see unit 3). The most important thing to remember about adjectives is that they must agree with the noun they describe in *number* (i.e. singular or plural), *gender* (masculine, feminine, neuter) and *case* (i.e. nominative, accusative, etc.). The most usual endings for adjectives in the nominative singular and plural are:

| Masculine singular | Feminine singular | Neuter singular | Plural |
|---|---|---|---|
| -ый | -ая | -ое | -ые |
| типичный | типичная | типичное | типичные |
| институт | квартира | здание | туристы |

Note that the plural ending is the same for all genders. The spelling rule we met above in (1) is important when dealing with the masculine singular and the plural of adjectives – if an adjective's stem (i.e. the last letter before the ending) ends in г, к, х, ж, ч, ш, щ then the masculine singular ending will be **-ий** and the plural will be **-ие**:

| маленький институт | *a small institute* |
|---|---|
| хорошие журналы | *good magazines* |

A small group of adjectives, called 'stressed adjectives' have the masculine ending **-о́й** (not **-ый**), e.g.:

| | |
|---|---|
| большо́й дом | *a big house* |
| молодо́й актёр | *a young actor* |

In dictionaries and vocabularies adjectives are always given in the nominative masculine singular.

## 3 Како́й

This is a stressed adjective and means either *which?/what sort of?* or *what a!*:

| | |
|---|---|
| Како́й фильм ты хо́чешь смотре́ть? | *Which film do you want to see?* |
| Кака́я краси́вая це́рковь! | *What a beautiful church!* |

## 4 Possibility/impossibility/necessity

**Мо́жно, нельзя́** and **на́до** are extremely common and very useful words. They are all used with an infinitive (*to do*), e.g.:

| | |
|---|---|
| В теа́тре нельзя́ кури́ть! | *No smoking in the theatre!* |

## 5 Verbs

(a) **Хоте́ть** (*to want*) doesn't conform to the pattern of irregular verbs we have met so far and is one of a very small number for which it is not sufficient just to know **я, ты, они** forms:

| | |
|---|---|
| я хочу́ | мы хоти́м |
| ты хо́чешь | вы хоти́те |
| он хо́чет | они́ хотя́т |

(b) **Люби́ть** is a second conjugation verb (like **говори́ть**), but notice that it has an extra **л** in the **я** form *only*: **я люблю́, ты лю́бишь, он лю́бит,** etc. This applies to all second conjugation verbs whose stems (i.e. what's left when you remove **-ить**) end in **б, в, м, п, ф,** e.g.:

гото́вить   *to prepare, cook* → я гото́влю. ты гото́вишь, он гото́вит

# Упражнения

### 4.1   Прочитайте и ответьте!

Match the questions with the answers:

(1) Где можно смотреть фильмы?     (a) в универсаме
(2) Где можно купить вино?          (b) в кассе
(3) Где можно смотреть балет?       (c) в кинотеатре
(4) Где можно купить билеты?        (d) в театре

### 4.2   Прочитайте и оветьте!

You are trying to find your way round Kolomenskoye. Complete your part of the conversation:

| | |
|---|---|
| **Вы** | (a) Say excuse me, please. |
| **Прохожий** | Да? |
| **Вы** | (b) Ask how to get to the church. |
| **Прохожий** | Церковь вон там, налево. |
| **Вы** | (c) Say thank you and ask where the museum is. |
| **Прохожий** | Прямо, потом направо. |
| **Вы** | (d) Ask where you can buy tickets. |
| **Прохожий** | В кассе, конечно. |
| **Вы** | (e) Say thank you and good-bye. |
| **Прохожий** | Пожалуйста, до свидания. |

### 4.3   Посмотрите и ответьте!

The items below are from a leaflet in a hotel room. What instructions are being given?

(a) В лифте нельзя курить!
(b) В постели не курить!

(a)    (b)

(*c*)  Look at the item below. What is it?

---

Бюро международного молодежного туризма
«СПУТНИК»

# Входной  билет

Дата          Место проведения

Зак. 766.

---

### 4.4  Прочитайте и расскажите!

|  | Какой это город? | Что есть в городе? |
|---|---|---|
| (*a*) | большой | гостиница, станция |
| (*b*) | маленький | магазин, здание |
| (*c*) | старый | музей, театр |
| (*d*) | новый | универсам, школа |

(*a*)  A:  Какой это город?    B:  Это большой город.
      A:  Что есть в городе?    B:  В городе есть гостини-
                                   цы и станции.

Compose similar dialogues about the other towns listed above.

### 4.5  Посмотрите и ответьте!

(*a*)  What kind of building is depicted on this stamp?

ПУШКИН · ЕКАТЕРИНИНСКИЙ ДВОРЕЦ-МУЗЕЙ

(*b*)  Viktor is standing outside the school. Give the six instructions
(indicated by the arrows) which will enable him to get to the
**дворец-музей**.

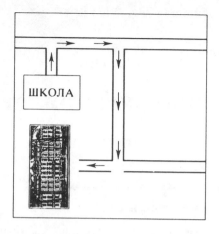

Идите _____ , потом _____ , потом _____ , потом _____ ,

потом _____ , потом _____ .

### 4.6   Прочитайте и напишите!

Answer these questions about yourself:

(a)  Как вас зовут?
(b)  Где вы живёте?
(c)  Где вы работаете?
(d)  Вы живёте в доме или (*or*) в квартире?
(e)  Какой у вас дом?/Какая у вас квартира?

# Всё понятно?

## 1   Разговор

**Прочитайте разговор и ответьте на вопросы**

Юлия has just arrived in St. Petersburg for a holiday and is chatting to the **горничная** (*maid*) on her floor in the hotel.

| | |
|---|---|
| **Юлия** | (*indicating the armchair next to the maid's desk*) Мо́жно? |
| **Горничная** | Да, пожа́луйста. |

| | |
|---|---|
| **Юлия** | Скажи́те, пожа́луйста, в гости́нице мо́жно купи́ть откры́тки и ма́рки? |
| **Горничная** | Да, коне́чно мо́жно, внизу́, в кио́ске. |
| **Юлия** | Спаси́бо. А что мо́жно де́лать ве́чером в гости́нице? |
| **Горничная** | У нас в гости́нице есть кинотеа́тр. |
| **Юлия** | Хорошо́. Я о́чень люблю́ смотре́ть фи́льмы. В гости́нице и теа́тр есть? |
| **Горничная** | К сожале́нию, нет. Но у нас есть дискоте́ка. |
| **Юлия** | Да, интере́сно … но я не о́чень люблю́ поп-му́зыку. |
| **Горничная** | И, коне́чно, в гости́нице есть о́чень хоро́ший рестора́н. |
| **Юлия** | Ага́. А ве́чером что мо́жно де́лать в го́роде? |
| **Горничная** | В го́роде? Ну, в го́роде есть коне́чно теа́тры, кинотеа́тры, рестора́ны, дискоте́ки. |
| **Юлия** | Хорошо́. (Pointing to television near maid's desk) Скажи́те, пожа́луйста, здесь мо́жно смотре́ть телеви́зор? |
| **Горничная** | Да, коне́чно мо́жно. |
| **Юлия** | Хорошо́ … (moves to sit by television and takes out a cigarette) … |
| **Горничная** | Извини́те, здесь нельзя́ кури́ть! |

| | |
|---|---|
| **ве́чером** | *in the evening* |
| **внизу́** | *downstairs* |
| **дискоте́ка** | *disco* |
| **кио́ск** | *kiosk* |
| **конце́рт** | *concert* |
| **ма́рка** | *stamp* |
| **поп-му́зыка** | *pop music* |
| **телеви́зор** | *television* |

Правда или неправда?

(a) Юлия работает в Санкт-Петербуге.
(b) В гостинице можно купить марки.
(c) Юлия любит дискотеки.

(*d*)  В городе нельзя смотреть фильмы.
(*e*)  В гостинице можно смотреть телевизор.
(*f*)  Надо курить, когда вы смотрите телевизор.

## 2  Чтение

Прочитайте текст и ответьте на вопросы по-английски:

(*a*)  What expression is used to describe the cities of Moscow-Vladimir-Suzdal?

**МОСКВА—ВЛАДИМИР**

172 км

(*b*)  What sort of cities are Vladimir and Suzdal?

(*c*)  What sort of buildings are to be found there?

(*d*)  What is produced in the factories in Vladimir?

**ВЛАДИМИР—СУЗДАЛЬ**

38 км

(*e*)  Why is Suzdal called a 'museum town'?

(*f*)  What else is Suzdal famous for?

Поездка в Москву, Владимир и Суздаль? Какая хорошая идея! Почему? Потому что Москва-Владимир-Суздаль – это «золотое кольцо» – значит там и русская история и русская культура и русская красота. Мы уже знаем, что Москва – столица России, но это также, конечно, очень старый русский город. Владимир и Суздаль тоже очень старые русские города, красивые и исторические. В Суздале и Владимире есть красивые, старые музеи, церкви, соборы и памятники. Хотя Владимир очень старый город, там также находятся заводы, где производят тракторы, компьютеры и делают красивый хрусталь. Суздаль – это музей-город – значит там интересные музеи, памятники, очень старая, красивая архитектура. В Суздале есть красивые сады и огороды, где выращивают огурцы и помидоры.

**Судаль – деревянная церковь**/Suzdal – wooden church

| | |
|---|---|
| выра́щивать | *to grow* |
| заво́д | *factory* |
| золото́й | *golden* |
| и ... и | *both ... and* |
| исто́рия | *history* |
| кольцо́ | *ring* |
| красота́ | *beauty* |
| огуре́ц (fleeting **e**) | *cucumber* |
| огоро́д | *kitchen garden* |
| па́мятник | *monument* |
| пое́здка | *journey* |
| помидо́р | *tomato* |
| потому́ что | *because* |
| производи́ть | *to produce* |
| сего́дня | *today* |
| собо́р | *cathedral* |
| хотя́ | *although* |
| хруста́ль (m.) | *crystal* |

# 5  Сколько стоит? *How much is it?*

The aim of this unit is to teach you how to ask for and give simple information about cost and availability. You will also learn some further ways of describing where things are.

## Диалог

Anna is trying to get two tickets for the theatre and tries first at the hotel service bureau (**бюро обслуживания**), then at a kiosk.

| | |
|---|---|
| **Анна** | Скажите, пожалуйста, здесь можно заказать билеты в театр? |
| **Девушка 1** | Можно. |
| **Анна** | Хорошо. У вас есть билеты на сегодня на вечер? |
| **Девушка 1** | Нет. Но на сегодня на вечер у нас ещё есть билеты в цирк. Хотите? |
| **Анна** | Спасибо, нет, в цирк я не хочу. |
| **Девушка 1** | У нас есть билеты в театр, но только на завтра. Хотите? |
| **Анна** | Спасибо, нет. Я хочу билеты на сегодня на вечер. |
| **Девушка 1** | Знаете, иногда можно купить билеты в кассе или в киоске. |
| **Анна** | В киоске? |
| **Девушка 1** | Да, киоск находится на улице, налево от аптеки, недалеко от станции метро. |
| **Анна** | Спасибо. До свидания. |
| **Девушка 1** | Пожалуйста. |
| **Анна** | (*At the kiosk*) Скажите, пожалуйста, у вас есть билеты на сегодня? |
| **Девушка 2** | На какой спектакль? |
| **Анна** | На балет «Жизель». |

| Девушка 2 | Нет. У нас один билет на óперу «Кармéн» и четы́ре билéта на пьéсу «Три сестры́» Чéхова. |
| Анна | Ой, как хорошó. Я Чéхова óчень люблю́. Скóлько стóит билéт на пьéсу? |
| Девушка 2 | Вóсемь ты́сяч рублéй. |
| Анна | Дáйте, пожáлуйста, два билéта на пьéсу. |
| Девушка 2 | Пожáлуйста ... С вас шестнáдцать ты́сяч рублéй. (*Anna hands over a 20,000 rouble note*) У вас нет мéлочи? |
| Анна | Извини́те, нет. (*Receives change and tickets.*) Спаси́бо большóе. |
| Девушка 2 | Пожáлуйста. |

| | |
|---|---|
| заказáть | to book, reserve |
| билéты на сегóдня на вечер | tickets for this evening |
| ещё | still |
| сегóдня | today |
| зáвтра | tomorrow |
| иногдá | sometimes |
| у́лица | street |
| налéво от | to the left of |
| недалекó от | not far from |
| на какóй спектáкль? | for which show? |
| на пьéсу «Три сестры́» | for the play 'Three Sisters' |
| скóлько стóит билéт | how much does a ticket cost? |
| вóсемь ты́сяч рублéй | eight thousand roubles |
| дáйте! | give! (command form) |
| два билéта | two tickets |
| с вас шестнáдцать ты́сячи рублéй | that comes to 16,000 roubles (lit. from you 16,000 roubles) |
| у вас нет мéлочи? | haven't you got any change? |

# Примечания

## Бюрó обслу́живания

Most large hotels have a 'service bureau', where guests can book tickets for excursions and the theatre, 'plane and train tickets, arrange car hire and book tickets to hotel amenities such as the sauna and swimming pool.

## Киóск

Kiosks are a frequent feature on the streets of big cities in Russia and are a convenient way of buying such things as flowers, postcards, maps and sweets. They usually bear a sign indicating what is on sale (e.g. look out for **цветы́** for flowers, **табáк** for cigarettes, **театрáльный** if you want to buy theatre tickets).

## Билéты в теáтр

It can be difficult to get tickets for the day you want and the performance you want to see ... Anna is very lucky!

## У вас нет мéлочи?

Note that **мéлочь** (f.) is *small change*; the Russian word for money given to the buyer as change is **сдáча.**

# Вопрóсы

### 1 Прáвда или непрáвда?

(*a*)  Анна хóчет купи́ть биле́т в цирк.
(*b*)  Нельзя́ купи́ть биле́т в киóске.
(*c*)  Анна хóчет купи́ть два биле́та.

### 2 Отвéтьте на вопрóсы:

(*a*)  Каки́е биле́ты мóжно купи́ть в бюрó обслу́живания на сегóдня на вéчер?
(*b*)  Где нахóдится киóск?
(*c*)  Скóлько стóит биле́т на пье́су?

# Внимáние!

How to:

1  *Enquire about availability:*

   У вас есть биле́ты?

2  *Ask for tickets to places and events:*

   У вас есть биле́ты в теáтр?
   У вас есть биле́ты на óперу?

3 *Ask how much something costs:*

Ско́лько сто́ит биле́т?

4 *Express the amount due:*

С вас шестна́дцать ты́сяч рубле́й.

5 *Express location and distance from:*

Нале́во от теа́тра.
Недалеко́ от ста́нции метро́.

# Почему это так?

## 1  В and на + accusative

We already know that these two prepositions are used with the accusative case in order to express motion and direction towards: **Он идёт в гости́ницу,** *He is going into the hotel.* In this unit we see a further very useful role for **в/на** + accusative:

| | |
|---|---|
| биле́т в теа́тр | *a ticket to the theatre* |
| биле́т на о́перу | *a ticket to the opera* |

Notice that when a *place* is specified **в** + accusative is used, but when the performance or day/date is specified, **на** + accusative is used. This use of **на** + accusative involves the idea of planned for/intended for and is very common in such phrases as:

| | |
|---|---|
| Я хочу́ купи́ть молоко́ на у́жин | *I want to buy some milk for supper* |
| Я не зна́ю, что купи́ть на сва́дьбу | *I don't know what to buy for the wedding* |

In the case of **цирк** (*circus*) **в** + accusative is usually used, as in Russian it is the (permanent) circus building that is implied, rather than the event.

| | |
|---|---|
| **молоко́** | *milk* |
| **у́жин** | *supper* |
| **сва́дьба** | *wedding* |

## 2   На + prepositional

There is a group of words with which the preposition **в** is not used when expressing the position *in* or *at*; with these words you must use **на**. Here are the most common (a fuller list is given in Appendix 1):

| | | |
|---|---|---|
| вокза́л | на вокза́ле | *at the (railway) station (terminus, main-line)* |
| ста́нция | на ста́нции | *at the (bus/underground/small railway) station* |
| по́чта | на по́чте | *at the post office* |
| стадио́н | на стадио́не | *at the stadium* |
| пло́щадь (f.) | на пло́щади | *in/on the square* |
| у́лица | на у́лице | *in/on the street* |
| конце́рт | на конце́рте | *at the concert* |
| рабо́та | на рабо́те | *at work* |
| восто́к | на восто́ке | *in the east* |
| за́пад | на за́паде | *in the west* |
| се́вер | на се́вере | *in the north* |
| Украи́на | на Украи́не | *in Ukraine* |
| юг | на ю́ге | *in the south* |

## 3   The genitive case

Once you know this case all sorts of possibilities are opened up! The principal meaning of this case is *of*. For example if you want to say *This is Viktor's book*, in Russian you must say *This is the book of Viktor* – the way to do this is to put the word *Viktor* into the genitive case. The genitive case is also used:

(*a*) after quantity words: e.g. **мно́го,** *a lot;* **ско́лько,** *how many* and *how much;* **буты́лка,** *a bottle;*

(*b*) after certain prepositions: e.g. **без,** *without;* **для,** *for;* **до,** *until, before, as far as;* **из** *from (out of);* **от,** *(away) from;* **по́сле,** *after;* **с,** *(down) from; since;* **у,** *by, near; at the house of;*

(*c*) after the numerals 2, 3, 4;

(*d*) in negative phrases: e.g. *I haven't got …*

| Use | Example | Meaning |
|-----|---------|---------|
| Of | Это книга Виктора | *This is Viktor's book* |
| Quantity | У вас мно́го багажа́! | *You've got a lot of luggage* |
| Prepositions | Недалеко́ от теа́тра | *Not far from the theatre* |
| Numerals | Два биле́та | *Two tickets* |
| Negatives | У меня́ нет биле́та | *I haven't got a ticket* |

The genitive singular of nouns is formed in the following way:

| Nominative | Remove | Add | Phrase | Meaning |
|------------|--------|-----|--------|---------|
| *Masculine:* | | | | |
| институ́т | – | а | нсдалско́ от институ́та | *not far from the institute* |
| автомоби́ль | ь | я | у меня́ нет автомоби́ля | *I haven't got a car* |
| трамва́й | й | я | два трамва́я | *two trams* |
| *Feminine:* | | | | |
| гости́ница | а | ы | напра́во от гости́ницы | *to the right of the hotel* |
| неде́ля | я | и | три неде́ли | *three weeks* |
| ста́нция | я | и | недалеко́ от ста́нции | *not far from the station* |
| тетра́дь | ь | и | у него́ нет тетра́ди | *he hasn't got an exercise book* |
| *Neuter:* | | | | |
| письмо́ | о | а | у меня́ нет письма́ | *I haven't got the letter* |
| мо́ре | е | я | недалеко́ от мо́ря | *not far from the sea* |
| зда́ние | е | я | напра́во от зда́ния | *to the right of the building* |

Notice that there is a pattern here and that each gender of noun has two options: masculine and neuter nouns in the genitive singular have the same endings (**a** or **я**), while feminine nouns end in **ы** or **и**; straightforward nouns (i.e. masculine nouns ending in a consonant, neuter nouns ending in **-o**, feminine nouns ending in **-a**) take the first option and all the others take the second option.

The genitive case of the subject pronouns is shown in bold below:

| я | **меня** | он, оно | **его** | мы | **нас** | они | **их** |
|---|----------|---------|---------|-----|---------|-----|--------|
| ты | **тебя** | она | **её** | вы | **вас** | | |

Note that whenever any form of **он, оно, она** is used after a preposition, then the letter **н** must be added; thus **у него** (*he has*) – a phrase we met in unit 3. **У него** literally means *By him there is*; **у** is the preposition meaning *by* or *at the house of* and it is always followed by the genitive case – so if you want to say, for example, *Boris has a passport*, all you need to do is use **у** with the genitive of Boris: **У Бориса есть паспорт.**

## 4   Animate accusative

As we saw in unit 3, masculine animate nouns (i.e. those which describe something which is alive) have their own accusative ending; the goods news is that this ending is exactly the same as the genitive singular ending:

| Subject (Nom.) | Verb | Object (Accusative) | Meaning |
|----------------|------|---------------------|---------|
| Вы уже | знаете | Бориса? | *Do you already know Boris?* |
| Нет, но я | знаю | Виктора | *No, but I know Viktor* |

NB Similarly, the genitive form of the subject pronouns is also their accusative form: **Оля уже знает тебя?**   *Does Olya already know you?*

## 5   Numerals

We have now met several of the numerals 1–20; here is the full list:

| | | | |
|---|---|---|---|
| 1 один | 6 шесть | 11 одиннадцать | 16 шестнадцать |
| 2 два | 7 семь | 12 двенадцать | 17 семнадцать |
| 3 три | 8 восемь | 13 тринадцать | 18 восемнадцать |
| 4 четыре | 9 девять | 14 четырнадцать | 19 девятнадцать |
| 5 пять | 10 десять | 15 пятнадцать | 20 двадцать |

**Тысяча** (*1000*) is in very common use when dealing with money.

Note that if you are counting aloud say from 1–10, you start with the word **раз** (literally *one time*), not **один.**

**Один** functions like an adjective – i.e. it has masculine, feminine and neuter forms and must agree with the word it describes:

**один билéт** (*one ticket*), **однá недéля** (*one week*), **однó письмó** (*one letter*).

**Два** has two forms – **два** is used with masculine and neuter nouns, but must change to **две** before feminine nouns (and, like 3 and 4, 2 is always followed by the genitive singular):

**два билéта** (*two tickets*), **две недéли** (*two weeks*), **два письмá** (*two letters*).

One of the most frequent uses of numerals is when you're dealing with money, so it's important to know the genitive singular of rouble:

один рубль    *one rouble*    два рубля́    *two roubles*

Numbers above 4 are followed by the genitive plural (see unit 8), but as the genitive plural form of rouble is so frequently used, it is worth noting it now:

пять рублéй    *five roubles*

**Копéйка** (*the copeck*) is no longer used; there used to be 100 copecks to the rouble.

## 6   Скóлько стóит?

The verb *to cost, to be worth* – **стóить** – is a regular second conjugation verb, like **говори́ть**; remember to use the 3rd person plural (*they*) form of the verb if you're asking the price of more than one item:

Скóлько стóит билéт?      *How much is a ticket?*
Скóлько стóят билéты?     *How much are the tickets?*

## 7   Word order

Note how flexible word order is – it's quite acceptable to vary the position of, say, subjects and objects in a sentence.

Я óчень люблю    *or* Я Чéхова óчень    (*I really like*
   Чéхова            люблю              Chekhov*)
У вас нет мéлочи?  *or* Мéлочи у вас     (*Haven't you got
                      нет?              any change?*)

# Упражнения

### 5.1   Прочитайте и ответьте!

How many times is the genitive singular used in this sentence?
У Анны два билета на пьесу Чехова «Три сестры».

### 5.2   Прочитайте и ответьте!

Work out what question was asked for each of these answers:

(*a*)   У меня нет паспорта.
(*b*)   Киоск находится недалеко от станции метро.
(*c*)   План города стоит тысяча рублей.
(*d*)   Он работает на заводе.
(*e*)   Да, я очень люблю Чехова.

### 5.3   Посмотрите и ответьте!

Look at the following tickets:

(*a*)   How much did this ticket cost?

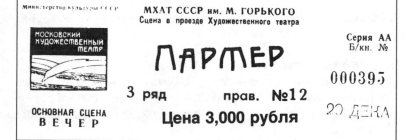

(*b*)   What is this ticket for?

### 5.4 Посмотрите и напишите!

Look at the box below, then write sentences explaining what each person has (√) or hasn't (×) got. The first one is done for you:

|  | Кто? | Собака | Автомобиль | Телефон |
|---|---|---|---|---|
| (a) | Ольга | √ | × | √ |
| (b) | Вадим | × | √ | √ |
| (c) | Нина | √ | √ | × |
| (d) | Алексей | × | √ | √ |

(a) У Ольги есть собака и телефон, но у неё нет автомобиля.

### 5.5 Прочитайте и ответьте!

Which is the correct alternative?

(a) Вы видите Виктор/Виктора?
(b) Это пьеса/пьесу Чехова.
(c) Она очень любит опера/оперу.
(d) Я хочу купить билет на пьеса/пьесу.
(e) Вот Владимир/Владимира.

# Всё понятно?

## 1 Разговор

### Прочитайте разговор и ответьте на вопросы

Hungry and thirsty after a day's sightseeing, Igor visits the **буфéт** (*snack bar*) in his hotel.

| **Игорь** | Скажи́те, пожа́луйста, у вас есть минера́льная вода́? |
|---|---|
| **Девушка** | Есть. |
| **Игорь** | Ско́лько сто́ит одна́ буты́лка? |
| **Девушка** | Ты́сяча рубле́й. |
| **Игорь** | Да́йте, пожа́луйста, две буты́лки. |
| **Девушка** | Пожа́луйста. А ещё что? |
| **Игорь** | Да́йте, пожа́луйста, три бу́лочки и кусо́чек сы́ра. |

| | |
|---|---|
| **Девушка** | Ма́сло хоти́те? |
| **Игорь** | Да, да́йте, пожа́луйста, три по́рции ма́сла. |
| **Девушка** | Пожа́луйста. Э́то всё? |
| **Игорь** | Гм … мину́точку … У вас есть шокола́д? |
| **Девушка** | Нет, у нас сего́дня нет шокола́да. |
| **Игорь** | Гм … Да́йте, пожа́луйста, одно́ пиро́жное. |
| **Девушка** | Пожа́луйста. Э́то всё? |
| **Игорь** | Да, спаси́бо, э́то всё. Ско́лько с меня́? |
| **Девушка** | С вас (оди́н) семь ты́сяч рубле́й. |
| **Игорь** | Вот … сто ты́сяч. |
| **Девушка** | Ме́лочи у вас нет? |
| **Игорь** | Мину́точку … да … есть (gives her 7,000 exactly) |
| **Девушка** | Спаси́бо большо́е. |
| **Игорь** | Пожа́луйста. |

| | |
|---|---|
| **минера́льная вода́** | *mineral water* |
| **буты́лка** | *bottle* |
| **пятна́дцать копе́ек** | *15 copecks* |
| **ещё что?** | *anything else?* |
| **бу́лочка** | *roll* |
| **кусо́чек сы́ра** | *a piece of cheese* |
| **ма́сло** | *butter* |
| **по́рция** | *portion* |
| **мину́точку** | *just a moment* |
| **пиро́жное** | *cake, bun* |

1  Игорь хочет купить:    (*a*) вино    (*b*) водку    (*c*) воду

2  Одна бутылка стоит:    (*a*) 100 рублей    (*b*) 1000 рублей    (*c*) 10 рублей

3  В буфете сегодня нет:    (*a*) масла    (*b*) шоколада    (*c*) сыра

4  У Игоря:    (*a*) есть мелочь    (*b*) нет мелочи    (*c*) только два рубля

## 2  Чтение

Прочитайте текст и ответьте на вопросы по-английски:

(*a*) Of which country is Kiev the capital?

(*b*) Why is Kiev known as the mother of Russian cities?

(*c*) How many people live there?

(*d*) Why do tourists like it?

(*e*) What do Kiev's factories produce?

Ки́ев – столи́ца Украи́ны. Э́то о́чень ста́рый го́род, «мать ру́сских городо́в». В Ки́еве живёт два миллио́на челове́к. Ки́ев о́чень краси́вый го́род. Он стои́т на берегу́ Днепра́. Тури́сты о́чень лю́бят отдыха́ть в Ки́еве. Здесь есть па́рки, леса́ и сады́, ке́мпинги, гости́ницы, дома́ о́тдыха, истори́ческие и архитекту́рные па́мятники.

Одна́ко, Ки́ев – не то́лько туристи́ческий центр, но та́кже администрати́вный, экономи́ческий и культу́рный центр Украи́ны. В Ки́еве нахо́дятся больши́е заво́ды, где де́лают самолёты, телеви́зоры, мотоци́клы.

| | |
|---|---|
| **Днепр** | *Dniepr (river)* |
| **дом о́тдыха** | *holiday centre* (lit. *house of rest*) |
| **ке́мпинг** | *campsite* |
| **«мать ру́сских городо́в»** | *the mother of Russian cities* |
| **мотоци́кл** | *motorbike* |
| **но и** | *but also* |
| **отдыха́ть** | *to rest, have a holiday* |
| **одна́ко** | *however* |
| **па́мятник** | *monument* |
| **пе́рвый** | *first* |
| **самолёт** | *aeroplane* |
| **стоя́ть (стою́, стои́шь)** | *to stand* |
| **Украи́на** | *Ukraine* |

# 6  Я предпочитаю плавать
## *I prefer to swim*

The aim of this unit is to teach you how to talk about likes and dislikes and to ask people about their preferences.

## Диалог

Anna has spent the morning at the museum with Ira and Ira's friend, Volodya.

| | |
|---|---|
| **Ира** | Что ты предпочита́ешь, А́нна, пейза́жи и́ли портре́ты? |
| **Анна** | Бо́льше всего́ я люблю́ пейза́жи, но мне о́чень нра́вится э́тот портре́т, вон там. |
| **Ира** | Ах, да, портре́т Ре́пина, замеча́тельная карти́на ... я о́чень хочу́ показа́ть её Воло́де, а где он? |
| **Володя** | (*sitting in corner, yawning*) Ой, как ску́чно! |
| **Ира** | Ну, что ты, Воло́дя! Здесь всё так интере́сно! И карти́ны таки́е интере́сные! Я тебя́ не понима́ю! |
| **Володя** | Ну, И́ра, всё о́чень про́сто. Ты худо́жник – зна́чит в свобо́дное вре́мя ты лю́бишь смотре́ть карти́ны. А я предпочита́ю игра́ть в хокке́й ... А ты, Анна, лю́бишь хокке́й? |
| **Анна** | (*embarrassed*) Нет, не о́чень ... Я предпочита́ю пла́вать ... И́ра, здесь о́чень интере́сно и карти́ны о́чень краси́вые. Но мы здесь уже́ три часа́ ... |
| **Володя** | Пра́вда! Мы уже́ три часа́ смо́трим карти́ны. Тепе́рь мне хо́чется пить ... Нам пора́ идти́, И́ра. |
| **Ира** | Но я хочу́ показа́ть А́нне ещё ... (*Volodya groans*) ... Ну ла́дно, пойдёмте в гардеро́б ... А́нна, да́й мне тво́й номеро́к, пожа́луйста. |
| **Анна** | Вот он, И́ра ... и спаси́бо большо́е за о́чень интере́сное у́тро. |
| **И́ра** | Зна́чит, тебе́ нра́вится э́тот музе́й? |

| | |
|---|---|
| **Анна** | Да, о́чень. |
| **Володя** | А сейча́с пойдём в буфе́т! Мне фрукто́вый сок. А тебе́ что, А́нна? |
| **Анна** | Мне чай, пожа́луйста. |
| **Володя** | А тебе́, И́ра? |
| **Ира** | Мне то́же чай, пожалуйста. |

| | |
|---|---|
| **ты предпочита́ешь (предпочита́ть)** | *you prefer (to prefer)* |
| **бо́льше всего́** | *most of all* |
| **пейза́ж** | *landscape* |
| **мне о́чень нра́вится** | *I really like* |
| **портре́т** | *portrait* |
| **замеча́тельная (замеча́тельный)** | *splendid* |
| **карти́на** | *picture* |
| **показа́ть** | *to show* |
| **ску́чно** | *boring* |
| **пойдём** | *let's go* |
| **что ты!** | *what next!* |
| **таки́е интере́сные** | *so interesting* |
| **про́сто** | *simple* |
| **мне хо́чется пить** | *I'm thirsty* |
| **игра́ть в хокке́й** | *to play hockey* |
| **три часа́** | *for three hours* |
| **нам пора́ идти́** | *it's time for us to go* |
| **пойдёмте** | *let's go* |
| **номеро́к** | *tag, metal disc* |
| **спаси́бо большо́е за** | *thank you very much for* |
| **у́тро** | *morning* |
| **фрукто́вый сок** | *fruit juice* |
| **что тебе́** | *what would you like?* (lit. *what for you*) |

# Примечания
## Хокке́й

Football and other games played on grass are only really practical in summer in Russia, but the climate there does favour the playing of ice hockey; when Russians refer to hockey, it is usually this form of the game they have in mind.

## Что ты!

Literally meaning *that you*, this is a useful way of expressing surprise, indignation or objection in response to what someone has said. **Что вы!** would of course be required if addressing more than one person or using the polite form.

## Номеро́к

This is the small disc (usually metal) bearing a number, given in exchange for your coat at the **гардеро́б** (see unit 4).

## Я люблю́/мне нра́вится

Both these phrases express liking, but **я люблю́** is more intense (*I love*) and tends to apply in general (e.g. **Я люблю́ му́зыку** – *I love/like music*), whereas **Мне нра́вится** is less intense (*I like*) and tends to apply to a particular occasion (**Мне нра́вится э́тот конце́рт** – *I like this concert*).

# Вопросы

## 1  Пра́вда и́ли непра́вда?

(*a*)  Бо́льше всего́ Анна лю́бит пейза́жи.
(*b*)  Ира не понима́ет, почему́ Воло́дя говори́т «как ску́чно!».
(*c*)  Ира – касси́рша.
(*d*)  Они́ в музе́е уже́ четы́ре часа́.
(*e*)  Ира ду́мает, что им пора́ идти́.

| ду́мать | *to think* |
|---|---|

## 2  Отве́тьте на вопро́сы!

(*a*)  Воло́дя лю́бит музе́й?
(*b*)  Что есть в музе́е?
(*c*)  Почему́ Ира лю́бит карти́ны?
(*d*)  Что Анна хо́чет пить?

| пить (irregular: пью, пьёшь ... пьют) | *to drink* |
|---|---|

# Внимание!

**How to:**

1 *Enquire about preference.*

Что ты предпочита́ешь? Что вы предпочита́ете?

2 *State preference.*

Я предпочита́ю игра́ть в хокке́й.
Бо́льше всего́ я люблю́ пейза́жи.

3 *Ask about likes and dislikes.*

Ты лю́бишь спорт?      Вы лю́бите спорт?
Тебе́ нра́вится э́тот музе́й? Вам нра́вится э́тот музе́й?

4 *State likes and dislikes.*

Я (о́чень) люблю́ …
Я не (о́чень) люблю́ …
Мне (о́чень) нра́вится …
Мне не (о́чень) нра́вится …

# Почему это так?

## 1  В + accusative

A further use of **в** + accusative is found in the construction
**'игра́ть в'** – *to play* (*at*); note that this is used for games and
sports:

игра́ть в футбо́л   *to play football*
игра́ть в ша́хматы   *to play chess*

NB It is not used when describing playing on musical instruments:

игра́ть на фле́йте   *to play the flute*
игра́ть на гита́ре   *to play the guitar*

## 2  Мы уже́ три часа́ смо́трим …

In order to say *we have been looking for three hours*, Russian
simply uses the present tense and there is no word for *for*.

## 3   Спасибо за + accusative

This is the way to say thank you *for* something:

Спасибо за журнáл   *Thank you for the magazine*
Спасибо за книгу   *Thank you for the book*

## 4   Dative case

The principal meaning of this case is *to* or *for*. For example, if
you want to say *Olya gives the tickets to Viktor*, then the way to do
this is to put *Viktor* into the dative case:

| Subject (Nom.) | Verb | Object (Acc.) | Indirect Object (Dative) |
|---|---|---|---|
| Olya | gives | the tickets | to Viktor |
| Оля | даёт | билéты | Виктору |

(Note that in English the indirect object is often hidden, because
we do not always include the word *to*: *Olya gives Viktor the
tickets*.)

The dative case is also used:

With the prepositions **к** and **по** in the following ways:

| к нам | *towards us/to our house* |
|---|---|
| к Ире | *to Ira's (to Ira's house)* |
| по у́лице | *along/down/up the street* |
| по гóроду | *around/throughout the town* |
| по телевизору | *on the television* |

With **мóжно** (*it is possible, one may*), **нельзя́** (*it is impossible, one
may not*), **нáдо** (*it is necessary*) and **порá** (*it is time to*):

| Dative of person | (e.g.) **порá** | infinitive | |
|---|---|---|---|
| **Волóде** | **порá** | **идти** | (*It's time for Volodya to go*) |

Idiomatically in phrases with **нрáвится** (to express *liking*) and
**хóчется** (to express *wanting, feeling like*):

| Dative of person | (e.g.) **нрáвится** | noun | |
|---|---|---|---|
| **Áнне** | **нрáвится** | **этот музéй** | (*Anna likes this museum*) |

| Use | Expression | Meaning |
|---|---|---|
| *To* | Оля даёт биле́ты Ви́к-тору | *Olya gives the tickets to Viktor* |
| *For* | Мне ко́фе, пожа́луйста | *Coffee for me, please* |
| **К** | Я иду́ к Ви́ктору | *I'm going to Viktor's* |
| **По** | Она́ говори́т по телефо́ну | *She's talking on the telephone* |
| **На́до** etc. | Мне на́до рабо́тать | *I've got to work* |
| | Тебе́ нельзя́ кури́ть | *You mustn't smoke* |
| **Нра́вится** | Мне о́чень нра́вится э́та пье́са | *I really like this play* |
| **Хо́чется** | Воло́де хо́чется отдыха́ть | *Volodya wants to rest* |

The dative singular of nouns is formed in the following way:

| Nom | Remove | Add | Phrase | Meaning |
|---|---|---|---|---|
| *Masculine:* | | | | |
| **брат** | – | у | Её бра́ту хо́чется отдыха́ть | *Her brother wants to rest* |
| **учи́тель** | ь | ю | «Да,» говори́т он учи́телю | *'Yes,' he says to the teacher* |
| **Алексе́й** | й | ю | Оля дает кни́гу Алексе́ю | *Olya gives the book to Aleksei* |
| *Feminine:* | | | | |
| **соба́ка** | а | е | Соба́ке хо́чется игра́ть | *The dog wants to play* |
| **О́ля** | я | е | Куда́ он идёт? – К О́ле | *Where's he going? – To Olya's* |
| **Мари́я** | я | и | Мари́и пора́ идти́ | *It's time for Mariya to go* |
| **дверь** | ь | и | Он идёт к две́ри | *He's walking towards the door* |

| Neuter: | | | | |
|---|---|---|---|---|
| **окнó** | о | у | Он идёт к окнý | *He's walking towards the window* |
| **мóре** | е | ю | К мóрю. | *Towards the sea* |
| **здáние** | е | ю | Он идёт к здáнию | *He's walking towards the building* |

Note the dative form of the subject pronouns:

| я | **мне** | мы | **нам** |
|---|---|---|---|
| ты | **тебé** | вы | **вам** |
| он, онó | **емý** | они | **им** |
| онá | **ей** | | |

## 5 Э́тот

**Э́тот** is a demonstrative pronoun and means *this*. It has three forms in the nominative singular (masculine, feminine and neuter) and one in the plural, and it must agree with the word it describes (a list of case endings of **этот** is given in Appendix 1):

> э́тот институ́т *this institute*  э́та гости́ница *this hotel*
> э́то здáние *this building*  э́ти теáтры *these theatres*

Note that the neuter form **э́то** is identical to the word for *it is/this is/these are*.

# Упражнения

### 6.1 Прочитайте и ответьте!

Choose a word/words from the list below to complete each sentence or to answer the question (NB not all the words in the list are needed!)

(a) Извини́те, пожáлуйста, вы не ＿＿＿＿＿＿ , где метро?

(b) У вас есть паспорт? ＿＿＿＿＿＿＿＿＿＿ .

(c) У меня в но́мере телефóн не ＿＿＿＿＿＿＿＿＿＿ .

(d) Здесь можно фотографировать? _____ .

(e) У вас много _____

(f) _____ нельзя курить.

| | | | |
|---|---|---|---|
| багажа | Да, вот он | Да, можно | знаете |
| работаете | Борису | Да, вот она | работает |

### 6.2  Прочитайте и ответьте!

You are asking the service bureau in your hotel about museums in the city. Complete your part of the conversation:

(a) **Вы**  Ask if there are any museums in the city.

**Девушка**  Конечно! У нас много.

(b) **Вы**  Ask if these museums are near the hotel.

**Девушка**  Да, недалеко отсюда (from here) есть большой музей.

(c) **Вы**  Ask what there is in the museum.

**Девушка**  В музее красивые картины и старая мебель (*furniture*).

(d) **Вы**  Ask how much a ticket to the museum costs.

**Девушка**  Две тысячи рублей.

(e) **Вы**  Say thank you very much and good-bye.

**Девушка**  Не за что. До свидания.

### 6.3  Прочитайте и ответьте!

Put the word in brackets in the correct form:

(a)  Я предпочитаю кофе без _____ (молоко).

(b)  Сегодня вечером мы идём к _____ (Борис).

(c)  Знаете, Вера, _____ (мы) уже пора идти.

(d)  Нет, музей не очень далеко от _____ (гостиница).

(e)  (Я) _____ очень хочется отдыхать.

### 6.4  Посмотрите и напишите!

Look at the pictures and write a sentence about the preferences of each person:

(*a*)   Борис предпочитает играть в теннис.

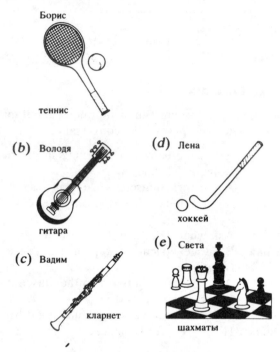

**6.5   Прочитайте и ответьте!**

Read the following passage about **Лидия** and use it to help you answer the questions about yourself which follow.

Лидия живёт в Москве. У неё сын, Алёша и собака. Она работает в школе в центре Москвы. Она преподаёт английский язык и очень хорошо говорит по-английски. В свободное время она любит читать книги, плавать в бассейне, кататься на лыжах или отдыхать дома. Она не очень любит делать покупки. Алёша, её сын, любит смотреть телевизор и играть в футбол.

| | | | |
|---|---|---|---|
| **сын** | *son* | **ката́ться на лы́жах** | *to ski* |
| **чита́ть** | *to read* | **де́лать поку́пки** | *to do the shopping* |

(a) Где вы живёте?
(b) У вас есть собака?
(c) Вы говорите по-русски?
(d) Что вы делаете в свободное время?

# Всё понятно?

## 1 Разговор

**Прочитайте разговор и ответьте на вопросы по-английски**

A journalist from the newspaper **«Спорт»** is visiting an institute and he interviews Lena Ermakova, a student there.

| | |
|---|---|
| **Журналист** | Здравствуйте, Лена. Меня зовут Виктор. Я из газеты «Спорт». |
| **Лена** | Здравствуйте. |
| **Журналист** | Скажите мне, Лена, вы изучаетс математику, да? |
| **Лена** | Да, математику |
| **Журналист** | Вам нравится курс? |
| **Лена** | Да, курс очень интересный ... но у меня, конечно, много работы! |
| **Журналист** | А у вас есть свободное время? |
| **Лена** | Есть, конечно. |
| **Журналист** | А что вы делаете в свободное время? |
| **Лена** | Ну, я смотрю телевизор, читаю много, и очень люблю плавать |
| **Журналист** | Вы часто плаваете? |
| **Лена** | Нет, не часто, потому что бассейн находится далеко от дома. |
| **Журналист** | А здесь, в институте, есть спортзал? |
| **Лена** | Да, есть. Это небольшой спортзал, где можно играть в волейбол и баскетбол. |
| **Журналист** | Вы играете в волейбол или в баскетбол? |
| **Лена** | Нет, не играю. Я предпочитаю смотреть матчи по телевизору! Я не очень спортивный человек! |

| | | | |
|---|---|---|---|
| **математика** | *mathematics* | **спортзал** | *sports hall* |
| **матч** | *match* | **бассейн** . | *swimming pool* |

1 Лена изучает:
(a) русский язык      (b) математику
(c) рисование      (d) английский язык

2 Она думает, что
(a) курс очень скучный
(b) курс не очень интересный
(c) курс не очень хороший
(d) курс очень интересный

3 Лена плавает не очень часто потому, что
(a) у неё много работы
(b) она не очень любит плавать
(c) она предпочитает играть в волейбол
(d) бассейн далеко от её дома

4 Лена предпочитает
(a) играть в баскетбол в спортзале
(b) смотреть матчи по телевизору
(c) играть в волейбол в спортзале
(d) смотреть матч на стадионе

## 2 Чтение

Прочитайте текст и ответьте на вопросы по-английски:
(a) What sort of building is the Tretyakov Art Gallery housed in?
(b) Exactly where is it situated?
(c) Who was the founder of the gallery?
(d) Why are Repin, Surikov and Ivanov popular?

В Москве находится известная Третьяковская галерея. Это очень красивое и типично русское здание. Оно находится в центре города, недалеко от станции метро «Третьяковская». Основатель галереи – Сергей Михайлович Третьяков (XIX века) – богатый московский купец. В галерее уникальная коллекция русской живописи. Там например можно видеть известные картины Репина, Сурикова и Иванова (Репин, Суриков, Иванов – художники XIX века). Там есть портреты и пейзажи, очень известные и популярные, потому что они изображают жизнь и проблемы России XIX века.

Портрет композитора М.П.Мусоргского

| | |
|---|---|
| изве́стный | *famous* |
| Третьяко́вская галере́я | *Tret'yakov gallery* |
| основа́тель (m.) | *founder* |
| век | *century* |
| бога́тый | *rich* |
| купе́ц | *merchant* |
| колле́кция | *collection* |
| жи́вопись (f.) | *painting* |
| изобража́ть | *to depict* |
| жизнь (f.) | *life* |
| пробле́ма | *problem* |
| уника́льный | *unique* |

# 7 На почте *At the post office*

The aim of this unit is to give you further practice in ways of requesting and giving information about cost, availability and necessity.

## Диалог

Anna has asked Ira to go with her to the post office to help her send a telegram and to buy stamps, envelopes and postcards.

| | |
|---|---|
| **Ира** | Скажи, Анна, что тебе нужно? |
| **Анна** | Я хочу купить конверты, марки и открытки. |
| **Ира** | Какие открытки? Видовые или поздравительные? |
| **Анна** | Видовые. |
| **Ира** | И сколько открыток хочешь? |
| **Анна** | Шесть видовых открыток и шесть марок. |
| **Ира** | Куда ты хочешь послать эти открытки? В Англию? |
| **Анна** | Да, в Англию. |
| **Ира** | Значит, шесть открыток и шесть марок по девятьсот рублей. Сколько конвертов хочешь? |
| **Анна** | Пять. А где можно купить всё это? |
| **Ира** | Вон там ... видишь окошко? – «Продажа марок, конвертов, открыток». |
| **Анна** | Да, вижу. |
| **Ира** | А ещё что тебе нужно, кроме открыток, марок и конвертов? |
| **Анна** | Мне надо послать телеграмму домой. |
| **Ира** | Ага. Значит, тебе надо заполнить бланк для международной телеграммы ... вот они, в ящике. |
| **Анна** | А потом что надо делать? |
| **Ира** | Потом иди скажи девушке «Примите, пожалуйста, телеграмму». |
| **Анна** | Ты не знаешь, сколько стоит послать телеграмму |

| | |
|---|---|
| | в Áнглию? |
| **Ира** | Нет, не зна́ю. Но ду́маю, что о́чень до́рого. |
| **Анна** | Поня́тно. А тебе́ что́-нибудь ну́жно? |
| **Ира** | Спаси́бо, нет. |

| | |
|---|---|
| **что тебе́ ну́жно?** | *what do you need?* |
| **конве́рт** | *envelope* |
| **видовы́е и́ли поздрави́тельные?** | *with views or congratulatory?* |
| **по девятьсо́т рубле́й** | *at 900 roubles* |
| **око́шко** | *counter, position (in post office, bank)* |
| **кро́ме** (+ genitive) | *apart from* |
| **посла́ть телегра́мму** | *to send a telegram* |
| **домо́й** | *home (i.e. to home)* |
| **ага́** | *aha (expresses agreement, understanding)* |
| **запо́лнить бланк** | *to fill in a form* |
| **для междунаро́дной телегра́ммы** | *for an international telegram* |
| **я́щик** | *box* |
| **иди́ скажи́** | *go and say, go and tell* |
| **прими́те** | *receive, take* |
| **о́чень до́рого** | *very expensive* |
| **тебе́ что́-нибудь ну́жно?** | *do you need anything?* |

# Примечания
## На по́чте

Most tourists buy postcards and stamps in their hotels, but it is possible to buy items such as postcards, envelopes and writing paper at the post office, which is the place to go if you want to send a telegram. It is also possible to book telephone calls abroad there.

## Видовы́е и́ли поздрави́тельные?

Russians often send congratulatory postcards to one another to mark some important occasion (birthdays, etc.) or festival (e.g. New Year); it is also popular to send telegrams on such occasions.

## Скажи́ де́вушке

Note that the word **де́вушка** (*girl*) is a very useful one! Here it is being used to denote the post office employee; as there are no Russian equivalents for *Miss*, *Madam*, etc. it is also the way of attracting the attention of a shop assistant, waitress or female (between the ages of about 15 and 50!) whom you don't know. **Молодо́й челове́к** (*young man*) is the masculine equivalent.

# Вопросы

## 1   Правда или неправда?

(*a*)  Анна хочет купить только открытки.
(*b*)  Анна хочет послать видовые открытки.
(*c*)  На почте нельзя купить конверты.
(*d*)  Ира не знает, сколько стоит послать телеграмму в Англию.

## 2   Ответьте на вопросы!

(*a*)  Какие отркытки Анна хочет купить?
(*b*)  Сколько конвертов она хочет?
(*c*)  Что надо заполнить, если (*if*) вы хотите послать телеграмму?
(*d*)  Что надо сказать девушке, если вы хотите послать телеграмму?

# Внимание!

How to:

1  *Enquire what is needed.*

Что тебе/вам ну́жно?
Тебе́/вам ну́жно что́-нибудь?

2  *Express cost per item.*

Шесть ма́рок по девятьсо́т рубле́й.

3  *Request instructions.*

Что на́до де́лать?

4  *Give instructions.*

Иди́ скажи́/Иди́те скажи́те!
Тебе́ на́до запо́лнить бланк

# Почему это так?

## 1  Что тебе́ ну́жно?

Note that in this phrase the person who needs something is in the dative case and that its literal meaning is *What to you is necessary?*

## 2  Домо́й

The word **дом** (*house, home*) is unusual in that it has forms not found in other words when it means *home*, namely:

**до́ма**  *at home*     **домо́й**  *to home*

Note that **в до́ме** means *in the house* and **в дом** means *into the house.*

## 3  Numerals

In unit 5 we met all the numerals up to 20. Compounds of numerals are formed quite simply (note that there are no hyphens):

| | | | | |
|---|---|---|---|---|
| двáдцать | *20* | сто дéсять | *110* |
| двáдцать три | *23* | двéсти | *200* |
| трúдцать | *30* | трúста | *300* |
| трúдцать пять | *35* | четы́реста | *400* |
| сóрок | *40* | пятьсóт | *500* |
| пятьдеся́т | *50* | шестьсóт | *600* |
| шестьдеся́т | *60* | семьсóт | *700* |
| сéмьдесят | *70* | восемьсóт | *800* |
| вóсемьдесят | *80* | дбевятьсóт | *900* |
| девянóсто | *90* | ты́сяча | *1000* |
| сто | *100* | | |

In unit 5 we saw that numerals 2,3,4 are always followed by the genitive singular case; note that this also applies to compounds of 2, 3, 4:

| | |
|---|---|
| трúдцать два билéта | *32 tickets* |
| двáдцать три кнúги | *23 books* |

Note too that when you are dealing with compounds of 1, the noun which follows stays in the nominative singular – i.e. it agrees with 1:

| | |
|---|---|
| трúдцать одúн билéт | *31 tickets* |
| двáдцать однá кнúга | *21 books* |

## 4  По девятьсóт рублéй

The preposition **по**, followed by the accusative case, is used to express *price per item*, e.g.:

| | |
|---|---|
| Э́ти кнúги по 10 000 рублéй | *These books are 10,000 roubles each* |

## 5  Adjectives – genitive singular and plural

We have seen that adjectives must agree with the nouns they describe in number (singular or plural) and gender (masculine, feminine or neuter) – they must also agree with the noun they describe in case (nominative, accusative, genitive, etc.).

In the dialogue we saw the phrase **для междунарóдной телегрáммы** (*for an international telegram*). The preposition **для** must be followed by the genitive case, so both the noun (**телегрáмма**) and the adjective (**междунарóдная**) have been put into the genitive singular. Learning the adjective endings is not too complicated if you remember the pattern: masculine and neuter endings are the same, and, as for nouns, there are always two endings to choose from:

For ordinary adjectives, i.e. those like **ста́рый** (*old*) which end in **-ый** (masculine), **-ая** (feminine) and **-ое** (neuter), the genitive singular endings are as follows:

| | Nominative | Remove | Add | Genitive singular adjective |
|---|---|---|---|---|
| *Masc.* | ста́рый | -ый | -ого | ста́рого |
| *Fem.* | ста́рая | -ая | -ой | ста́рой |
| *Neut.* | ста́рое | -ое | -ого | ста́рого |

(Note that the pronunciation of the ending **ого** is **ovo**)

An exception to this pattern occurs when you are dealing with adjectives whose stem (i.e. what's left when you've removed the last two letters) ends in: **ж, ч, ш, щ, ц.**

This is another important spelling rule: these letters can never be followed by an unstressed **о**. So, for example, in the adjective **хоро́ший**, we cannot use the endings given above for the genitive singular – the following must be used instead (note that the pronunciation of **его́** is **yivó**):

| | Nominative | Remove | Add | Genitive singular adjective |
|---|---|---|---|---|
| *Masc.* | хоро́ший | -ий | -его | хоро́шего |
| *Fem.* | хоро́шая | -ая | -ей | хоро́шей |
| *Neut.* | хоро́шее | -ее | -его | хоро́шего |

Note how this spelling rule also affects the neuter form of the nominative singular – **хоро́шее**.

The possessive adjectives **мой, твой, наш, ваш** all take this second kind of ending:

Э́то пода́рок для моего́ бра́та     *This is a present for my brother*

The genitive plural of adjectives is rather more straightforward – here, whatever the gender of the noun you are describing, there are only two possible endings: **-ых** and **-их**; always use the first (**-ых**) unless you are dealing with an adjective whose stem ends in one of the letters which may never be followed by **ы** (**г,к,х,ж,ч,ш,щ**):

one of the letters which may never be followed by **ы**
(**г,к,х,ж,ч,ш,щ**):

| Nominative | Remove | Add | Genitive plural adjective |
|---|---|---|---|
| ста́рый | -ый | -ых | ста́рых |
| ма́ленький *(small)* | -ий | -их | ма́леньких |

## 6   Nouns – genitive plural

In the **Диало́г** we met several examples of the genitive plural (e.g.
**Шесть видовы́х откры́ток, Ско́лько конве́ртов**). We have just
seen that the genitive plural of adjectives is quite straightforward
(either **-ых** or **-их**); the genitive plural of nouns is rather more
complicated, because here the ending depends on the gender of
the noun (and, unusually, there are more than 2 endings to choose
from):

| Nom. | Remove | Add | Phrase | Meaning |
|---|---|---|---|---|
| *Masculine*: | | | | |
| биле́т | – | ов | мно́го биле́тов | *a lot of tickets* |
| автомоби́ль | ь | ей | здесь нет автомоби́лей | *there aren't any cars here* |
| трамва́й | й | ев | пять трамва́ев | *five trams* |
| *Feminine*: | | | | |
| соба́ка | а | – | ско́лько соба́к? | *how many dogs?* |
| неде́ля | я | ь | шесть неде́ль | *six weeks* |
| ста́нция | я | й | семь ста́нций | *seven stations* |
| тетра́дь | ь | ей | здесь нет тетра́дей | *there are no exercise books here* |
| *Neuter*: | | | | |
| ме́сто | о | – | мест нет! | *no vacancies* |
| по́ле | е | ей | мно́го поле́й | *many fields* |
| зда́ние | е | й | мно́го зда́ний | *many buildings* |

Feminine nouns ending in **a** and neuter nouns ending in **o** simply lose their last letter; when the result is a cluster of consonants at the end of the word this sometimes leads to the insertion of an **o** or an **e**. Here are some common examples:

| | | |
|---|---|---|
| ма́рка – | шесть ма́рок | *six stamps* |
| окно́ – | шесть о́кон | *six windows* |
| де́вушка – | шесть де́вушек | *six girls* (i.e. **e** after **ч, ш**) |
| де́ньги – | мно́го де́нег | *a lot of money* (i.e. **e** replaces soft sign) |

Very occasionally, a **ё** is used and the most common example of this is in the word **сестра́** (*sister*): **пять сестёр** (*five sisters*).

Note that not all clusters need this treatment! Some common words manage without it:

| | |
|---|---|
| ме́сто – пять мест | *five places* |

Some nouns which have an irregular nominative plural also have an irregular genitive plural. Here are the most common (a full list of irregulars is given in Appendix 1).

| Meaning | Nominative singular | Nominative plural | Genitive plural |
|---|---|---|---|
| *child* | ребёнок | де́ти | детей |
| *friend* | друг | друзья́ | друзей |
| *person* | челове́к | лю́ди | люде́й |

## 7 Accusative plural

Now that you have met the genitive plural, you will be able to deal with *all* nouns and adjectives in the accusative plural as well: all *inanimate* (i.e. not alive) nouns and adjectives in the plural look exactly the same as they do in the nominative, while all *animate* plural nouns and adjectives look exactly the same as they do in the genitive:

Я о́чень люблю́ чита́ть ру́сские газе́ты   *I really like reading Russian newspapers*

Я о́чень люблю́ смотре́ть ру́сских актёров   *I really like watching Russian actors*

# Упражнения

### 7.1  Прочитайте и ответьте!

You're on a shopping trip, but aren't having much luck. Every item you ask for has been sold out! (Remember that *not any* is **нет** + genitive).

(*a*) видовые открытки
    – У вас есть видовые открытки?
    – Извините, сегодня у нас нет видовых открыток.

Now make up similar sentences for the items below:

(*b*) театральные билеты
(*c*) интересные книги
(*d*) русские газеты
(*e*) свободные (*free, vacant*) места
(*f*) английские журналы

### 7.2  Прочитайте и ответьте!

You are in a post office. Complete your part of the conversation.

| | | |
|---|---|---|
| (*a*) **Вы** | | Say excuse me please |
| | **Девушка** | Да? |
| (*b*) **Вы** | | Ask how much it costs to send a postcard to England. |
| | **Девушка** | 500 рублей. |
| (*c*) **Вы** | | Ask for five stamps at 500 roubles. |
| | **Девушка** | Вот, пожалуйста. Это всё? |
| (*d*) **Вы** | | Say you want to send a telegram to England. What should you do? |
| | **Девушка** | Вам надо заполнить бланк. |
| (*e*) **Вы** | | Ask where the forms are. |
| | **Девушка** | Вон там, на столе. |

## 7.3 Посмотрите и ответьте!

Look at the wrapper below and answer the questions:

(*a*) What product is the wrapper taken from?
(*b*) How much does it cost?
(*c*) Which city was it manufactured in?

## 7.4 Прочитайте и напишите!

The following people want to send postcards. What kind of stamps do they need to buy? Look at the example, then write similar sentences for the others:

| | Кто | Куда? | Сколько открыток? | Какие марки? |
|---|---|---|---|---|
| (*a*) | Джейн | Англия | 5 | 500p |
| (*b*) | Патрик | Америка | 6 | 600p |
| (*c*) | Ты | Индия | 3 | 650p |
| (*d*) | Мы | Франция | 7 | 500p |
| (*e*) | Саша | Петербург | 2 | 200p |
| (*f*) | Я | Канада | 10 | 650p |

(*a*) Джейн хочет послать пять открыток в Англию. Значит ей надо купить пять марок по пятьсот рублей.

**7.5 Прочитайте и ответьте!**

Who likes doing what? Match the questions and answers.

| | |
|---|---|
| 1 Лидия очень любит книги. | (*a*) Значит, он любит пить. |
| 2 Борис очень любит водку. | (*b*) Значит, она любит отдыхать. |
| 3 Лена не любит работать. | (*c*) Значит, она любит читать (*to read*). |
| 4 Вадим очень любит фильмы. | (*d*) Значит, она любит играть в теннис. |
| 5 Алла очень любит спорт. | (*e*) Значит, он любит смотреть телевизор |

**7.6 Прочитайте и ответьте!**

Complete the questions below using the appropriate question word:

(*a*) _____ вас зовут?

(*b*) _____ билетов вы хотите?

(*c*) _____ вы идёте?

(*d*) Вы не знаете, _____ метро?

(*e*) _____ ваша фамилия?

(*f*) _____ фильмы ты любишь смотреть?

# Всё понятно?

## 1 Разговор

**Прочитайте разговор и ответьте на вопросы**

On her way to the post office Natasha meets her friend Olya.

| | |
|---|---|
| **Оля** | Ната́ша, приве́т! Как дела́? |
| **Наташа** | Непло́хо. А ты куда́ идёшь, Óля? |
| **Оля** | Я иду́ на по́чту. |
| **Наташа** | И я то́же! Что тебе́ там ну́жно? |
| **Оля** | Мне? То́лько конве́рты. А тебе́ что ну́жно? |
| **Наташа** | Мне на́до посла́ть э́тот пода́рок бра́ту на его́ день рожде́ния. |

| **Оля** | А где живёт твой брат? |
|---|---|
| **Наташа** | В Ку́рске. Зна́чит, мне на́до посла́ть ему́ пода́-рок по по́чте. |
| **Оля** | Поня́тно. Но кака́я больша́я посы́лка! |
| **Наташа** | Да, пра́вда, больша́я. |
| **Оля** | Интере́сно, како́й э́то пода́рок? |
| **Наташа** | Сви́тер. |
| **Оля** | Кака́я ты хоро́шая сестра́, Ната́ша! |
| **Наташа** | (*laughs*) Да, пра́вда, хоро́шая! |

| | | | | | |
|---|---|---|---|---|---|
| **непло́хо** | *not bad* | **по по́чте** | *by post* | **сестра́** | *sister* |
| **пода́рок** | *present* | **посы́лка** | *parcel* | | |
| **день рожде́ния** | *birthday* | **сви́тер** | *sweater* | | |

1  Оля идёт

(*a*) на вокзал
(*b*) в школу
(*c*) на почту
(*d*) на стадион

2  Оля хочет купить

(*a*) конверты и марки
(*b*) только открытки
(*c*) только конверты
(*d*) открытки и марки

3  Наташа хочет послать

(*a*) телеграмму домой
(*b*) подарок брату
(*c*) открытку сестре
(*d*) письмо брату

## 2  Чтение

Прочитайте текст и ответьте на вопросы по-английски:

(*a*) What is Novgord's nickname, according to the old Russian proverb?
(*b*) From which century does the city date?
(*c*) On which main road is it situated?
(*d*) Why do tourists particularly like this city?
(*e*) What is an icon?

(f) What sort of work is being carried out by the restorers in the XIV century church?

(g) How long have they already been at work?

Вот одна́ ста́рая ру́сская посло́вица: «Ки́ев – мать ру́сских городо́в, Москва́ – се́рдце, Но́вгород – оте́ц». А почему́ ру́сские говоря́т, что Но́вгород «оте́ц ру́сских городо́в»? – Потому́, что э́то ста́рый го́род IX ве́ка. Но́вгород нахо́дится на реке́ Во́лхов, на автомагистра́ли Москва́-Санкт-Петербу́рг. Сего́дня э́то кру́пный промы́шленный го́род и изве́стный туристи́ческий центр. Тури́сты лю́бят э́тот го́род, потому́ что там о́чень мно́го краси́вых и ста́рых церкве́й, а та́кже мно́го интере́сных па́мятников. В Но́вгороде есть о́чень изве́стный музе́й. Музе́й изве́стный потому́, что там есть о́чень мно́го ста́рых и интере́сных ру́сских ико́н из новгоро́дских церкве́й. Что тако́е ико́на? Ико́на – э́то религио́зная карти́на, портре́т свято́го и́ли святы́х; э́то па́мятник ру́сской культу́ры и ру́сской исто́рии. Но есть ико́ны не то́лько в музе́е. Есть одна́ це́рковь XIV ве́ка в Но́вгороде, где реставра́торы рабо́тают уже́ два́дцать лет. Там не то́лько краси́вые ико́ны, но и краси́вые фре́ски. Кака́я рабо́та у э́тих худо́жников-реставра́торов? Им на́до реставри́ровать фре́ски XIV ве́ка.

| | |
|---|---|
| **автомагистра́ль** (f.) | *highway* |
| **кру́пный** | *major, large* |
| **оте́ц** | *father* |
| **посло́вица** | *proverb* |
| **реставри́ровать** | *to restore* |
| **свято́й** | *a saint* |
| **се́рдце** | *heart* |
| **фре́ска** | *fresco* |

# 8 Это место свободно?
## *Is this place free?*

The aim of this unit is to teach you how to obtain information about availability, variety and cost and how to place an order. You will also learn how to indicate that a mistake has been made and how to apologise for a mistake.

## Диалог

Anna and Sasha decide to have a meal together in a restaurant.

| | |
|---|---|
| **Анна** | Ой, как жаль. Рестора́н, ка́жется, закры́т. |
| **Саша** | Нет, нет, Анна, что ты! Дверь закры́та, а рестора́н, по-мо́ему, откры́т. (*Go into restaurant.*) |
| **Анна** | Здесь мно́го наро́ду! Ка́жется, свобо́дных мест нет. |
| **Саша** | Кака́я ты сего́дня пессими́стка! У вхо́да все места́ за́няты, а по-мо́ему вон там ... в углу́ есть свобо́дные места́ ... (*Approaches table where one young man is seated*) ... Извини́те, пожа́луйста, здесь свобо́дно? |
| **Молодой человек** | Да, свобо́дно. Пожа́луйста, сади́тесь. |
| **Саша** | Спаси́бо. А где меню́? |
| **Анна** | Вот оно́ ... (*Waitress approaches*) А вот офици-а́нтка, мы мо́жем заказа́ть. |
| **Официантка** | Слу́шаю вас. |
| **Саша** | Скажи́те, пожа́луйста, каки́е у вас заку́ски сего́дня? |
| **Официантка** | У нас сего́дня огурцы́ со смета́ной, э́то о́чень вку́сно ... и грибы́ есть ... А суп хоти́те? |
| **Саша** | Спаси́бо, нет. Мы не о́чень го́лодны. А что есть на второ́е? Шашлы́к есть? Я о́чень лю-блю́ шашлы́к! |

| | |
|---|---|
| **Официантка** | К сожалéнию, сегóдня у нас нет шашлыкá. У нас сегóдня тóлько котлéты с рúсом. |
| **Саша** | А скóлько стóят котлéты с рúсом? |
| **Официантка** | 5 500 рублéй. |
| **Саша** | Хорошó. Дáйте нам, пожáлуйста, огурцы́ со сметáной, котлéты с рúсом, а на слáдкое ... морóженое ... да, Анна? |
| **Анна** | Да ... и чай с лимóном, пожáлуйста. |
| **Официантка** | Так ... вам огурцы́ – две пóрции, котлéты – тóже две пóрции, морóженое и чай с сáхаром да? |
| **Анна** | Нет, э́то непрáвильно ... мне чай с лимóном, пожáлуйста, не с сáхаром. |
| **Официантка** | Ах, да! Извинúте за ошúбку! Прия́тного аппетúта! |

| | |
|---|---|
| как жаль | *what a pity/shame* |
| кáжется | *it seems* |
| закры́т | *closed* |
| по-мóему | *in my opinion* |
| откры́т | *open* |
| все местá | *all the places* |
| мнóго нарóду | *a lot of people* |
| зáняты | *occupied* |
| меню́ | *menu* |
| садúтесь, пожáлуйста | *sit down, please, do sit down* |
| официáнтка | *waitress* |
| заказáть | *to order* |
| закýски | *starters* |
| огурцы́ со сметáной | *cucumbers in sour cream* |
| вкýсно | *delicious, tasty, nice* |
| на вторóе | *for the second course* |
| мы не óчень гóлодны | *we're not very hungry* |
| шашлы́к | *kebabs* |
| котлéты с рúсом | *rissoles with rice* |
| на слáдкое | *for dessert* |
| пóрция | *portion* |
| морóженое | *ice cream* |

| | |
|---|---|
| чай с лимо́ном | *tea with lemon* |
| чай с са́харом | *tea with sugar* |
| непра́вильно | *not right, not correct* |
| извини́те за оши́бку | *sorry about the mistake/excuse the mistake* |
| пря́тного аппети́та | *'bon appétit', enjoy your meal* |

# Примечания

## Ресторáн

A visit to a restaurant is usually something of an occasion, often with dancing to a live band. Restaurants are often very busy – Sasha and Anna are lucky that they don't have to stand in a queue (о́чередь) for a table. Once in the restaurant, you will want to attract the attention of the официа́нт (*waiter* – use «молодо́й челове́к!») or официа́нтка (*waitress* – use «де́вушка!»). When the waiter/waitress comes to take your order he/she will usually say слу́шаю вас (lit. *I'm listening to you*), and when they have taken your order they will often say сейча́с (*now, immediately* … not a comment always to be taken literally!).

The menu is usually divided into various sections:

| | |
|---|---|
| Заку́ски | *starters* |
| Пе́рвое (блю́до) | *first course [soup]* |
| Второ́е (блю́до) | *second course* |
| Сла́дкое | *dessert* |
| Напи́тки | *drinks* |

Although many items may be listed in a menu, usually only those with a price written next to them are actually available. Bread (хлеб) is usually on the table as a matter of course. At the end of the meal you will need to ask for the bill (счёт).

# Вопросы

**1 Пра́вда и́ли непра́вда?**

(*a*) Рестора́н откры́т.
(*b*) Есть свобо́дные места́ у вхо́да.
(*c*) Са́ша хо́чет суп.

(*d*)  Саша любит шашлык.
(*e*)  Анна хочет чай с лимоном.

**2   Ответьте на вопросы!**

(*a*)  Где свободные места?
(*b*)  Кто (*who*) уже сидит за столом (*at the table*) в углу?
(*c*)  Анна и Саша голодны сегодня?
(*d*)  Что они хотят на сладкое?
(*e*)  Что Анна хочет пить?

# Внимание!

How to:

1   *Enquire about availability.*

У вас есть шашлык?

2   *Enquire about variety.*

Какие закуски у вас есть?

3   *Place an order.*

Можно заказать?
Дайте нам, пожалуйста, мороженое.

4   *Ask about cost.*

Сколько стоит?
Сколько с меня?
Дайте, пожалуйста, счёт.

5   *Indicate that a mistake has been made.*

Это неправильно

6   *Apologise for a mistake.*

Извините за ошибку.

# Почему это так?

## 1   Reflexive verbs

We have already come across the reflexive verb **находиться** (*to be* *situated*) – literally this verb means *to find itself*; a reflexive verb in Russian corresponds to the sort of verb which in English is followed by *self* or where *self* can be understood: for example, to get washed (to wash oneself), to dress (to dress oneself). The ending **-ся** on the infinitive (the *to do* part of the verb) is what identifies a reflexive verb and the only possible reflexive endings are **-ся** (after a consonant) and **-сь** (after a vowel). So, this is what happens to the present tense of **садиться** – a second conjugation verb meaning *to sit [oneself] down*:

| | |
|---|---|
| я сажусь | мы садимся |
| ты садишься | вы садитесь |
| он садится | они садятся |

## 2 Short adjectives

In unit 4 we learned how to form adjectives in Russian: e.g. **свободное время** (*spare/free time*) – these are called long adjectives. In this unit we have seen some rather different endings, which are called short adjectives:

| | |
|---|---|
| Это место свободно? | *Is this seat free?* |
| Котлеты очень вкусны | *The rissoles are delicious* |

Here is a typical set of short endings:

**новый:** Masculine: **нов**  Neuter: **ново**
Feminine: **нова**  Plural: **новы**

The short form exists only in the nominative (when you are talking about the *subject* of a sentence) and is usually found when the adjective comes last in a phrase or sentence – i.e. when you're saying *My book is new* (rather than *This is a new book*): **Моя книга нова.** Not all Russian adjectives have a short form; for example adjectives of colour (e.g. **красный**, *red*) and nationality (e.g. **русский**, *Russian*) have no short form. In modern conversational Russian the long form is almost always used and the short form hardly at all. However, there are some occasions when you *should* use the short form when you are using the adjective at the end of a phrase; the most common are as follows: (note that **рад**, *glad, happy* is the only common Russian adjective which does not have a long form):

| Long form | Masculine | Feminine | Neuter | Plural |
|-----------|-----------|----------|--------|--------|
| закры́тый (*closed*) | закры́т | закры́та | закры́то | закры́ты |
| за́нятый (*occupied*) | за́нят | занята́ | за́нято | за́няты |
| откры́тый (*open*) | откры́т | откры́та | откры́то | откры́ты |
| (happy/glad) | рад | ра́да | | ра́ды |
| вку́сный (*delicious*) | вку́сен | вкусна́ | вку́сно | вку́сны |
| дово́льный (*content*) | дово́лен | дово́льна | дово́льно | дово́льны |
| свобо́дный (*free, vacant*) | свобо́ден | свобо́дна | свобо́дно | свобо́дны |
| согла́сный (*in agreement*) | согла́сен | согла́сна | согла́сно | согла́сны |

Note what has happened in the masculine form of the last four examples: when the stem of a masculine adjective ends in two consonants (e.g. **вку́сный**, stem **вкусн-**) a **е** is inserted: **Э́тот суп о́чень вку́сен!** (*This soup is very tasty!*).

Note that the short form neuter adjective is also the adverb (i.e. word which describes a verb – e.g. **бы́стрый** means *quick*, **бы́стро** means *quickly*).

## 3   Instrumental case

The instrumental case is used to describe the instrument by which an action is performed – so, for example, if you want to say *I eat ice cream with/by means of a spoon* the word *spoon* must be put into the instrumental case. The instrumental case is also used to describe one's job – if you want to say *I work as a waiter*, the word *waiter* must be put into the instrumental case. The instrumental case is also used after certain prepositions, the most common of which is **с**, which means *with/accompanied by*. Note also **пе́ред** (*in front of*), **за** (*behind*), **ме́жду** (*between*), **над** (*over*) and **под** (*under*), **ря́дом с** (*next to*). The endings are as follows:

| Nom | Remove | Add | Phrase | Meaning |
|---|---|---|---|---|
| *Masculine:* | | | | |
| официа́нт | – | ом | Я рабо́таю официа́нтом | *I work as a waiter* |
| учи́тель | ь | ем | Он рабо́тает учи́телем | *He works as a teacher* |
| Алексе́й | й | ем | Я иду́ на о́перу с Алексе́ем | *I'm going to the opera with Aleksei* |
| *Feminine:* | | | | |
| ло́жка | а | ой | Я ем моро́женое ло́жкой | *I eat ice cream with a spoon* |
| тётя | я | ей | Я иду́ на бале́т с тётей | *I'm going to the ballet with my aunt* |
| ста́нция | я | ей | Кино́ нахо́дится за ста́нцией | *The cinema is behind the station* |
| дверь | ь | ью | Стул за две́рью | *The chair is behind the door* |
| *Neuter:* | | | | |
| окно́ | о | ом | Стол пе́ред окно́м | *The table is in front of the window* |
| по́ле | е | ем | Дом нахо́дится ря́дом с по́лем | *The house is next to the field* |
| зда́ние | е | ем | Кио́ск за зда́нием | *The kiosk is behind the building* |

**есть (ем, ешь, ест, еди́м, еди́те, едя́т)**   *to eat*   **ло́жка** *spoon*

Remember the spelling rule which we met in unit 7 – you can never write an unstressed **o** after **ж, ч, ш, щ, ц**; so, if you are trying to make the instrumental of a masculine noun ending in one of these letters, or a feminine or neuter noun which ends in one of these letters when you have removed the final **a**, don't add unstressed **ом** or **ой**, add **ем** or **ей**:

муж: Я иду́ в кино́ с му́жем
  (*husband*): (*I'm going to the cinema with my husband*)
у́лица: Ря́дом с у́лицей
  (*street*): (*Next to the street*)

The instrumental plural of nouns is very straightforward: irrespective of gender, the endings are either **-ами** (for nouns ending in a consonant, **-а** or **-о**), and **-ями** for all others:

гриб (*mushroom*)

суп с гриба́ми
(*mushroom soup*)
официа́нт стои́т пе́ред

гость (*guest*)

гостя́ми (*the waiter is standing in front of the guests*)

Note that nouns with irregular nominative plurals form their instrumental plural from the nominative plural, e.g.:

Nom. singular: **друг** (*friend*), Nom. plural: **друзья́**, Instr. plural: **друзья́ми.**

Note also the highly irregular **лю́ди** (*people*) – **с людьми́** (*with people*); **де́ти** – **с детьми́** (*with children*).

The instrumental singular and plural of adjectives are also very straightforward:
In the singular masculine and neuter adjectives add **-ым**, unless the stem ends in **г, к, х, ж, ч, ш, щ**, in which case add **-им**. Feminine adjectives add **-ой**, unless the rule about the unstressed **о** applies, in which case add **-ей** (so their endings are exactly the same as the feminine noun endings!), e.g.:

вку́сный со́ус
(*delicious sauce*)

Мя́со со* вку́сным со́усом
(*meat with delicious sauce*)

жа́реная карто́шка (*fried potato*(es), *chips*)
Ры́ба с жа́реной карто́шкой (*fish and chips*)

---

*Note that **со**, not **с**, often needs to be used before words starting with two consonants to ease pronunciation; compare **во** in **во Фра́нции** (*in France*).

In the plural, irrespective of gender, add **-ыми**, unless the stem ends in **г, к, х, ж, ч, ш, щ**, in which case add **-ими**, e.g.:

> нóвые студéнты (*new students*):
> Я идý на óперу с нóвыми студéнтами (*I'm going to the opera with the new students*)
> рýсские студéнты (*Russian students*):
> Я идý на óперу с рýсскими студéнтами (*I'm going to the opera with the Russian students*)

Note the Instrumental case of the subject pronouns:

| | | | |
|---|---|---|---|
| я | **мной** | мы | **нáми** |
| ты | **тобóй** | вы | **вáми** |
| он, онó | **им** | они́ | **и́ми** |
| онá | **ей** | | |

## 4 Кто? (*who*) & Что? (*what*)

These two very useful words decline (i.e. have different case endings) as follows:

| | | |
|---|---|---|
| Nominative: | Кто э́то? (*Who is it?*) | Что э́то (*What is it?*) |
| Accusative: | Когó вы знáете? (*Whom do you know?*) | Что вы знáете? (*What do you know?*) |
| Genitive: | Для когó? (*For whom?*) | Для чегó? (*For what?*) |
| Dative: | Комý нрáвится кни́га? (*Who likes the book?*) | Чемý э́то помогáет? (*What does this help?*) |
| Instrumental: | С кем он идёт тудá? (*Who is he going there with*) | С чем чай хóчешь? С лимóном? (*What do you want your tea with? With lemon?*) |
| Prepositional: | О ком он говори́т? (*Who is he talking about?*) | О чём он говори́т? (*What is he talking about*) |

# Упражнения

### 8.1 Прочитайте и расскажите!

Complete your part of the dialogue below, choosing items from the menu on the right.

| | |
|---|---|
| **Официант** | Слушаю вас. |
| (*a*) **Вы** | Order a starter |
| **Официант** | Вы хотите суп? |
| (*b*) **Вы** | Say no thanks, you're not very hungry. |
| **Официант** | Что вы хотите на второе? |
| (*c*) **Вы** | Ask how much the beef stroganoff costs. |
| **Официант** | 6850 рублей. |
| (*d*) **Вы** | Order the beef stroganoff. |
| **Официант** | А что вы хотите на сладкое? |
| (*e*) **Вы** | Order ice cream. |
| **Официант** | Что вы хотите пить? |
| (*f*) **Вы** | Order fruit juice and tea with lemon. |
| **Официант** | Сейчас. |

**МЕНЮ**
*Закуски:*
огурцы со сметаной
салат с помидорами
*Первое:* суп с грибами щи
*Второе:* котлеты с рисом
бефстроганов
*Сладкое:*
мороженое
фрукты
*Напитки:*
сок
вино
чай
кофе

---

**сала́т** *salad*          **суп с гриба́ми** *mushroom soup*
**бефстро́ганов**   *beef stroganoff*

---

## 8.2  Прочитайте, посмотрите и ответьте!

Look at the table below showing Sasha's preferences and explain what he prefers. The first one is done for you as an example; make up similar dialogues about each of the others:

| | | | | | |
|---|---|---|---|---|---|
| (*a*) чай | + молоко | √ | + лимон | ✗ |
| (*b*) суп | + помидоры | ✗ | + грибы | √ |
| (*c*) котлеты | + рис | √ | + картошка | ✗ |
| (*d*) рыба | + гарнир | ✗ | + жареная картошка | √ |
| (*e*) бифштекс | + рис | ✗ | + гарнир | √ |

A  Саша предпочитает чай с молоком или с лимоном?
B  Он предпочитает чай с молоком.

---

**ры́ба** *fish*
**гарни́р** *garnish; vegetables*
**жа́реная карто́шка** *chips*

**бифште́кс** *steak(burger)*
**карто́шка** *potato(es)*

---

### 8.3 Прочита́йте и отве́тьте!

Match the questions with the answers:

| | |
|---|---|
| 1 Анна хочет чай с молоком? | (*a*) Да, садитесь, пожалуйста. |
| 2 Здесь свободно? | (*b*) Нет, он предпочитает мясо (*meat*). |
| 3 Дайте, пожалуйста, счёт | (*c*) Нет, с лимоном. |
| 4 Саша любит рыбу? | (*d*) Дайте, пожалуйста, буты́лку (*bottle*) вина |
| 5 Сколько стоит салат с помидорами? | (*e*) Пожалуйста, вот он. |
| 6 Что вы хотите пить? | (*f*) 2000 рублей. |

### 8.4 Прочита́йте и отве́тьте!

Complete the following sentences by choosing the appropriate words from the list below. (NB! choose carefully – you don't need all of them.)

вкусно, вкусны, довольна, довольны, закрыт, занят, заняты, открыт, рад, рады, свободно, согласен, согласна

(*a*) Ой, как жаль, ресторан уже _____.

(*b*) Скажите, пожалуйста, это место_____?

(*c*) Саша очень _____, потому что сегодня есть огурцы со сметаной!

(*d*) Анна думает, что все места в ресторане уже _____.

(*e*) Да, спасибо, мы очень _____. Котлеты очень _____.

(*f*) Я думаю, что надо заказать вино. Ты _____, Анна?

**8.5    Прочитайте, посмотрите и ответьте!**

Выберите блюда для Гали! *Choose a menu for Galya!*

Галя не очень любит мясо, но она очень любит овощи и фрукты. Она не очень любит пить вино, но она очень любит сок и чай с лимоном. Вот меню в ресторане «Калинка».

| **Закуски:** | **Второе:** | **Для Гали:** |
|---|---|---|
| салат с помидорами | омлет с сыром | |
| салат мясной | котлеты с рисом | (*a*) Какие закуски? |
| | шашлык | (*b*) Что на первое? |
| **Первое:** | | (*c*) Что на второе? |
| суп с грибами | **Сладкое:** | (*d*) Что на сладкое? |
| суп с мясом | мороженое | (*e*) Какие напитки? |
| | «Московское» | |
| | фрукты | |

**Напитки:** Вино, шампанское, сок, минеральная вода, чай, кофе

# Всё понятно?

**1    Разговор**
**Прочитайте разговор и ответьте на вопросы**

Vadim sits down at a table in a snack bar and Viktor prepares to go to the counter to get something to eat and drink.

| **Виктор** | Садись, Вадим! Там у входа есть свободные места. |
|---|---|
| **Вадим** | Ладно. |
| **Виктор** | Что ты хочешь пить, Вадим? |
| **Вадим** | А что здесь есть? |
| **Виктор** | Ну, есть чай, кофе, минеральная вода ... и сок. |
| **Вадим** | А пива здесь нет? |
| **Виктор** | Ну что ты, Вадим! Конечно нет. |
| **Вадим** | Тогда мне кофе, пожалуйста. |
| **Виктор** | А что ты хочешь есть? |
| **Вадим** | Какие у них бутерброды? |
| **Виктор** | С ветчиной и с сыром. |

| Вадим | Оди́н бутербро́д с сы́ром, пожа́луйста. |
| Виктор | Э́то всё? |
| Вадим | Да … а шокола́д и́ли фру́кты есть? |
| Виктор | Шокола́да, ка́жется, нет, … а апельси́ны есть. |
| Вадим | Тогда́ мне, пожа́луйста, ко́фе, бутербро́д с сы́ром и апельси́н. |
| Виктор | Всё поня́тно. Мину́точку … (*Viktor returns with the tray of sandwiches, coffee, etc.*) |
| Вадим | Ну что ты, Ви́ктор! … Ведь э́то бутербро́д с ветчино́й! |
| Виктор | Извини́ за оши́бку, Вади́м! |

---

| | | |
|---|---|---|
| **пи́во** *beer* | **тогда́** *then, in that case* | **ветчина́** *ham* |
| **апельси́н** *orange* | **мину́точку** *just a moment* | |
| **ведь** *you know/realise* | | |

---

1 Есть свобо́дные места́

(*a*) у вхо́да
(*b*) в углу́
(*c*) на у́лице
(*d*) в теа́тре

2 Вадим хо́чет пить

(*a*) вино́
(*b*) во́дку
(*c*) сок
(*d*) пи́во

3 Вадим хо́чет бутербро́д

(*a*) с помидо́рами
(*b*) с ветчино́й
(*c*) с сы́ром
(*d*) с икро́й (caviare)

4 Вадим хо́чет есть

(*a*) моро́женое
(*b*) котле́ты с ри́сом
(*c*) щи
(*d*) апельси́н

## 2 Чте́ние

Прочита́йте текст и отве́тьте на вопро́сы по-англи́йски:

(*a*) What different kinds of soup feature prominently in Russian cooking?
(*b*) What is the main ingredient of **щи**?
(*c*) What are the popular ways of serving mushrooms?

(*d*) What particular kind of pie is recommended here?
(*e*) What ingredients are needed for the pastry?


Рýсская кýхня – всемúрно извéстная. Напримéр, есть такúе извéстные национáльные блю́да, как щи, блины́, пирогú. Кáша, грибы́ и супы́ тоже занимáют большóе мéсто в рýсском национáльном меню́. В рýсской национáльной кýхне есть мнóго супóв: напримéр есть и холóдные и горя́чие супы́, ры́бные супы́, супы́ с мя́сом и с овощáми. Щи – горя́чий суп; основнóй компонéнт – капýста. Рýсские óчень лю́бят грибы́, осóбенно грибы́ со сметáной и с чеснокóм. Пирогú тоже óчень популя́рны. Пирóг и пирожкú с ры́бой óчень вкýсны; основны́е компонéнты – ры́ба (напримéр, филé кáмбалы) и тéсто (основны́е копмонéнты – мукá, мáсло, яйцó, соль).

| | |
|---|---|
| **блины́** | *pancakes* |
| **всемúрно извéстный** | *world famous* |
| **горя́чий** | *hot (to touch, taste)* |
| **занимáть** | *to occupy* |
| **капýста** | *cabbage* |
| **кáша** | *porridge; buckwheat* |
| **компонéнт** | *component* |
| **кýхня** | *cuisine; kitchen* |
| **мукá** | *flour* |
| **óвощи** | *vegetables* |
| **основнóй** | *basic* |
| **пирóг** | *pie* |
| **пирожкú** | *pasty* |
| **соль** (f.) | *salt* |
| **тéсто** | *pastry, dough* |
| **филé кáмбалы** | *fillet of plaice* |
| **холóдный** | *cold* |
| **чеснóк** | *garlic* |
| **яйцó** | *egg* |

Пирожки и пирог с рыбой *(Pirashki i pirog su ryiboj)*
(Pirozhki and Pirog)

# 9 Во сколько отходит поезд?
## *When does the train leave?*

The aim of this unit is to teach you how to ask and tell the time, ask and answer questions about particular times and how to request and give information about travel.

## Диалог

Anna is at the railway station waiting with her fellow tourists for the train to St. Petersburg. Ira has come to see her off.

| | |
|---|---|
| **Ира** | (*arriving in a hurry*) Анна, вот ты где! Вся твоя группа здесь? |
| **Анна** | Да, мы все е́дем в Санкт-Петербу́рг. |
| **Ира** | Ско́лько сейча́с вре́мени? |
| **Анна** | Два́дцать мину́т двена́дцатого. |
| **Ира** | А во ско́лько отхо́дит по́езд? |
| **Анна** | В по́лночь. Зна́чит, че́рез со́рок мину́т. |
| **Ира** | Ага́, поня́тно. Зна́чит, за́втра у́тром ты уже́ бу́дешь в Санкт-Петербу́рге. |
| **Анна** | Да, в семь часо́в. |
| **Ира** | Ско́лько дней ты там бу́дешь? |
| **Анна** | Всего́ три дня. |
| **Ира** | Тебе́ везёт, Анна! Санкт-Петербу́рг тако́й краси́вый го́род. И всегда́ удо́бно, коне́чно, е́здить по́ездом. |
| **Анна** | Почему́? |
| **Ира** | Потому́, что в по́езде тепло́, прия́тно. Мо́жно спать, пить чай. Я о́чень люблю́ е́здить по́ездом. А у тебя́ како́й биле́т на по́езд? В оди́н коне́ц, да? |
| **Анна** | Нет, и обра́тный биле́т ... вот он. |
| **Ира** | Ага́ ... шесто́й ваго́н, четвёртое купе́, два́дцать четвёртое ме́сто. От како́й платфо́рмы отхо́дит по́езд? |

| | |
|---|---|
| **Анна** | От пя́той платфо́рмы. |
| **Го́лос** | Объявля́ется поса́дка на по́езд Москва́-Санкт-Петербу́рг. |
| **Ира** | Зна́чит, тебе́ уже́ пора́, Анна. Счастли́вого пути́! |

| | |
|---|---|
| вся гру́ппа | the whole group |
| мы все е́дем | we're all going |
| ско́лько сейча́с вре́мени? | what time is it now? |
| два́дцать мину́т двена́дцатого | twenty past eleven |
| во ско́лько? | at what time? |
| отхо́дит (отходи́ть) | leaves (to leave) |
| в по́лночь | at midnight |
| че́рез со́рок мину́т | in forty minutes' time |
| за́втра у́тром | tomorrow morning |
| в семь часо́в | at seven o'clock |
| день (m., fleeting e) | day |
| ты бу́дешь | you will be |
| всего́ | in all, only |
| тебе́ везёт | you're lucky |
| тако́й | such a, so |
| удо́бно (удо́бный) | convenient, comfortable |
| е́здить | to travel |
| тепло́ | it is warm |
| в оди́н коне́ц | one way |
| обра́тный биле́т | a return ticket |
| шесто́й ваго́н | sixth carriage |
| четвёртое купе́ | fourth compartment |
| платфо́рма | platform |
| объявля́ться | to be announced |
| поса́дка | boarding |
| спать | to sleep |
| счастли́вого пути́! | { bon voyage! <br> have a good journey! |

| | |
|---|---|
| Серия БО          № 053143<br>**МОСКОВСКИЙ**<br>**МЕТРОПОЛИТЕН**    **XII**  **ПРОЕЗДНОЙ**<br>**ИМЕНИ**           **БИЛЕТ**<br>**В.И.ЛЕНИНА**<br><br>**ДЕКАБРЬ · 1994**<br>Билет не дает права на бесплатный<br>провоз багажа.<br>Для граждан цена 15000 руб.<br>Для организаций цена 30000 руб. | НА 1 ПОЕЗДКУ       НА 1 ПОЕЗДКУ<br>В АВТОБУСЕ,        В АВТОБУСЕ,<br>ТРАМВАЕ,          ТРАМВАЕ,<br>ТРОЛЛЕЙБУСЕ       ТРОЛЛЕЙБУСЕ<br>г. МОСКВА         г. МОСКВА<br>**5 коп.**         **5 коп.**<br>634159            634159<br>ДГ 18             ДГ 19<br>Без компостера    Без компостера<br>недействителен   недействителен |

# Примечания

## По́езд

Trains are a popular form of transport for very long journeys and the cost of a train ticket is roughly equal to that of an aeroplane ticket for journeys of a similar length. Accommodation on trains is usually either **мя́гкий** (*soft*) or **жёсткий** (*hard*); in the latter, seats may be wooden, but the **мя́гкий** accommodation on long-distance trains is usually very comfortable, with two or four sleeping berths in each compartment of a **купе́йный ваго́н** or **спа́льный ваго́н** (*sleeper carriage*); a **плацка́ртный ваго́н** has numbered reserved seats.

Each carriage is looked after by a train attendant (**проводни́к** or **проводни́ца**), who checks passengers' tickets, makes sure that each compartment has the correct supply of bedding and supplies tea to the passengers (although refreshments may also be available in a **ваго́н-рестора́н**). **Ско́рый по́езд** is an express train, while **электри́чка** is a local electric train and a **пассажи́рский по́езд** is a slow train.

Public transport within towns (**городско́й тра́нспорт**) includes buses (**авто́бусы**), trams (**трамва́и**), trolleybuses (**тролле́йбусы**) and, in some cities, an underground (**метро́**). Bus/tram/trolleybus tickets can be bought from the driver and each ticket must be punched when it is used (**компости́ровать**, *to punch*); passengers gain entry to the metro system by inserting a token (**жето́н**) in the slot of an automatic entry barrier. It is also possible to buy a **еди́ный биле́т** – an all-in-one ticket which covers transport by bus, tram, trolleybus and underground.

# Вопросы

## 1   Правда или неправда?

(*a*)   Уже семь часов

(b) Завта утром Анна будет (*Anna will be*) в Санкт-Петербурге

(c) Анна будет в Санкт-Петербурге четыре дня.

(d) У Анны нет обратного билета.

(e) Поезд отходит от пятой платформы.

**2  Ответьте на вопросы!**

(a) Во сколько отходит поезд?

(b) Во сколько Анна будет в Санкт-Петербурге?

(c) Что Ира говорит о Санкт-Петербурге?

(d) Почему Ира думает, что всегда удобно ездить поездом?

(e) Какие билеты у Анны?

# Внимание!

How to:

1  *Ask the time.*

Сколько сейчас времени?

2  *Ask at what time.*

Во сколько отходит поезд?

3  *Tell the time.*

Семь часов.

4  *Say at what time.*

В семь часов.

5  *Request and give information about tickets.*

У вас есть обратный билет?
Билет в один конец.
Билет на поезд в Санкт-Петербург.

6  *Ask directions in the station.*

От какой платформы отходит поезд?

# Почему это так?

## 1  Вся группа

*All/the whole group* – in Russian the word for *all* (a determinative pronoun) behaves rather like an adjective; in the nominative it looks like this:

| | | |
|---|---|---|
| Masculine: | весь день | (*the whole day*) |
| Feminine: | вся гру́ппа | (*the whole group*) |
| Neuter: | всё письмо́ | (*the whole letter*) |
| Plural: | все тури́сты | (*all the tourists*) |

The full declension (i.e. all the case endings) of **весь** is given for you in Appendix 1.

## 2 Instrumental case

In unit 7 we learnt that this case is used to describe the instrument by which an action is performed, so it is commonly used when describing means of transport: **по́ездом** (*by train*), **авто́бусом** (*by bus*), **самолётом** (*by 'plane*). It is also used in time phrases, of which the following are very common:

| | | | |
|---|---|---|---|
| у́тром | *in the morning* | зимо́й | *in winter* |
| днём | *during the day* | весно́й | *in spring* |
| ве́чером | *in the evening* | ле́том | *in summer* |
| но́чью | *at night* | о́сенью | *in autumn* |

## 3 Ты бу́дешь

Although there is no present tense of the verb *to be* (**быть**) in Russian, there is a future tense (*I will be, you will be*, etc.), which is as follows:

| | |
|---|---|
| я бу́ду | мы бу́дем |
| ты бу́дешь | вы бу́дете |
| он бу́дет | они́ бу́дут |

## 4 Time

In order to tell the time in Russian we need to know two sets of numbers, cardinal (the ones we have already met – 1, 2, 3, etc.) and ordinal (the ones which tell us the order – 1st, 2nd, 3rd, etc.). The lists below show that the two sets of numerals have a lot in common, but note that the ordinals are actually adjectives:

| Cardinal | | Ordinal | |
|---|---|---|---|
| оди́н | 1 | пе́рвый | 1st |
| два | 2 | второ́й | 2nd |
| три | 3 | тре́тий | 3rd |
| четы́ре | 4 | четвёртый | 4th |
| пять | 5 | пя́тый | 5th |
| шесть | 6 | шесто́й | 6th |
| семь | 7 | седьмо́й | 7th |
| во́семь | 8 | восьмо́й | 8th |
| де́вять | 9 | девя́тый | 9th |
| де́сять | 10 | деся́тый | 10th |
| оди́ннадцать | 11 | оди́ннадцатый | 11th |
| двена́дцать | 12 | двена́дцатый | 12th |

Telling the time 'on the hour' is quite straightforward, simply state the appropriate cardinal numeral and follow it by the word **час** (*hour*) – in the nominative singular after 1, genitive singular after 2, 3, 4 and the genitive plural after five and above:

| Ско́лько сейчас вре́мени? | Час | *One o'clock* |
|---|---|---|
| Ско́лько сейча́с вре́мени? | Три часа́ | *Three o'clock* |
| Ско́лько сейча́с вре́мени? | Де́вять часо́в | *Nine o'clock* |

(You may also hear **Кото́рый час?** as a way of asking *What time is it?*)

To tell the time on the left hand side of the clock (i.e. minutes to the hour), use the word **без** (*without*), which is always followed by the genitive case; so, if you want to say *ten to five* what you are literally saying in Russian is *without ten five*:

| Без десяти́ пять | *Ten minutes to five* |
|---|---|
| Без че́тверти три | *A quarter to three* |
| (**че́тверть** (f.) *quarter*) | |

To deal with the *half hour*, you need the prefix **пол-** (*half*) and you attach this to the appropriate ordinal numeral; if you want to say *half past five* in Russian, what you literally say is *half of the sixth hour*:

| Полшестóго | *Half past five* | *or* Половúна шестóго |
| Полдесятого | *Half past nine* | *or* Половúна десятого |

You must think ahead in this way whenever you are dealing with the right hand side of the clock (i.e. minutes past the hour):

| Чéтверть седьмóго | *A quarter past six* |
| Дéсять минýт трéтьего* | *Ten minutes past two* |

To say *a.m.* use **утрá** (literally *of the morning*); for *p.m.* use **дня** (*of the day*), **вéчера** (*of the evening*) and **нóчи** (*of the night*):

Дéсять часóв утрá (*10 a.m.*); четы́ре часá дня (*4 p.m.*); семь часóв вéчера (*7 p.m.*); два часá нóчи (*2 a.m.*).
Note also **пóлдень** (*midday*) and **пóлночь** (*midnight*).

To answer the question *At what time?* the preposition **в** is used except in the case of minutes to the hour:

| Во скóлько отхóдит пóезд? | В три часá | *At three o'clock* |
| Во скóлько отхóдит пóезд? | В двáдцать минýт вторóго | *At twenty past one* |
| Во скóлько отхóдит пóезд? | В половúне шестóго (*or* полшестого) | *At half past five* |
| Во скóлько отхóдит пóезд? | Без чéтверти три | *At quarter to three* |

Note that official timetables (e.g. train timetables) often use the twenty-four hour clock, e.g. **восемнáдцать трúдцать** – *18.30*.

(You might also hear **В котóром часý...?** as a way of asking *at what time...?*)

## 5   Чéрез

This literally means *across* and it is always followed by the accusative case. When used with time expressions it means *after time has elapsed* – e.g.:

---

*See Appendix 1 for the declension of **трéтий**.

Поезд в Санкт-Петербург отхо́дит че́рез со́рок мину́т
*The Leningrad train leaves in forty minutes*

**Че́рез** is also useful when giving information about the number of stops to be travelled:

Когда́ мне выходи́ть? (*When should I get off?*)
Че́рез три остано́вки (*After three stops*)

## 6 To go

The verbs meaning *to go* have two forms of the present tense in Russian. The verb which means *to go on foot, to walk* makes its present tense from either **ходи́ть** or **идти́**, while **е́здить** or **е́хать** must be used if you want to say *to go by transport, to travel*. Consider the following:

|  On Foot | |
|---|---|
| *Habitual, repeated* | *One occasion, one direction* |
| Ходи́ть (Я хожу́, ты хо́дишь,) они́ хо́дят) | Идти́ (Я иду́, ты идёшь, они́ иду́т) |
| Она́ всегда́ хо́дит в го́род | Сейча́с она́ идёт в го́род |
| *She always walks into town* | *She is walking into town now* |
|  By Transport | |
| *Habitual, repeated* | *One occasion, one direction* |
| Е́здить (Я е́зжу, ты е́здишь, они́ е́здят) | Е́хать (Я е́ду, ты е́дешь, они́ е́дут) |
| Я обы́чно е́зжу на рабо́ту авто́бусом | Сего́дня Анна е́дет в Ленингра́д |
| *I usually go to work by bus* | *Anna is going to Leningrad today* |

Note that the rules of habit or one occasion/one direction apply to the use of the infinitives too, e.g.:

Я предпочита́ю е́здить по́ездом
*I prefer to travel by train* (*in general*)
Мне пора́ идти́ на рабо́ту
*It's time for me to walk to work* (*now*)

Note that while people travel (**ездить/ехать**) on vehicles, the movement of certain vehicles is described by **ходить/идти** – thus trains and trams, for example, *walk*:

> Поезда́ хо́дят бы́стро и ча́сто *The trains run quickly and frequently*

The other common verbs of motion – *to carry, to fly, to lead, to run, to swim, to transport* are all governed by the same principles. They all have two infinitives from which you can make the present tense and you must always decide: Habit? or One occasion/one direction? (note that some of these have an irregular present tense – this is indicated in brackets):

| | |
|---|---|
| бе́гать/бежа́ть (бегу́, бежи́шь, бегу́т) | *to run* |
| води́ть/вести́ (веду́, ведёшь, веду́т) | *to lead* |
| вози́ть/везти́ (везу́, везёшь, везу́т) | *to transport* |
| лета́ть/лете́ть (лечу́, лети́шь, летя́т) | *to fly* |
| носи́ть/нести́ (несу́, несёшь, несу́т) | *to carry* |
| пла́вать/плыть (плыву́, плывёшь, плыву́т) | *to swim, sail* |

## 7  Счастли́вого пути́!

Wishes of this kind are expressed in the genitive case; this is because the verb **жела́ть** (*to wish*) must be followed by the genitive case – even if the verb itself is not stated, it is always understood:

> (Я жела́ю вам) прия́тного аппети́та!  *Bon appétit/Enjoy your meal*
>
> (Я жела́ю вам) всего́ хоро́шего!  *All the best!*

# Упражнения

### 9.1  Прочитайте, посмотрите и ответьте:

A  Извините, пожалуйста, сколько сейчас времени?
B  Два часа.

A  Спасибо.
B  Пожалуйста.

Четыре часа
*It's four o'clock*

Четверть восьмого
*It's quarter past seven*

Полчетвёртого
*It's half past three*

Без десяти пять
*It's ten to five*

Now look at the time and answer:

Сколько сейчас времени?

(*a*)    (*b*)    (*c*)

(*d*)    (*e*)    (*f*)

### 9.2   Прочитайте, посмотрите и ответьте!

Во сколько отходит поезд?

| КУДА? | КОГДА? | | |
|---|---|---|---|
| В Москву | 11 a.m. | (*a*) | В одиннадцать часов утра. |
| В Обнинск | 6 p.m. | (*b*) | |
| В Ялту | 8.30 a.m. | (*c*) | |
| В Киев | 11.30 p.m. | (*d*) | |

### 9.3   Прочитайте и ответьте:

Complete your part of the dialogue:

| (*a*) **Вы** | Ask how much a ticket to Yalta costs. |
|---|---|
| **Девушка** | 15 000 рублей. |
| (*b*) **Вы** | Ask for two tickets to Yalta. |
| **Девушка** | Пожалуйста. С вас 300 000 рублей. |
| (*c*) **Вы** | Say here is 500 000 roubles. |
| **Девушка** | У вас нет мелочи? |
| (*d*) **Вы** | Apologise that you have no change. |
| **Девушка** | Ничего. |

| (e) **Вы** | Ask what time the train leaves. |
| **Девушка** | Через час. |
| (f) **Вы** | Ask what platform the train leaves from. |
| **Девушка** | От четвёртой платформы. |

### 9.4 Посмотрите и ответьте!

Look at this advertisement for railway travel and answer the questions (NB you don't need to be able to understand all the words in the advert to be able to answer them).

*ЖЕЛЕЗНЫЕ ДОРОГИ*

*ЖЕЛЕЗНЫЕ ДОРОГИ ПРЕДЛАГАЮТ:*

- **для деловой поездки**
- **для туристского путешествия**
- **для транзита через СНГ**

*Поезда и беспересадочные спальные вагоны*

**Спальные вагоны прекрасно приспособлены для длительных путешествий**

*Прямое сообщение с 24 странами Европы и Азии*

**ЖЕЛАЕМ ПРИЯТНОЙ ПОЕЗДКИ!**

(a) What different types of journey can the railways cater for?
(b) What sort of carriages are especially designed for long journeys?
(c) Which continents do the railways connect?
(d) What wish is expressed at the end of the advert?

| | |
|---|---|
| делова́я пое́здка | *business trip* |
| дли́тельный | *long, lengthy* |
| желе́зная доро́га | *railway* |
| путеше́ствие | *travel* |
| СНГ | CIS |

### 9.5 Прочитайте, посмотрите и напшите!

Look at the table below and make up a sentence to explain each person's preference:

| | Кто | Какой вид транспорта предпочитает? | Почему? |
|---|---|---|---|
| (a) | Виктор | велосипед | энергичный человек |
| (b) | Ольга | трамвай | далеко живёт |
| (c) | Галя | поезд | удобно и приятно |
| (d) | Вадим | самолёт | быстро и удобно |
| (e) | Коля | автобус | стоит недорого |

| | |
|---|---|
| вид тра́нспорта *means of transport* | энерги́чный *energetic* |
| велосипе́д *bicycle* | сто́ит недо́рого *not expensive* |

(a) Виктор предпочитает ездить велосипедом потому, что он энергичный человек.

# Всё понятно?

## 1 Разговор
### Прочитайте разговор и ответьте на вопросы

Alla is talking to her new neighbour, Boris, about how best to get to work in the morning.

| | |
|---|---|
| **Борис** | Как вы обы́чно е́здите на рабо́ту, Алла? |
| **Алла** | Зна́ете, э́то немно́жко сло́жно ... |
| **Борис** | Почему́? |
| **Алла** | Потому́, что ближа́йшая ста́нция метро́ далеко́ отсю́да. |
| **Борис** | Зна́чит, на́до сади́ться на трамва́й? |
| **Алла** | Нет. На́до сади́ться на сто два́дцать второ́й авто́бус. |
| **Борис** | А когда́ на́до выходи́ть? |
| **Алла** | Че́рез шесть остано́вок. |
| **Борис** | Ста́нция метро́ далеко́ от остано́вки авто́буса? |
| **Алла** | Нет. Отту́да ста́нция метро́ «Беля́ево» недалеко. |
| **Борис** | А отту́да мо́жно прое́хать в центр? |
| **Алла** | Да, мо́жно. |
| **Борис** | Без переса́док? |
| **Алла** | Да, без переса́док. |
| **Борис** | Зна́чит, снача́ла авто́бусом до метро́, а пото́м в метро́, без переса́док. Ну, пото́м что? |
| **Алла** | Пото́м де́сять мину́т ходьбы́ до институ́та. |
| **Борис** | Да ... сло́жно. Пое́здка на рабо́ту занима́ет мно́го вре́мени? |
| **Алла** | Ну, пятьдеся́т мину́т, час. |

| | | | |
|---|---|---|---|
| **ближа́йший** | *nearest* | **сло́жный** | *complicated* |
| **выходи́ть** | *to get out* | **снача́ла** | *at first* |
| **прое́хать** | *to get to* | **ходьба́** | *walk* |
| **остано́вка** | *stop* | **до́лго** | *a long time* |
| **переса́дка** | *change* | **пое́здка** | *journey* |
| **сади́ться на авто́бус** | *to catch a bus* | **занима́ть** | *to occupy* |

1 Алла живёт

(a) Недалеко от станции метро.

3 Станция метро

(a) Далеко от остановки автобуса.

(*b*) Налево от станции метро.

(*c*) Далеко от станции метро.

(*d*) Направо от станции метро.

2 Алла обычно ездит на станцию метро

(*a*) велосипедом
(*b*) машиной
(*c*) автобусом
(*d*) трамваем

(*b*) Недалеко от остановки автобуса.

(*c*) За остановкой автобуса.

(*d*) Рядом с домом Аллы.

4 От станции метро

(*a*) Алла ездит на работу трамваем.
(*b*) Алла ходит на работу.
(*c*) Алла ездит на работу машиной.
(*d*) Алла ездит на работу троллейбусом.

## 2 Чтение

Прочитайте текст и ответьте на вопросы по-английски

(*a*) What sign indicates the presence of a metro station?
(*b*) Why do Muscovites prefer to travel by metro?
(*c*) How do passengers pay for a ride on the metro?
(*d*) What is situated in the entrance-hall of a typical metro station?

Если вы ходите по улице и видите большую красную букву «М» – значит это станция метро. Метро – очень быстрый, удобный и популярный вид городского транспорта. Московский метрополитен всемирно известен и москвичи, как правило, предпочитают ездить на метро. А почему? Они считают, что московское метро хорошо организовано, поезда ходят и быстро и часто. ... Билет не нужен – пассажиры покупают жетон, опускают его в автомат и проходят через турникет ... и всё! В вестибюле обычной станции метро находятся киоски, где можно купить, например, газеты, журналы, билеты в театр, мороженое.

| автома́т | automatic barrier (here) |
| бу́ква | letter (of the alphabet) |
| вестибю́ль (m.) | entrance-hall |
| жето́н | token |
| как пра́вило | as a rule |
| кра́сный | red |
| ну́жен (ну́жный) | necessary |
| опуска́ть | to drop, lower |
| проходи́ть че́рез | to go through |
| счита́ть | to consider |
| турнике́т | turnstile |

## ГЛАВНОЕ УПРАВЛЕНИЕ МЕТРОПОЛИТЕНОВ
# МОСКОВСКИЙ МЕТРОПОЛИТЕН

# 10 По средам я обычно ...
## *On Wednesdays I usually ...*

The aim of this unit is to teach you how to talk and ask about daily and weekly routine and how to ask for and give information about age. You will also learn how to talk about days of the week and to express approximation with regard to time.

## Диалог

Ira has introduced Anna to her friend Anatoly, who works at a film studio in Moscow.

| | |
|---|---|
| **Анатолий** | Óчень прия́тно, Анна. Вы рабо́таете учи́тельницей, да? |
| **Анна** | Пра́вда. А кем вы рабо́таете? |
| **Анатолий** | Я сценари́ст ... э́то зна́чит, что я пишу́ сцена́рии для кинофи́льмов. |
| **Анна** | Ой, как интере́сно! Зна́чит, вы ка́ждый день рабо́таете в киносту́дии? |
| **Анатолий** | Нет, не ка́ждый день. Обы́чно по понеде́льникам я рабо́таю в киносту́дии, то есть я занима́юсь администрати́вной рабо́той – ча́сто мне на́до отвеча́ть на пи́сьма, сове́товаться с колле́гами. |
| **Анна** | Поня́тно. |
| **Анатолий** | А по сре́дам, наприме́р, я обы́чно рабо́таю до́ма, пишу́ сцена́рии. До́ма ти́хо, я могу́ споко́йно рабо́тать ... то есть э́то тогда́, когда́ моего́ сы́на нет до́ма! |
| **Анна** | А ско́лько ему́ лет? |
| **Анатолий** | Ему́ шесть лет. |
| **Анна** | Всё поня́тно! ... Скажи́те, а киносту́дия далеко́ от до́ма? |
| **Анатолий** | К сожале́нию, да. Я всегда́ е́зжу туда́ на маши́не. |

| | |
|---|---|
| **Анна** | Во ско́лько вы обы́чно начина́ете рабо́тать? |
| **Анатолий** | По понеде́льникам, когда́ я рабо́таю в кино-студии, я встаю́ полседьмо́го, за́втракаю и начина́ю рабо́тать часо́в в де́вять. |
| **Анна** | А е́сли вы рабо́таете до́ма, когда́ вы на-чина́ете? |
| **Анатолий** | Тогда́ я начина́ю рабо́тать часо́в в семь ... я предпочита́ю писа́ть сцена́рии ра́но у́тром. |
| **Анна** | Ско́лько часо́в вы рабо́таете ка́ждый день? |
| **Анатолий** | Понима́ете, э́то зави́сит от рабо́ты. Обы́чно я рабо́таю часо́в семь в день. |
| **Анна** | А по вечера́м вы отдыха́ете, да? |
| **Анатолий** | Да, ... и не то́лько по вечера́м! В киносту́дии я обы́чно обе́даю с друзья́ми, часа́ в три, пото́м мы гуля́ем в па́рке. |
| **Анна** | А что вы де́лаете по́сле у́жина? |
| **Анатолий** | Обы́чно я сижу́ до́ма. Иногда́ слу́шаю ра́дио, смотрю́ телеви́зор и́ли чита́ю интере́сную кни́гу. |

| | |
|---|---|
| **учи́тельница** | *(female) teacher* |
| **кем вы рабо́таете?** | *what is your job?* (lit. *as whom do you work?*) |
| **сцена́рист** | *scriptwriter* |
| **я пишу́** | *I write* |
| **ка́ждый** | *every* |
| **киносту́дия** | *film studio* |
| **по понеде́льникам** | *on Mondays* |
| **обы́чно** | *usually* |
| **занима́юсь администрати́вной** | *I do* (lit. *busy myself with*) |
| **рабо́той** | *administrative work* |
| **то есть** | *that is* (*i.e.*) |
| **отвеча́ть на пи́сьма** | *to reply to letters* |
| **сове́товаться с** (+ instr.) | *to consult, get advice from* |
| **колле́га** | *colleague* |
| **по сре́дам** | *on Wednesdays* |
| **ти́хо (ти́хий)** | *quiet* |
| **я могу́** | *I can* |

| споко́йно (споко́йный) | *peaceful, calm* |
| тогда́ | *then, in that case* |
| ско́лько ему́ лет? | *how old is he?* |
| всегда́ | *always* |
| начина́ть | *to begin* |
| я встаю́ (встава́ть) | *to get up* |
| часо́в в де́вять | *at about nine o'clock* |
| за́втракаю (за́втракать) | *I have breakfast* |
| | *(to have breakfast)* |
| ра́но у́тром | *early in the morning* |
| зави́сит от (зави́сеть от + gen.) | *it depends on* |
| обе́даю (обе́дать) | *I have lunch* |
| | *(to have lunch)* |
| гуля́ть (гуля́ю, гуля́ешь) | *to stroll* |

# Примечания

## За́втрак, обе́д, у́жин

**За́втрак** (*breakfast*) typically consists of **ка́ша** (*porridge, cooked cereal*), meat, fish or eggs of some kind – e.g. **яи́чница** (*fried eggs*), perhaps a glass of **кефи́р** (a sort of liquid, sour yoghurt), sweet buns, tea, coffee … and bread (**хлеб**), which accompanies every meal. If the main meal of the day is to be late, then in the late morning there is a second breakfast, which typically consists of a savoury dish, bread and perhaps a sweet fruit or cottage-cheese dish – e.g. **кисе́ль** (*sweet fruit jelly*).

The main meal of the day, **обе́д**, is a moveable feast – it may be at midday, in the afternoon or in the evening; it may include **заку́ски**, usually includes a rich soup such as **щи**, followed by a meat dish such as **котлéты**. **Ýжин** is a lighter meal – a typical dish would be **блины́** (*pancakes*) served with sour cream (**сметáна**).

# Вопросы

**1   Правда или неправда?**

(*a*)   Анатолий – актёр.
(*b*)   Анна – учительница.
(*c*)   По понедельникам Анатолий работает дома.
(*d*)   Анатолий живёт недалеко от киностудии.
(*e*)   Анатолий встаёт полседьмого.

**2   Ответьте на вопросы!**

(*a*)   Кем работает Анатолий?
(*b*)   Что он делает по средам?
(*c*)   Как он ездит на работу?
(*d*)   Когда Анатолий предпочитает писать сценарии?
(*e*)   Как он отдыхает по вечерам?

# Внимание!

How to:

1   *Ask for and give information about daily routine.*

Во скóлько вы начинáете рабóтать?
Я обы́чно встаю полседьмóго.
Я обы́чно обéдаю часá в три.

2   *Ask for and give information about weekly routine.*

По срéдам я обы́чно рабóтаю дóма.
Что вы обы́чно дéлаете по понедéльникам?

3   *Say how often you do something.*

Я обы́чно рабóтаю в киностýдии.
Чáсто мне нáдо отвечáть на пи́сьма.
Я всегдá éзжу тудá на метрó.
Иногдá слýшаю рáдио.

4  *Ask and give information about age.*

Ско́лько ему́ лет?
Ему́ шесть лет.

# Почему это так?

## 1  Verbs

Note that two of the verbs met in the **Диалог** are common irregular verbs – **писа́ть** (*to write*) and **мочь** (*to be able*):

| | |
|---|---|
| **писа́ть:** | пишу́, пи́шешь, пи́шет, пи́шем, пи́шете, пи́шут |
| **мочь:** | могу́, мо́жешь, мо́жет, мо́жем, мо́жете, мо́гут |

## 2  Dative case

In unit 6. we met some of the uses of the dative case and learned how to form the dative singular of nouns. The dative plural of nouns is as follows: irrespective of gender, the endings are **-ам** (for nouns ending in a consonant, **-а**, or **-о**) and **-ям** for all others:

| | | |
|---|---|---|
| тури́ст (*tourist*) | Тури́стам нра́вится э́тот музе́й | *The tourists like this museum* |
| учи́тель (*teacher*) | Учителя́м хо́чется отдыха́ть | *The teachers feel like a rest/ want to rest* |

Note that nouns which have an irregular nominative plural form their dative plural from the irregular nominative plural, e.g.:

Nom. singular: **брат** (*brother*), Nom. plural: **бра́тья**,
Dative plural: **бра́тьям**

The dative singular and plural of adjectives are also very straightforward: In the singular masculine and neuter adjectives add **-ому**, unless the rule about the unstressed **о** applies, in which case add **-ему**. Feminine singular adjectives add **-ой**, unless the rule about the unstressed **о** applies, in which case add **-ей**:

| | |
|---|---|
| к интере́сному музе́ю | *towards the interesting museum* |
| по ста́рой у́лице | *along the old street* |
| к хоро́шему зда́нию | *towards the nice building* |

In the plural, irrespective of gender, add **-ым**, unless the stem ends in **г, к, х, ж, ч, ш, щ**, in which case add **-им**:

> но́вые студе́нты: Но́вым студе́нтам нра́вится ру́сский язы́к *The new students like Russian*
> ру́сские тури́сты: Ру́сским тури́стам нра́вится ста́рый го́род *The Russian tourists like the old town*

Note that the dative case is used when asking and giving information about one's age:

| | |
|---|---|
| Ско́лько ему́ лет? | *How old is he? –* |
| | *(lit. How many years to him?)* |
| Ива́ну два́дцать оди́н год | *Ivan is 21* |
| О́льге со́рок два го́да | *Olga is 42* |
| Ему́ шесть лет | *He is six* |

**Оди́н** is always followed by **год** (*year*); **два, три четы́ре** are followed by **го́да** (i.e. genitive singular of **год**), but note that **ско́лько** and numbers 5 and above (but not compounds of 1, 2, 3, 4) are followed by **лет** (which is actually the genitive plural of **ле́то**, summer).

## 3 Accusative case

The only form of the accusative we have not yet met is for feminine singular adjectives – in other words, if you want to say *I am reading an interesting book*:

> интере́сная кни́га: Я чита́ю интере́сную кни́гу

As you can see, it is simply a question of changing **-ая** to **-ую**.

## 4 Time phrases

The dative and accusative cases are very useful when dealing with time phrases which involve days of the week:

| Day | Accusative | Dative |
|---|---|---|
| понедéльник | в понедéльник (*on Monday*) | по понедéльникам (*on Mondays*) |
| втóрник | во втóрник (*on Tuesday*) | по втóрникам (*on Tuesdays*) |
| средá | в срéду (*on Wednesday*) | по срéдам (*on Wednesdays*) |
| четвéрг | в четвéрг (*on Thursday*) | по четвергáм (*on Thursdays*) |
| пя́тница | в пя́тницу (*on Friday*) | по пя́тницам (*on Fridays*) |
| суббóта | в суббóту (*on Saturday*) | по суббóтам (*on Saturdays*) |
| воскресéнье | в воскресéнье (*on Sunday*) | по воскресéньям (*on Sundays*) |

Note that days of the week are written with a small letter in Russian, unless at the beginning of a sentence.

The accusative is also useful in the phrase *per day, per week*, etc.:

> семь часóв в день    *7 hours a day*
> сóрок часóв в недéлю    *40 hours a week*

If you want to give an approximate time, simply invert the numeral and the number of hours:

> Часóв семь в день    *About 7 hours a day*
> Во скóлько вы зáвтракаете?    *At what time do you have breakfast?*
> Часóв в семь    *At about seven o'clock*

# Упражнения

### 10.1   Посмотрите и ответьте!

Look at the shopping list on the right. Make up sentences asking the assistant to show you each item.

(*a*)  красная ручка
(*b*)  чёрная юбка (*skirt*)
(*c*)  деревянный стул
(*d*)  интересная книга
(*e*)  русский журнал
(*f*)  новая карта

(*a*) Покажите мне (*show me*), пожалуйста, красную ручку.

### 10.2   Прочитайте и напишите!

Look at the table and make up sentences explaining the daily routine of each person:

|       | Кто?  | Когда встаёт? | Когда начинает работать? | Когда обедает? |
|-------|-------|---------------|--------------------------|----------------|
| (a)   | Олег  | 6.30 a.m.     | 9.30 a.m.                | 3 p.m.         |
| (b)   | Люся  | 9.15 a.m.     | 11.30 a.m.               | 4.30 p.m.      |
| (c)   | Нина  | 8 a.m.        | 10.15 a.m.               | 2.20 p.m.      |
| (d)   | Борис | 6.45 a.m.     | 8.50 a.m.                | 1.45 p.m.      |
| (e)   | Игорь | 5.55 a.m.     | 7.10 a.m.                | 1.15 p.m.      |

(a) Олег встаёт полседьмого утра, начинает работать полдесятого утра и обедает в три часа дня.

### 10.3 Посмотрите и ответьте!

Look at these advertisements for jobs and answer the questions which follow:

#### ЕЛАБУЖСКИЙ ЗАВОД АВТОМОБИЛЕЙ ПРИГЛАШАЕТ

преподавателей итальянского языка для обучения специалистов по месту работы.

Телефоны для справок: 2-11-00, 7-19-29

#### МОРДОВСКИЙ ПЕДАГОГИЧЕСКИЙ ИНСТИТУТ ОБЪЯВЛЯЕТ КОНКУРС

по вакантным должностям:
- преподавателей русского языка
- преподавателей математики
- преподавателей английского языка

телефоны для справок: 4-40-30, 4-60-39

| приглаша́ть | *to invite* |
|---|---|
| преподава́тель (m.) | *teacher* |
| для спра́вок | *for information* |
| ко́нкурс | *vacancy* (in this case) |
| до́лжность (f.) | *job, position* |

(*a*) What sort of teachers are needed at the car factory?
(*b*) What sort of teachers are needed at the pedagogical institute?

**10.4  Прочитайте и ответьте!**

Complete this paragraph with the correct form of the verb in brackets:

Игорь _____ (жить) в Москве. Он _____ (работать) переводчиком и очень хорошо _____ (говорить) по-итальянски. Он часто _____ (ходить) в театр с группами туристов, вот почему по вечерам он часто не _____ (мочь) отдыхать дома. В свободное время он очень _____ (любить) смотреть телевизор и он часто _____ (играть) в шахматы с друзьями. Иногда он _____ (писать) письма и по воскресеньям он обычно _____ (плавать) в бассейне или _____ (гулять) в парке.

**10.5  Прочитайте и ответьте!**

Answer these questions about yourself:

(*a*)  Где вы живёте?
(*b*)  Вы живёте в доме или в квартире?
(*c*)  Кем вы работаете?
(*d*)  Сколько вам лет?
(*e*)  Во сколько вы обычно встаёте по утрам?
(*f*)  Как вы ездите на работу?
(*g*)  Во сколько вы начинаете работать?
(*h*)  Во сколько вы обедаете?
(*i*)  Что вы обычно делаете по вечерам?
(*j*)  Что вы обычно делаете по субботам и по воскресеньям?

# Всё понятно?

## 1  Разговор

**Прочитайте разговор и ответьте на вопросы**

A journalist interviews a waiter from the restaurant 'Kalinka'.

| | |
|---|---|
| **Журналист** | Здра́вствуйте. Как вас зову́т? |
| **Официант** | Меня́ зову́т Вади́м. |
| **Журналист** | Вади́м, ско́лько вам лет? |
| **Официант** | Мне два́дцать во́семь лет. |
| **Журналист** | И ско́лько лет вы рабо́таете официа́нтом? |
| **Официант** | Уже́ шесть лет. |
| **Журналист** | И э́то интере́сная рабо́та? |
| **Официант** | И да, и нет! Иногда́ о́чень ску́чная, а иногда́ интере́сная. Вот наприме́р, когда́ у нас в рестора́не англи́йские тури́сты. |
| **Журналист** | Почему́? |
| **Официант** | Потому́, что я немно́жко говорю́ по-англи́йски. |
| **Журналист** | Ско́лько часо́в в день вы рабо́таете? |
| **Официант** | Часо́в де́вять. Начина́ю в два часа́ дня, рабо́таю иногда́ до оди́ннадцати, а ино́гда и до полу́ночи. |
| **Журналист** | Вы далеко́ живёте от рестора́на? |
| **Официант** | Не о́чень далеко́. |
| **Журналист** | Как вы е́здите на рабо́ту? |
| **Официант** | На трамва́е. |
| **Журналист** | Что вы де́лаете по́сле рабо́ты? |
| **Официант** | Ложу́сь спать! ... Ведь рабо́та конча́ется о́чень по́здно! |

| | |
|---|---|
| **до полу́ночи** | *until midnight* |
| **конча́ться** | *to finish* |
| **ложи́ться спать** | *to go to bed* |
| **официа́нт** | *waiter* |

1 Вадиму:

(a) двадцать шесть лет.
(b) тридцать пять лет.
(c) двадцать восемь лет.

3 Вадим любит, когда в ресторане

(a) Нет туристов.
(b) английские туристы.

(d) тридцать восемь лет.

(c) итальянские туристы.
(d) журналисты.

2 Работа Вадима:

(a) всегда интересная
(b) всегда скучная
(c) часто интересная
(d) иногда интересная

4 После работы Вадим:

(a) играет в шахматы.
(b) плавает в бассейне.
(c) гуляет в парке.
(d) ложится спать.

## 2 Чтение

Прочитайте текст и ответьте на вопросы по-английски:

(a) What sort of activities make up 'cultural leisure'?
(b) What choice of newspapers and magazines do Russians have?
(c) How do newspapers and magazines cater for leisure?
(d) Where do Russians play chess?
(e) In which countries is chess taught in schools?
(f) With whom did Karpov play chess in Voronezh?

Как проходит ваш обычный день? Сколько часов у вас уходит на a) работу? б) домашнюю работу? в) занятия с детьми? г) культурный досуг? (то есть радио и телепередачи, кино, театр, чтение, спорт, туризм ...) К сожалению, очень мало времени уходит на культурный досуг! Но когда время есть, русские очень любят читать – у них множество разных газет и журналов. Интересно, что очень часто в газетах и журналах есть такие разделы как, например, «кроссворды, юмор, шахматы» – то есть разделы, рассчитанные на «досуг». Русские, конечно, очень любят шахматы ... они играют в шахматы везде – и дома, и в парке, даже в школе ... в наши дни шахматы преподаются в школах СНГ, Германии, Канады, Мексики, Франции и США. Русские шахматисты всемирно известны, например все знают имя и фамилию Анатолия Карпова, экс-чемпиона мира. Вот интересный момент из партии между экс-чемпионом мира и молодым школьником из Воронежа:

(СПУТНИК)

**А.КАРПОВ — Б.ГАЛАНОВ**

| | |
|---|---|
| **везде́** | *everywhere* |
| **в на́ши дни** | *nowadays* |
| **дома́шняя рабо́та** | *housework* |
| **досу́г** | *leisure* |
| **заня́тие** | *activity, occupation* |
| **кроссво́рд** | *crossword* |
| **ма́ло** (+ gen.) | *little* |
| **ме́жду** (+ instr.) | *between* |
| **мир** | *world* |
| **мно́жество** | *multitude* |
| **обы́чный** | *usual* |
| **па́ртия** | (here) *game* |
| **проходи́ть** | *to pass* |
| **разде́л** | *section* |
| **ра́зный** | *different, various* |
| **рассчи́танный на** | *intended for* |
| **США** | *USA* |
| **телепереда́ча** | *television programme* |
| **уходи́ть** | (here) *to be spent* |
| **шко́льник** | *schoolboy* |

# 11 Это зависит от погоды
## *It depends on the weather*

The aim of this unit is to teach you how to talk about future actions and intentions. You will also learn how to give and seek information about the weather.

## Диалог

Sasha is trying to persuade Ira to come mushroom picking in the country with him on his day off.

| | |
|---|---|
| **Саша** | Ира, какие у тебя планы на завтра? |
| **Ира** | На завтра? |
| **Саша** | Да, что ты будешь делать завтра? |
| **Ира** | Завтра я буду свободна, я пойду по магазинам и ... |
| **Саша** | Хорошо! Завтра у меня выходной день. Давай поедем за город! |
| **Ира** | Слушай, Саша, и у меня будет гостья, английская подруга, Анна. |
| **Саша** | Тем лучше! В лесу будет очень приятно ... знаешь, там будут грибы ... |
| **Ира** | (*uncertainly*) ... Да ... но слушай, Саша ... мне кажется, что это зависит от погоды. Какая сегодня погода? – холодно, идёт дождь. Собирать грибы в такую погоду я не очень хочу ... |
| **Саша** | (*thoughtfully*) ... Да, сегодня погода плохая. А когда прогноз погоды по радио? ... Сейчас? ... Нет? ... Ну, давай послушаем прогноз погоды сегодня вечером – если будет хороший прогноз, тогда поедем за город! |
| **Ира** | Ладно, если будет тепло и дождя не будет, поедем. |
| **Саша** | Хорошо. Я позвоню тебе сегодня вечером часов в восемь. Если будет хорошая погода, поедем на автобусе в деревню. |

| | |
|---|---|
| **Ира** | В какую деревню? В Таракановку, да? |
| **Саша** | Да. Недалеко оттуда большой, красивый лес. Там всегда масса грибов. |
| **Ира** | Ну, если и поедем, где встретимся? |
| **Саша** | По-моему, Анна не знает, где остановка автобуса … но она знает, где станция метро «Беляево», да? |
| **Ира** | Думаю, да. |
| **Саша** | Хорошо, встретимся в метро, посередине платформы, в семь часов. |
| **Ира** | Договорились. Ты позвонишь мне сегодня вечером, потом я позвоню Анне и всё объясню ей. |
| **Саша** | Ну, всё! До скорого! |

| | |
|---|---|
| **я пойду по магазинам** | *I'll do the shopping (go to the shops)* |
| **выходной день** | *day off* |
| **давай поедем** | *let's go* |
| **за город** | *into the country* |
| **гостья** | *(female) guest* |
| **подруга** | *(female) friend* |
| **тем лучше** | *so much the better* |
| **погода** | *weather* |
| **холодно** | *it is cold* |
| **дождь (m.) идёт** | *it's raining* |
| **в такую погоду** | *in such weather* |
| **собирать** | *to gather, collect* |
| **прогноз погоды** | *weather forecast* |
| **по радио** | *on the radio* |
| **давай послушаем** | *let's listen* |
| **тогда** | *then, in that case* |
| **я позвоню тебе** | *I'll ring you* |
| **если и поедем** | *if we do go* |
| **деревня** | *village; countryside* |
| **масса** | *mass* |
| **где встретимся?** | *where shall we meet each other?* |
| **посередине платформы** | *in the middle of the platform* |
| **договорились** | *agreed* |
| **объясню** | *I will explain* |

# Примечания

## Грибы́

We saw in unit 8 that mushrooms are an important part of Russian cuisine; collecting mushrooms is a favourite weekend pastime for town dwellers, who dry, salt or pickle their mushrooms for later use in a variety of **заку́ски**, soups and main dishes.

## Метро́

As well as being a very convenient means of transport within large towns, the metro also provides a very convenient meeting place (especially in uncertain weather) – because many stations have various entrances and exits, **посереди́не платфо́рмы** (in the middle of the platform) is usually a sensible place to arrange to meet.

# Вопросы

**1 Пра́вда или непра́вда?**

(*a*) Завтра Саша хочет сидеть весь день дома.
(*b*) Сегодня погода хорошая.
(*c*) Ира не хочет собирать грибы, если будет холодно.
(*d*) Если погода будет хорошая, они поедут за город в одиннадцать часов.

**2 Отве́тьте на вопро́сы!**

(*a*) Почему Саша думает, что в лесу будет приятно?
(*b*) Как они поедут за город?
(*c*) Где они встретятся?
(*d*) Во сколько они встретятся?

# Внимание!

How to:

1 *Ask about future actions and intentions.*

Каки́е у тебя́/вас пла́ны на за́втра?

Что ты бу́дешь де́лать за́втра. Что вы бу́дете де́лать за́втра?

2    *Talk about future actions and intentions.*

За́втра я бу́ду свобо́дна.
За́втра я пойду́ по магази́нам.
За́втра мы пое́дем за́ город.

3    *Ask about the weather.*

Кака́я сего́дня пого́да?
Кака́я за́втра бу́дет пого́да?

4    *Give information about the weather.*

Сего́дня хо́лодно и идёт дождь.
За́втра бу́дет тепло́.

# Почему это так?

## 1    Talking about the weather

Answers to the question **Кака́я сего́дня пого́да?** fall into four different categories:

(*a*)  those which use the verb **идти́** – rain, snow and hail all *walk*:

| | |
|---|---|
| идёт дождь | *it's raining* |
| идёт снег | *it's snowing* |
| идёт град | *it's hailing* |

(*b*)  those which use verbs specific to the kind of weather – the sun *shines*, the wind *blows*:

| | |
|---|---|
| све́тит со́лнце | *the sun is shining* |
| ду́ет ве́тер | *the wind is blowing* |

(*c*)  those which use an adverb – *it's cold, chilly, warm, hot*, etc:

| | | | |
|---|---|---|---|
| хо́лодно | *it's cold* | жа́рко | *it's hot* |
| прохла́дно | *it's chilly* | ду́шно | *it's suffocatingly hot* |
| тепло́ | *it's warm* | па́смурно | *it's overcast* |

NB If you actually state the word *weather* you must use an adjective (not an adverb) and make it agree with **погóда**:

| | |
|---|---|
| Сегóдня погóда жáркая | *The weather's hot today* |
| Сегóдня жáрко | *It's hot today* |

(*d*) those which just state a noun – *fog, a blizzard*:

| | |
|---|---|
| сегóдня тумáн | *it's foggy today* |
| зáвтра бýдет метéль | *there will be a blizzard tomorrow* |

## 2  The future tense

There are two kinds of future tense in Russian; one is used to describe actions in the future which are incomplete, unspecific, repeated, or continuing, e.g.: *When you are in Moscow I will ring you every day*, or: *Tomorrow I will write some letters, do some gardening and watch some television.*

The second form of the future is used for actions which are specific, single, completed, e.g.: *I will ring you tomorrow at four o'clock*. Or: *I will write to Vanya tomorrow and watch the news at nine.*

The first kind of future tense is sometimes called the compound future, because it is made up of two elements: the future tense of the verb *to be*, which we met in unit 9, and something called the imperfective infinitive. In Russian, verbs usually have two infinitives (i.e. the *to do* part of the verb). One is called the imperfective and the other the perfective. The present tense is made from the imperfective infinitive:

| | |
|---|---|
| Imperfective infinitive: | слýшать (*to listen to*) |
| Present tense: | я слýшаю, ты слýшаешь, etc. |
| Compound (or imperfective) future: | я бýду слýшать |

e.g.: Я бýду слýшать рáдио кáждый вéчер
*I will listen to the radio every evening*

The second kind of future tense is made in exactly the same way as the present tense, except that it is formed from the perfective infinitive:

Perfective infinitive:      послу́шать (*to listen to*)
Perfective future tense:   я послу́шаю

e.g.: Я послу́шаю прогно́з пого́ды в шесть часо́в
      *I'll listen to the weather forecast at six o'clock*

It is important from now on always to learn both infinitives for each verb, and they are usually written like this in dictionaries and vocabularies:

слу́шать/послу́шать (i.e. imperfective first, perfective second).

A large number of verbs have a perfective infinitive which looks exactly like the imperfective infinitive, except that it has some sort of prefix – thus, above, **слу́шать** has the perfective **послу́шать.** Here are some more examples:

ви́деть/уви́деть            *to see*
де́лать/сде́лать            *to do, make*
звони́ть/позвони́ть        *to ring*
писа́ть/написа́ть          *to write*
обе́дать/пообе́дать        *to have lunch*
смотре́ть/посмотре́ть      *to watch, look at*

Sometimes the spelling of a verb is changed slightly by the addition of a prefix: **игра́ть/сыгра́ть** (*to play*).

Sometimes it is not the beginning but the ending of a verb which changes:

встреча́ться/встре́титься    *to meet one another*
получа́ть/получи́ть          *to receive*
объясня́ть/объясни́ть        *to explain*

In the examples above, the imperfective infinitive is first conjugation (like **чита́ть**) and the perfective is second conjugation (like **говори́ть**) – this is often the case where the imperfective and perfective infinitives differ in the way they end.

NB Note especially the verb *to buy*, whose infinitives differ both at the beginning and at the end – **покупа́ть/купи́ть.**

Sometimes a verb has only one infinitive, e.g.: **быть** (*to be*); and occasionally there is little or no resemblance between the imperfective and perfective: **говори́ть/сказа́ть** (*to say*, *tell*); **возвраща́ться/верну́ться** (*to return*).

Those verbs which we met in unit 9 which have two forms of the present tense have two imperfective infinitives, but only one perfective infinitive;

| Imperfectives | Perfective |
|---|---|
| ходи́ть/идти́ | пойти́ |
| е́здить/е́хать | пое́хать |
| бе́гать/бежа́ть | побежа́ть |

Note that **дава́й[те]** (*let's*) is always followed by the perfective future:

Дава́йте пое́дем за́ город   *Let's go into the country*

Remember that the future tense of **быть** is needed if you want to use, say **мо́жно**, **на́до**, **нельзя́** or **пора́** in a future sense, e.g.:

За́втра мне на́до бу́дет рабо́тать   *Tomorrow I will have to work*

Note too that, just as **нет** + genitive is used to express *do not have any*, **не бу́дет** is used to express *will not have any*:

У меня́ не бу́дет вре́мени   *I won't have any time*

Usually it is quite clear when you need to use the future tense – *will* is the clearest indicator and there are often other clues as well (*tomorrow*, *next week*, etc.). However, English sometimes implies the future tense, but doesn't use it, e.g. *When you are in Moscow, I will ring you every day.* In Russian the future tense must be used whenever it is implied:

Когда́ ты бу́дешь в Москве́, я бу́ду звони́ть тебе́ ка́ждый день   *When you are (i.e. will be) in Moscow, I will ring you every day.*

## 3   Звони́ть/позвони́ть

This verb means *to ring, to telephone.* If you are ringing someone remember to use the dative case for the person:

> Я позвоню тебе сегодня вечером *I'll ring you this evening*
> Ира позвонит Анне завтра   *Ira will ring Anna tomorrow*

If you're ringing a place use **в** + accusative:

> он позвонит в больницу   *He'll ring the hospital*

## 4   Идти *to walk, go on foot*

Note that as well as being used when talking about rain, snow and hail, this verb is also used to describe what's on e.g. Что идёт в Большом театре? *What's on at the Bolshoi?*

## 5   За́ город

This literally means *beyond the town* – here the preposition **за** (*beyond, behind*) which is normally used with the instrumental case, is used with the accusative case to express motion; *in the country* is **за́ городом** (i.e. with the instrumental case).

## 6   И

The principle meaning of **и** is *and*, but it is also used to give extra emphasis; on such occasions it can be translated by English emphatic terms, such as *do, indeed, even*, e.g. **Если и поедем** *If we do go.*

# Упражнения

### 11.1   Прочитайте и ответьте!

Choose the correct form of the future tense:

(*a*) Когда она будет в Америке, она часто будет играть/сыграет в теннис.
(*b*) Завтра я буду писать/напишу письмо Виктору.
(*c*) Я всегда буду делать/сделаю покупки в универсаме.
(*d*) Я буду звонить/позвоню вам завтра в пять часов.
(*e*) Когда они будут в Москве, они часто будут обедать/пообедают в ресторане «Калинка».

### 11.2 Посомотрите и ответьте!

Look at the pictures and answer the questions:

(a) Какая сегодня погода?

(b) Какая сегодня погода?

(c) Какая сегодня погода?

(d) Что он слушает по радио? (*on the radio*)?

## 11.3   Посмотрите и напишите!

Look at the table below and make up sentences about where each person lives and what the weather is like there.

| Кто? | Где? | Далеко от Москвы? | Какая сегодня погода? |
|------|------|-------------------|------------------------|
| (a) Ольга | Обнинск | не очень | солнце, не холодно |
| (b) Серёжа | Архангельск | очень | снег, очень холодно |
| (c) Елена | Киев | далеко | туман, тепло |
| (d) Юрий | Ташкент | очень далеко | солнце, душно |
| (e) Галя | Свердловск | далеко | ветер, пасмурно |

(a) Ольга живёт в Обнинске, недалеко от Москвы. Сегодня светит солнце, не холодно.

## 11.4   Прочитайте и ответьте!

You're not keen on taking up Petya's invitations! Complete your part of the dialogue below:

|  |  |  |
|--|--|--|
| | **Петя** | У меня два билета на оперу, на сегодня на вечер. Вы хотите пойти со мной? |
| (a) | **Вы** | Thank him, but say you can't because you've got to work (i.e. it is necessary for you to work) this evening. |
| | **Петя** | Ой, как жаль. Ничего. У меня тоже два билета в кино на завтра. Хотите пойти? |
| (b) | **Вы** | Say sorry, you're going (i.e. will go) to Olga's tomorrow. |
| | **Петя** | Ничего. В четверг будет хоккейный матч – у меня уже есть два билета. Хотите пойти со мной? |
| (c) | **Вы** | Thank him, but say it's very cold today. If it's cold on Thursday you don't really want to watch a hockey match. |
| | **Петя** | Тогда давайте послушаем прогноз погоды в среду. |
| (d) | **Вы** | Say O.K., you'll ring him on Wednesday at about eight o'clock. |
| | **Петя** | А какие у вас планы на субботу? |
| (e) | **Вы** | Say you don't know, it depends on the weather. |

**11.5 Прочитайте и ответьте!**

Look at the following extract about television programmes and answer the questions:

(a) Which programme is on at nine o'clock every evening?
(b) What is on at 18.30 on a Monday?
(c) When are there sports programmes?
(d) What are the names of the various music programmes?
(e) Which programmes would interest language students?

---

### СПРАВКИ: ТВ

| Понедельник – 28 мая | Вторник – 29 мая |
|---|---|
| 18.30 Документальный фильм «Суздаль» | 18.30 Теннис |
| 20.15 Испанский язык | 19.30 Итальянский язык |
| 21.00 Новости | 20.00 «Здравствуй, музыка!» |
| 23.00 Конкурсы | 21.00 Новости |
| | |
| Среда – 30 мая | Четверг – 31 мая |
| 18.00 «Музыкальный киоск» | 18.45 Фильм – детям |
| 20.00 Мультфильм (*cartoon*) | 19.15 Хоккей |
| 21.00 Новости | 21.00 Новости |
| 22.05 «Что, где, когда?» | 22.00 «Музыкальный телефон» |

---

# Всё понятно?

## 1 Разговор

### Прочитайте разговор и ответьте на вопросы

Misha and Lena are trying to agree about how to spend the weekend.

**Миша**   Что мы будем делать в субботу?

**Лена**   Как, что? Мы поедем в город, ведь нам надо сделать покупки.

**Миша**   Ой, как скучно! Кажется, в субботу будет хорошая погода. Ты не хочешь поехать за город?

| Лена | А как же? В суббо́ту ве́чером мы пое́дем в го́сти к Мари́не. |
| Миша | Пра́вда? (*sighs*) Ой, как ску́чно! |
| Лена | Ми́ша, что ты! Мари́на о́чень до́брый, интере́сный челове́к. |
| Миша | Тогда́ что мы бу́дем де́лать в воскресе́нье? |
| Лена | Ве́чером мы пое́дем в те́атр: у нас биле́ты на пье́су. |
| Миша | А днём что бу́дем де́лать? |
| Лена | Что ты хо́чешь де́лать? |
| Миша | Я хочу́ пое́хать за́ город. |
| Лена | Вре́мени не бу́дет, ведь ве́чером мы пойдём в те́атр. |
| Миша | Зна́ю, зна́ю. Тогда́ дава́й погуля́ем в па́рке … |
| Лена | Хорошо́, е́сли бу́дет хоро́шая пого́да. |
| Миша | … пото́м пообе́даем в рестора́не. |
| Лена | Хорошо́ … а по́сле обе́да ты напи́шешь письмо́ ма́ме, да? |
| Миша | (*sighs*) Напишу́, напишу́ … |

| как же? | *how on earth*? |
| е́здить-е́хать/пое́хать в го́сти к + dative | *to visit* (lit. *to go as a guest*) |
| до́брый | *good, kind* |

1   В субботу Лена хочет

(*a*)  сидеть дома
(*b*)  поехать за город
(*c*)  делать покупки
(*d*)  гулять в парке

2   Миша думает, что у Марины

(*a*)  не будет скучно
(*b*)  будет скучно

3   У них билеты

(a)  на оперу
(*b*)  на фильм
(*c*)  на балет
(*d*)  на пьесу

4   Когда Миша напишет письмо маме?

(*a*)  в субботу после обеда
(*b*)  в воскресенье утром

(*c*)　будет интересно

(*d*)　будет приятно

(*c*)　в воскресенье после обеда

(*d*)　в воскресенье вечером

## 2　Чтение

Прочитайте тексты и ответьте на вопросы по-английски:

(*a*)　How much rain will there be in the Crimea this week?

(*b*)　What news is there for swimmers?

(*c*)　Will it be colder in Moscow or Leningrad during the night according to forecast A?

(*d*)　Which is the only place in forecast A to be unaffected by rain?

(*e*)　Where is there a risk of fire?

(*f*)　Where will there be snow according to forecast Б?

(*g*)　Which place will be affected by strong wind according to forecast Б?

### А

В Крыму́ в нача́ле неде́ли без оса́дков, но́чью 12–17 гра́дусов тепла́, днём 22–27. В дальне́йшем кратковре́менные дожди́, гро́зы, но́чью 9–14, днём 18–24 гра́дуса. Температу́ра воды́ у берего́в Кры́ма 16–18 гра́дусов.

В Санкт-Петербу́рге в отде́льные дни кратковре́менные дожди́, но́чью 4–9, днём 13–18 гра́дусов.

В Москве́ и Подмоско́вье кратковре́менные дожди́, но́чью 7–12, днём 14–19, в отде́льные дни до 22 гра́дусов.

В Сре́дней А́зии бу́дет суха́я и жа́ркая пого́да, без оса́дков – там ожида́ется высо́кая пожа́рная опа́сность в леса́х.

### Б

В Арха́нгельске в нача́ле неде́ли температу́ра днём бу́дет 2–6 гра́дусов моро́за.

На восто́ке Украи́ны 2–7, места́ми 9 гра́дусов моро́за.

Снег и мете́ли на се́вере Ура́ла. Днём от 1–6 до 7–12 гра́дусов моро́за.

В Санкт-Петербу́рге в нача́ле неде́ли оса́дки; днём 1–5 гра́дусов моро́за, си́льный ве́тер.

В Москве и Подмоско́вье днём 3–7 гра́дусов моро́за.

| | | | |
|---|---|---|---|
| **в дальне́йшем** | *later on, subsequently* | **ожида́ться** | *to be expected* |
| **вода́** | *water* | **опа́сность** (f.) | *danger* |
| **12 гра́дусов тепла́** | *12 degrees above zero* | **оса́дки** | *rainfall* |
| **гроза́** | *(thunder)storm* | **отде́льный** | *separate* |
| **кратковре́менные** | | **си́льный** | *strong* |
| **дожди́** | *showers* | **Сре́дняя А́зия** | *Central Asia* |
| **места́ми** | *in places* | **сухо́й** | *dry* |
| **моро́з** | *frost* | **тепло́** | *warmth* |
| **нача́ло** | *beginning* | **Ура́л** | *Urals* |

# 12 Ира дома? *Is Ira at home?*

The aim of this unit is to teach you how to hold a conversation on the telephone – how to identify yourself, ask for the person you want to speak to and how to deal with wrong numbers. You will also learn how to talk about past events and actions.

## Диалог

Anna decides to ring Ira from a call box to thank her for the trip into the country with Sasha, but she has some trouble getting through …

| | |
|---|---|
| **Анна** | Алло́ И́ра, э́то ты? |
| **Голос 1** | А? … Како́й но́мер вы набра́ли? |
| **Анна** | 428–39–56. |
| **Голос 1** | Нет, э́то не тот. |
| **Анна** | Прости́те (*dials again*) … Алло́. |
| **Голос 2** | Магази́н «Де́тский мир». Слу́шаю вас. |
| **Анна** | Извини́те. Опя́ть я не туда́ попа́ла! (*dials again*) … Алло́, И́ра до́ма? |
| **Ира** | Кто э́то говори́т? |
| **Анна** | Говори́т Анна … Анна Принс. |
| **Ира** | Анна, приве́т! Отку́да ты звони́шь? |
| **Анна** | Я в автома́те на у́лице Ге́рцена. И́ра, я о́чень хочу́ тебя́ поблагодари́ть за на́шу пое́здку за́ город! |
| **Ира** | Интере́сно бы́ло, да? |
| **Анна** | Да, всё бы́ло о́чень интере́сно! Спаси́бо большо́е! |
| **Ира** | Ну, что ты, Анна. Нам то́же бы́ло о́чень прия́тно. |
| **Анна** | Скажи́ Са́ше, пожа́луйста, что пое́здка мне о́чень понра́вилась. |
| **Ира** | Обяза́тельно скажу́. Он бу́дет о́чень рад … Анна, у меня́ два биле́та в Большо́й теа́тр на послеза́втра. Ты хо́чешь пойти́ со мной на о́перу? |
| **Анна** | Коне́чно, о́чень хочу́! |

| | |
|---|---|
| **Ира** | Хорошо́, уви́димся послеза́втра на опере в Большо́м теа́тре, да? |
| **Анна** | Как хорошо́! |
| **Ира** | Встре́тимся у вхо́да в теа́тр, полседьмо́го. Поня́тно? |
| **Анна** | Да, всё поня́тно. Ещё раз спаси́бо! До ско́рого. |
| **Ира** | Всего́ до́брого, Анна. До свида́ния. |

| | |
|---|---|
| **како́й но́мер вы набра́ли?** | *what number did you dial?* |
| **э́то не тот** | *it's not the right one* |
| **Де́тский мир** | *children's world* |
| **опя́ть** | *again* |
| **прости́те** | *sorry, forgive me* |
| **я не туда́ попа́ла** | *I've got the wrong number* |
| **отку́да ты звони́шь?** | *where are you ringing from?* |
| **благодари́ть/поблагодари́ть** **(за + accusative)** | *to thank (for)* |
| **всё бы́ло** | *everything was* |
| **пое́здка мне о́чень понра́вилась** | *I really enjoyed the excursion* |
| **обяза́тельно скажу́** | *I'll tell him without fail/* *I'll be sure to tell him* |
| **уви́димся** | *we will see one another* |
| **послеза́втра** | *the day after tomorrow* |
| **всего́ до́брого** | *all the best* |

# Примечания

## Телефо́н

Russians spend a good deal of time on the telephone, as it is a relatively inexpensive form of communication; lines are often very busy and it is not unusual for local calls to be interrupted by the operator putting through calls from other towns. All inter-city and some foreign calls can be dialled direct. Foreign calls can also be booked through the operator (this is always the case in hotels – **Мо́жно заказа́ть разгово́р с А́нглией, пожа́луйста?**, *Can I book a call to England please?*).

When answering the telephone it is usual to say **Алло. Слу́шаю вас** or **Кто́ э́то говори́т?** If you are ringing a person's home telephone number you can ask for the person you want to speak to by asking if they are at home **(Ири́на до́ма?)**; in more formal situations you might say **Мо́жно Ири́ну Никола́евну к телефо́ну?** (lit. *Is it possible [to call] Irina Nikolaevna to the telephone?*) or **Позови́те Ири́ну Никола́евну к телефо́ну, пожа́луйста** (lit. *Call Irina Nikolaevna to the telephone please*). To identify yourself say **С ва́ми говори́т...** or just **Говори́т...**; if someone asks for you and you want to say *speaking*, simply say **Э́то я** or **Я у телефо́на**. When you are dealing with wrong numbers use **Э́то не тот** (lit. *It is not that one/that number*). **Вы не туда́ попа́ли** (lit. *You have turned up not to there*) or **Вы непра́вильно набра́ли но́мер** (lit. *You have dialled wrongly*).

# Вопро́сы

**1   Пра́вда или непра́вда?**

(*a*) Анна не туда попала два раза (*twice*).

(*b*) Анна звонит из гостиницы.

(*c*) Послезавтра Анна и Ира пойдут в кинотеатр.

(*d*) Анна и Ира встретятся полседьмого.

**2   Ответьте на вопросы!**

(*a*) Анна хочет позвонить в магазин «Дстский мир»?

(*b*) Как Анне понравилась поездка за город?

(*c*) Когда Ира и Анна опять увидятся?

(*d*) Где они встретятся?

# Внима́ние!

How to:

1   *Identify yourself on the telephone.*

(С ва́ми) говори́т Йра Никола́евна.
Говори́т А́нна.
Э́то я.
Я у телефо́на.

2  *Answer the telephone.*

> Алло́. Слу́шаю вас.
> Кто э́то говори́т?

3  *Deal with wrong numbers.*

> Э́то не тот.
> Вы не туда́ попа́ли.
> Вы непра́вильно набра́ли но́мер.

4  *Talk about past events and actions.*

> Всё бы́ло о́чень интере́сно.
> Пое́здка́ мне о́чень понра́вилась.
> Нам то́же о́чень понра́вилось.

# Почему это так?

## 1  Благодари́ть/поблагодари́ть *To thank*

Note that this verb is followed by **за** + accusative: **благодарю́ тебя́ за экску́рсию**. Note also **Спаси́бо за** + accusative (**Спаси́бо за пода́рок**, *thank you for the present*) and **плати́ть/заплати́ть за** + accusative (*to pay for*).

## 2  Past Tense

In English we have various forms of the past tense:

> *I was reading, I used to read, I have read, I read, I had read*

In Russian there are only two forms of the past tense; one is made from the imperfective infinitive (or imperfective aspect) and the other from the perfective infinitive (or perfective aspect).

The imperfective past tense is used for actions which are repeated, continuing or incomplete:

> I *used to read* the newspaper every day.
> I *was reading* the newspaper when the telephone rang.
> I *was reading/read* the newspaper yesterday (but I didn't finish it).
> I *read* for two hours yesterday.

Note that in a sentence such as *I read for two hours yesterday,* there is a sense of continuation – we are not informed whether the reading was finished or not, but that it *went on* for two hours – so we need to use the imperfective past tense.

The perfective past tense is used for single, completed actions:

> I *read* the newspaper all the way through yesterday morning.
> I *had already read* the newspaper when the telephone rang.

Formation of the past tense is the same for both the imperfective and the perfective:

Take the infinitive, remove **-ть** and add the following:

| Subject of verb | Add | Example | Meaning |
|---|---|---|---|
| Masculine singular (Verb: читáть/ прочитáть) | л | Вúктор читáл ромáн | *Viktor was reading a novel* |
| Feminine singular (Verb: писáть/ написáть) | ла | Оля написáла письмó | *Olya has written the letter* |
| Neuter singular (Verb: светúть [no perf.]) | ло | Сóлнце светúло | *The sun was shining* |
| Plural (Verb: слýшать/ послýшать) | ли | Мы слýшали мýзыку | *We were listening to music* |

In other words, past tense endings are rather like adjective endings – they have to agree with the number (singular or plural?) and gender (masculine, feminine, neuter?) of the subject. Note that when you are forming the past tense to agree with **вы** the ending will always be **-ли**, whether **вы** is referring to a group of people, or whether it is being used as the polite form to one person only. Most irregular verbs form their past tenses in this way too, e.g.: **жить (жил, жилá,** etc.), **хотéть (хотéл, хотéла,** etc.). The only exceptions among the verbs we have met so far are:

| вестú (*to lead, take on foot*): | вёл, велá, велó, велú |
| везтú (*to transport*): | вёз, везлá, везлó, везлú |
| есть (*to eat*): | ел, éла, éло, éли |

| идти (*to go on foot, to walk*): | шёл, шла, шло, шли |
|---|---|
| мочь (*to be able*): | мог, могла, могло, могли |
| нести (*to carry*): | нёс, несла, несло, несли |

Verbs of motion have three possible past tenses (since they have three infinitives – two imperfectives and one perfective). The past tense of the first imperfective can imply a habit, or a return journey; the past tense of the second imperfective indicates an action which was in progress; the past tense of the perfective implies one single action in the past; this form often also means *to set off*:

| Imperfective | Imperfective | Perfective |
|---|---|---|
| ходить | идти | пойти |
| он ходил *he used to go* (habit) | он шёл *he was going* | он пошёл *he has gone, has set off* |
| он ходил *he has been* (return journey) | (action in progress) | |

Note that the past tense of **быть** (*to be*) is required if you want to give **можно, надо, нельзя, пора**, a past meaning: **Вчера мне надо было работать** (*Yesterday I had to work*). Similarly the past tense of **быть** is required if you need to use phrases like **У меня нет денег** (*I have no money*) in the past tense: **У меня не было денег** (*I had no money*).

## 3  Мы увидимся

Note that the addition of reflexive endings to the verb **видеть/увидеть** (*to see*) produces the verb meaning *to see one another* **увидимся [завтра]** (lit. *we will see one another [tomorrow]*) is frequently heard when people are saying goodbye. In unit 11 we saw that **Где мы встретимся** means *Where shall we meet [one another]*? – here the verb **встречать/встретить** (*to meet*) has been made reflexive in the same way.

## 4  Prepositional case

We have already met some of the uses of the prepositional case and learned how to form the prepositional singular of nouns; in **в**

**Большо́м теа́тре** (*at the Bolshoi theatre*) the prepositional singular of the adjective **большо́й** is used. To form the prepositional of
masculine and neuter singular adjectives add **-ом**, unless the rule
about the unstressed **о** applies, in which case add **-ем**. Feminine
singular adjectives add **-ой**, unless the rule about the unstressed **о**
applies, in which case add **ей**:

| | |
|---|---|
| в но́вом музе́е | *in the new museum* |
| в хоро́шей кни́ге | *in a good book* |
| в ста́ром зда́нии | *in the old building* |

# Упражнения

## 12.1 Прочита́йте и отве́тьте!

Match the questions with the answers:

| | | | |
|---|---|---|---|
| 1 | Кому она звонит? | (*a*) | По средам. |
| 2 | Когда он обычно делает покупки? | (*b*) | Нет, не очень. |
| | | (*c*) | В универсаме. |
| 3 | Когда он позвонил тебе? | (*d*) | Ире. |
| | | (*e*) | В среду. |
| 4 | Где он обычно покупает продукты? | | |
| 5 | Вам понравилась экскурсия? | | |

## 12.2 Прочита́йте и отве́тьте!

Which is the correct alternative (imperfective past or perfective
past?)

(*a*) Когда он жил в Германии, он часто играл/сыграл в футбол.

(*b*) Вчера она писала/написала письмо Виктору.

(*c*) Раньше Нина всегда делала/сделала покупки в центре
города.

(*d*) Вчера мы смотрели/посмотрели телевизор, когда вдруг
кто-то звонил/позвонил в дверь.

(*e*) Сначала я читала/прочитала газету, потом я обедала/
пообедала.

### 12.3 Посмотрите и ответьте!

Look at this entrance ticket to the exhibition of Russian 'Crown Jewels':

(*a*) In which part of Moscow is the exhibition housed?
(*b*) Who may *not* visit the exhibition?

| | |
|---|---|
| сеа́нс | *performance, show, house* |

### 12.4 Посмотрите и напишите!

You are a 'telephone addict' – describe all the telephone calls you made yesterday, using the following information:

| | Кому? | О чём? |
|---|---|---|
| (*a*) | Саша | его новая машина |
| (*b*) | Ира | поездка в Сергеев Посад |
| (*c*) | Максим | французский фильм |
| (*d*) | Алла | новый учебник (*text book*) |
| (*e*) | Володя | плохая погода |

(*a*) Вчера я позвонил(а) Саше. Мы говорили о его новой машине.

### 12.5 Прочитайте и ответьте!

You want to book tickets by telephone for the cinema and ring the Service Desk in your hotel. Complete your part of the conversation.

|  | **Голос** | Бюро обслуживания. Слушаю вас. |
|---|---|---|
| (a) | **Вы** | Ask if you can book tickets for the cinema to-morrow. |
|  | **Голос** | Пожалуйста. На какой фильм? На какой фильм и какой сеанс? |
| (b) | **Вы** | Say you want to book tickets for the evening, for «The Wedding». |
|  | **Голос** | Сколько билетов? |
| (c) | **Вы** | Explain that you want to book two tickets. |
|  | **Голос** | Ваша фамилия? |
| (d) | **Вы** | Give your surname and ask when you must pay for the tickets. |
|  | **Голос** | Сегодня вечером. |
| (e) | **Вы** | Say thank you and good-bye. |
|  | **Голос** | Пожалуйста. До свидания. |

| **сва́дьба** | *wedding* |
|---|---|

## 12.6  Прочитайте и напишите!

Read what Nina did yesterday, then answer the questions which follow.

Вчера (*yesterday*) я была очень занята. Я встала в семь часов и позавтракала на кухне. Утром я работала два часа в библиотеке, потом я пообедала в буфете. После обеда я сделала покупки в универсаме. Вечером я приготовила обед, написала письмо маме, потом смотрела телевизор.

(a)  Во сколько Нина встала?
(b)  Где она позавтракала?
(c)  Что она делала утром?
(d)  Где она пообедала?
(e)  Что она делала вечером?

| **встава́ть/встать** *to get up* | **гото́вить/пригото́вить** *to prepare, cook* |
|---|---|

The following information tells you what Vadim did yesterday. Use it to write a paragraph like the model above:

| **Утром:** | | **После обеда** | **Вечером** |
|---|---|---|---|
| Встать: | полшестого | работать: | играть: футбол |
| | | 3 часа/завод | |
| позавтракать: кухня | | | смотреть: телевизор |
| работать: | 5 часов/завод | | читать: газета |
| пообедать: | ресторан | | |

Now answer these questions about yourself:

(a) Во сколько вы встали вчера?
(b) Где вы позавтракали?
(c) Что вы делали утром?
(d) Где вы пообедали?
(e) Что вы делали вечером?

# Всё понятно?

## 1 Разговор

**Прочитайте разговор и ответьте на вопросы!**

Maxim is very absent-minded and has forgotten the essential details about an important meeting. He rings Lena for help.

| | |
|---|---|
| **Голос** | Алло́. |
| **Максим** | Алло́. Мо́жно Ле́ну к телефо́ну, пожа́луйста? |
| **Голос** | Мину́точку … она́ сейча́с подойдёт. |
| **Максим** | Алло́. Лена́? |
| **Лена** | Да, э́то я. Кто э́то говори́т? |
| **Максим** | Э́то Макси́м. |
| **Лена** | Здра́вствуй, Макси́м. Как дела́? |
| **Максим** | Ничего́, спаси́бо … Скажи́, Ле́на, ты за́втра бу́дешь на совеща́нии у дире́ктора? |
| **Лена** | Коне́чно, ведь э́то о́чень ва́жное совеща́ние. |
| **Максим** | Зна́ю, зна́ю … то́лько я забы́л … во ско́лько э́то бу́дет? |
| **Лена** | Полоди́ннадцатого утра́. |
| **Максим** | Ах, да, коне́чно … |
| **Лена** | Э́то всё? … Я сейча́с о́чень занята́, Макси́м. |
| **Максим** | Извини́, Ле́на … а я не о́чень хорошо́ по́мню, о чём мы бу́дем говори́ть на совеща́нии. |

| | |
|---|---|
| **Лена** | Что ты, Максим! Мы конечно будем говорить о новом договоре с французской автомобильной компаниси. |
| **Максим** | Ах, да, конечно ... Спасибо, Лена ... это всё! До завтра. |
| **Лена** | Всего доброго, Максим. До свидания. |

| | |
|---|---|
| **она сейчас подойдёт** | *she's just coming* |
| **совещание** | *meeting* |
| **директор** | *director* |
| **важный** | *important* |
| **забывать/забыть** | *to forget* |
| **помнить/вспомнить** | *to remember* |
| **договор** | *agreement, contract* |
| **автомобильная компания** | *car company* |

1  Важное совещание будет

(*a*) сегодня в 10ч30 утра
(*b*) завтра в 10ч30 утра
(*c*) завтра в 11 часов
(*d*) сегодня утром

2  Лена сейчас

(*a*) отдыхаст
(*b*) свободна
(*c*) очень занята
(*d*) не очень занята

3  На совещании они будут говорить о

(*a*) новом договоре с итальянской компанией
(*b*) старом договоре с французской компанией
(*c*) новом договоре с французской компанией
(*d*) неважном договоре с французской компанией

## 2  Чтение

Прочитайте и ответьте по-английски на вопросы:

(*a*) What is the first step to take in making a direct call to another town from your hotel room?
(*b*) What are the next two steps?
(*c*) Why is the number 274–93–83 useful?
(*d*) How can one make an international call?
(*e*) What information must you give the telephonist when you book a call to another town?

Уважа́емые го́сти Санкт-Петербу́рга!
По телефо́ну, устано́вленному в Ва́шем но́мере, удо́бно воспо́льзоваться автомати́ческой междугоро́дной телефо́нной свя́зью. Для э́того доста́точно набра́ть:

(*i*)   ци́фру ««8»» (из гости́ниц
        ««Асто́рия»», ««Нева́»» –
        ци́фру 7);
(*ii*)  услы́шав непреры́вный
        гудо́к, – код го́рода;
(*iii*) но́мер телефо́на абоне́нта.

Спра́вки о рабо́те автомати́ческой свя́зи
по телефо́ну 274–93–83.
Е́сли вы не мо́жете воспо́льзоваться автомати́ческой свя́зью, разгово́р мо́жно заказа́ть по телефо́нам:
314–47–47 с города́ми зарубе́жных стран.
Зака́зывая междугоро́дный разгово́р, обяза́тельно назови́те телефони́стке назва́ние гости́ницы, но́мер телефо́на и Ва́шу фами́лию.

| | |
|---|---|
| **абоне́нт** | *subscriber* |
| **по́льзоваться/воспо́льзоваться** | |
| (+ inst.) | *to make use of, avail oneself of* |
| **гудо́к** | *tone* |
| **зарубе́жный** | *foreign* |
| **междугоро́дный телефо́нный** | *trunk call* (lit. '*inter-town*') |
| **разгово́р** | *telephone conversation* |
| **междунаро́дный** | *international* |
| **называ́ть/назва́ть** | *to name* |
| **назва́ние** | *name* |
| **непреры́вный** | *constant, uninterrupted* |
| **связь** (fem.) | *link* |
| **страна́** | *country* |
| **уважа́емый** | *respected* |
| **ци́фра** | *figure, number* |

# 13   Мне нужно к врачу?

## *Must I go to the doctor's?*

The aim of this unit is to teach you to say how you feel and to ask others how they feel. You will also learn how to seek and give advice and how to talk about necessity.

## Диалог

Ira has called for Anna at her hotel room, to go on their trip to Sergeev Posad, but finds Anna is not well.

| | |
|---|---|
| **Ира** | Аша, ты сегодня неважно выглядишь. Что с тобой? Ты больна? |
| **Анна** | Да, мне кажется, я заболела. Мне плохо. У меня болят горло и голова. |
| **Ира** | Температура высокая? |
| **Анна** | Кажется, да |
| **Ира** | Гм, может быть у тебя начинается грипп. |
| **Анна** | Что мне делать? Что ты советуешь? Мне нужно к врачу? |
| **Ира** | Нет, тебе лучше лежать в постели. Я сейчас позвоню в бюро обслуживания. Врач скоро придёт. |
| **Анна** | Значит, нам сегодня нельзя в Сергеев Посад? |
| **Ира** | Да, Анна, я думаю, что сегодня нельзя. |
| **Анна** | Ой, как жаль. Извини, Ира. |
| **Ира** | Ничего, Анна. Не беспокойся об этом. Сегодня ты должна отдыхать. |
| **Анна** | Спасибо, Ира, ты очень добра. |
| **Ира** | Не за что! Скажи, Анна, что тебе нужно? тебе хочется пить? |
| **Анна** | Да, очень хочу. |
| **Ира** | Хорошо … я закажу через дежурную чай с лимоном. Это всегда помогает. Тебе скоро будет лучше. |

| | |
|---|---|
| ты нева́жно вы́лядишь | *you don't look too well* |
| что с тобо́й? | *what's wrong with you?* |
| ты больна́? | *are you ill?* |
| я заболе́ла | *I'm ill (lit I've been taken ill)* |
| мне пло́хо | *I feel unwell* |
| у меня́ боля́т | *I have a headache* |
| голова́ и го́рло | *and a sore throat* |
| температу́ра | *a temperature* |
| мне ну́жно к врачу́? | *need I go to the doctor's?* |
| что ты сове́туешь? | *what do you advise?* |
| тебе́ лу́чше лежа́ть в посте́ли | *you'd better stay in bed* |
| врач ско́ро придёт | *the doctor will soon be here* |
| не беспоко́йся об э́том! | *don't worry about it* |
| ты должна́ | *you must* |
| ты о́чень добра́ | *you're very kind* |
| не́ за что! | *think nothing of it* |
| тебе́ хо́чется пить? | *are you thirsty?* |
| я закажу́ (зака́зывать/заказа́ть) | *to order* |
| помога́ть/помо́чь | *to help* |
| тебе́ ско́ро бу́дет лу́чше | *you'll soon feel better* |

# Примечания

## Врач

Visitors to Russia can arrange to see a doctor by contacting the hotel service bureau; the doctor may visit you in your hotel room, or you may be referred to the hotel's own treatment centre – **медпу́нкт.** Medical treatment is free to tourists in Russia. The **дежу́рная** (literally *woman on duty*) is responsible for the organisation of her floor/corridor in the hotel.

Russian citizens would normally ring a polyclinic – **поликли́ни- ка** – to arrange for the doctor to make a home visit, or they might go to the polyclinic. Regional and municipal polyclinics are a kind of large health centre and they are served by a large number of doctors, some of whom are general practitioners and some specialists (e.g. gynaecologists, paediatricians, dentists). Large organisations sometimes have their own polyclinic (e.g. Moscow State University) and there are also some private clinics and surgeries.

When patients make appointments at a polyclinic they are given a **талóн** (*coupon/card*) for a particular doctor's surgery at a particular time. The doctor may give the patient a **рецéпт** (*prescription*), to be bought at the **аптéка** (*chemist's*). Note that there are two words for doctor – **врач** (*to denote the profession*) and **дóктор** (*for when you're talking to one*). In the event of an emergency, an ambulance can be summoned by dialling 03 (**нольтри**). For some a stay in the **больнúца** (*hospital*) may be necessary, or a spell in a **санатóрий** (*convalescent home*) or **дом óтдыха** (*rest home*).

## Sergeev Posad

The town of Sergeev Posad (formerly Zagorsk) lies some 75 kilometres from Moscow; it is an important centre of the Russian Orthodox Church and site of the Trinity Monastery of St. Sergii.

# Вопросы

### 1   Правда или неправда?

(a)   Анне сегодня плохо.
(b)   У Анны болит голова.
(c)   Сегодня Анна и Ира посдут в Ссргсев Посад.
(d)   Ира звонит в поликлинику.
(e)   Ира рекомендует чай с лимоном.

### 2   Ответьте на вопросы

(a)   Как Анна сегодня выглядит?
(b)   Какая у неё температура?
(c)   Как можно заказать чай с лимоном?
(d)   Куда Анна хотела сегодня поехать?

# Внимание!

How to:

1   *Say how you feel.*

Мне плóхо.

2 *Ask others how they feel.*

| | |
|---|---|
| Что с тобо́й? | Что с ва́ми? |
| Ты больна́? | Ты бо́лен? Вы больны́? |

3 *Ask for advice.*

Что мне де́лать?
Что ты сове́туешь?  Что вы сове́туете?

4 *Giving advice.*

Тебе́ лу́чше  Вам лу́чше
Я сове́тую
Не беспоко́йся!  Не беспоко́йтесь!

5 *Talk about necessity.*

Мне ну́жно к врачу́?
Что тебе́ ну́жно?
Ты должна́  Ты до́лжен  Вы должны́

# Почему это так?

## 1  Dative case

In unit 6 we saw that the dative case is used to mean *to, for* and after verbs such as *to give, to say.* The dative case is also very useful when describing how you feel; it is used in impersonal expressions made up of the dative case and the short form of the neuter adjective:

| | |
|---|---|
| мне жа́рко | *I feel hot* (lit. *it is hot for me*) |
| вам не хо́лодно? | *are you cold?* |
| ему́ бы́ло пло́хо | *he felt ill* |

This construction is useful not only when you are describing physical feelings, you can also use it to talk about boredom and interest:

| | |
|---|---|
| мне бы́ло о́чень скучно на ле́кции | *I found it very boring at the lecture* |
| ему́ о́чень интере́сно чита́ть ру́сские газе́ты | *He finds it very interesting to read Russian newspapers* |

The dative case is also used after certain verbs, some of which we have already met – here is a list of the most common:

| | | | |
|---|---|---|---|
| звони́ть/позвони́ть | (*to ring*) | Оля позвони́ла врачу́ | *Olya rang the doctor* |
| каза́ться/показа́ться | (*to seem*) | Мне ка́жется, что у тебя́ грипп | *I think (it seems to me) you've got 'flu* |
| нра́виться/по- | (*to please*) | Ей не нра́вятся эти табле́тки | *She doesn't like these tablets* |
| помога́ть/помо́чь | (*to help*) | Эти табле́тки помо́гут вам | *These tablets will help you* |
| рекомендова́ть/по- | (*to recommend*) | Что вы рекоменду́ете мне? | *What do you recommend for me?* |
| сове́товать/по- | (*to advise*) | Врач посове́товал ей отдыха́ть | *The doctor advised her to rest* |
| хоте́ться/за- | (*to want, feel like*) | Мне хо́чется спать | *I want to sleep/I feel like a sleep* |

Note that the dative case is also found in time expressions with the preposition **к**:

> **к ча́су**          *at about one o'clock, towards one o'clock*
> **к шести́ часа́м**   *at about six o'clock, towards six o'clock*

Finally, the dative case is very useful when you are talking about necessity:

> **Что мне де́лать?**          *What should I do? (lit. What to me to do?)*
>
> **Когда́ мне принима́ть табле́тки?**     *(When should I take the tablets?)*

## 2 Short adjectives

In unit 8 we saw that most Russian adjectives have a long and a short form and we met some commonly used short forms – note the following further examples of short form adjectives:

| Meaning | Masculine | Feminine | Neuter | Plural |
|---|---|---|---|---|
| *ill* | бо́лен | больна́ | бо́льно | больны́ |
| *duty bound (must, have to, should)* | до́лжен | должна́ | должно́ | должны́ |
| *necessary* | ну́жен | нужна́ | ну́жно | нужны́ |

**До́лжен** agrees with the person who must do something, e.g.:

Сего́дня А́нна должна́      *Anna must rest today*
отдыха́ть

Вчера́ Алексе́й до́лжен был   *Yesterday Alexei had to rest*
отдыха́ть

За́втра мы должны́ бу́дем    *We must/will have to rest*
отдыха́ть                  *tomorrow*

**Ну́жен** must agree with the thing that is needed e.g.:
тебе́ нужна́ э́та кни́га?   *Do you need this book?*    (lit. *Is this book necessary to you?*)

The neuter form **ну́жно** is identical in meaning to **на́до**.

Note that there is a difference in meaning between the short form **бо́лен** and the long form adjective **больно́й**:

бо́лен (больна́, больны́)     *sick, ill (temporarily)*
больно́й               *chronically ill, an invalid;*
                      *a patient*

Note also:

прав     *right, correct*    жив     *alive*
пра́вый    *right-wing*      живо́й    *lively*

| покупа́тель (m.) *customer* |
| --- |

## 3 Verbs ending in -овать and -евать

The infinitive of these verbs looks like the infinitive of a first conjugation verb, but beware! In the present tense the **-ова** and **-ева** change to **-у**; e.g.:

| **рекомендова́ть:** | рекоменду́ю | рекоменду́ем |
| --- | --- | --- |
| (*to recommend*) | рекоменду́ешь | рекоменду́ете |
| | рекоменду́ет | рекоменду́ют |

Many of these verbs are imported from other languages, e.g.:

| танцева́ть | *to dance* (from German) |
| --- | --- |
| интересова́ться | *to be interested* |
| нокаути́ровать | *to knock out* |

In the context of health, the following are very common:

| жа́ловаться | *to complain (of, about)* |
| --- | --- |
| (на + accusative) | |
| на что вы жа́луетесь? | *What's the problem?* (lit. *What are you complaining of?*) |
| чу́вствовать себя́ | *to feel* |
| Как вы себя́ чу́вствуете? | *How are you feeling?* |

(Note that with the verb *to feel* the **себя** never changes.)

## 4 To be ill; to hurt; to be sore

(a) The verb **боле́ть** (present tense **боле́ю, боле́ешь**) means *to be ill* (*with*), e.g.:

| Анна боле́ет гри́ппом | *Anna is ill with the 'flu* |
| --- | --- |

(b) The verb **заболева́ть/заболе́ть** means *to fall ill with, to catch*, e.g.:

| Анна заболе́ла гри́ппом | *Anna has caught 'flu* |
| --- | --- |

Note: **заболева́ть**, exceptionally, **does** work like a first conjugation verb – i.e. **заболева́ю, заболева́еыь.**

(*c*) The verb **болéть** (2nd conjugation, like **говорúть**) is found only in the third person singular and the third person plural:

<blockquote>

У меня болúт головá      *My head aches*
У меня боля́т нóги      *My legs/feet ache*

</blockquote>

The perfective form **заболéть** has the meaning *to begin to hurt*:

<blockquote>

Когдá у вас заболéл зуб?    *When did your tooth begin to hurt?*

</blockquote>

Note that Russian does not use possessive adjectives with parts of the body (i.e. not **ваш зуб** but **у вас зуб**).

## 5  Verbs ending in -казать

This ending is found in the verb for *to seem* (**казáться/показáться**) and also in the perfective infinitive of a number of common verbs:

<blockquote>

говорúть/сказáть      *to say, tell*
закáзывать/заказáть      *to order, book, reserve*
покáзывать/показáть      *to show*

</blockquote>

Note that verbs which end in this way are not regular first conjugation:

<blockquote>

| | |
|---|---|
| я скажý (*I will say*) | мы скáжем |
| ты скáжешь | вы скáжете |
| он скáжет | они скáжут |

</blockquote>

# Упражнения

### 13.1  Посмотрите и ответьте!

Как они себя чувствуют?

(*a*) Иван

*hot*      Ивану жарко

**(b)** Оля

*cold*

**(c)** Серёжа

*bad/unwell*

**(d)** Виктор

*bored*

### 13.2 Прочитайте и ответьте!

Look at the doctor's question and the patient's answer:

Зуб

– На что вы жалуетесь?
– У меня болит зуб

Answer in a similar way, using the words given below:

(a) голова
(b) горло
(c) руки (*hands/arms*)
(d) живот (*stomach*)
(e) спина (*back*)

### 13.3 Прочитайте и ответьте!

You are on holiday in Yalta. You are feeling unwell and the doctor has come to visit you. Complete your part of this conversation with the doctor.

| | |
|---|---|
| **Врач** | Здравствуйте! Садитесь, пожалуйста. На что вы жалуетесь? |
| (*a*) **Вы** | Say hello to the doctor. Explain that you have a sore throat and a headache. |
| **Врач** | А какая у вас температура? |
| (*b*) **Вы** | Say you think you have a high temperature. |
| **Врач** | Ну, откройте, пожалуйста, рот … да, горло красное. У вас ангина. |
| (*c*) **Вы** | Ask what you should do. |
| **Врач** | Вы должны отдыхать. Вот вам таблетки. |
| (*d*) **Вы** | Ask when you should take the tablets. |
| **Врач** | Принимайте по таблетке два раза в день. Заходите ко мне завтра в медпункт. |

| | | | |
|---|---|---|---|
| **откро́йте!** | *open!* | **принима́ть** | *to take* |
| **рот** | *mouth* | **по табле́тке два ра́за в день** | *one tablet twice a day* |
| **анги́на** | *tonsillitis* | **заходи́ть/зайти́** | *to call in/pop in* |

## 13.4 Посмотрите и ответьте!

Look at the pictures and decide what the doctor is advising:

(*a*) Что рекомендует врач?

Врач рекомендует мне не курить

(*a*) 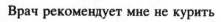 ✗     (*c*)  ✗

(*b*)  ✓     (*d*)  ✓

## 13.5 Прочитаите и ответьте!

Choose the most apprpriate 'prescription' for each of the following:

1  Аркадий чувствует себя нехорошо. У него болит зуб. Что ему надо делать?

*a*) купить мороженое;   *b*) пойти в бассейн;   *c*) принимать таблетки

2   У Светы болит горло. Что ей надо делать?

*a*) смотреть футбольный матч; *b*) отдыхать дома; *c*) петь на концерте

3   У Бориса голова болит. Что ему надо делать?

*a*) читать «Войну и мир»; *b*) идти на дискотеку; *c*) лежать в постели

4   У вас болит нога. Что вам надо делать?

*a*) играть в хоккей;   *b*) сидеть дома;   *c*) гулять с собакой.

---

| | | |
|---|---|---|
| петь (пою, поёшь) *to sing* | Война и мир | *War and Peace* |
| дискотéка | *discotheque* | |

**13.6   Прочитайте и ответьте!**

Here is a page from a hotel brochure. Look at the information provided and answer the questions which follow:

---

ГОСТИНИЦА «МОЖАЙСКАЯ»
В гостинице «МОЖАЙСКАЯ» круглосуточно работает
СЛУЖБА ПОРТЬЕ,                447-34-34
где Вы можете:
– оплатить номер, телефонные переговры
с 8.00 до 23.00 работает
БЮРО ОБСЛУЖИВАНИЯ,        446-48-65
где Вы можете:
– получить информацию по всем интересующим Вас вопросам;
– продлить тур;
– обменять туристские документы;
– заказать билеты на самолет, поезд;
– заказать автомобиль;
– приобрести билеты в сауну и т. д.
с 9.00 до 19.00 открыт
КИОСК ПО ПРОДАЖЕ СУВЕНИРОВ
с 7.00 до 14.00 открыт
КИОСК ПО ПРОДАЖЕ ГАЗЕТ И ЖУРНАЛОВ
Все эти службы расположены в вестибюле гостиницы.

К ВАШИМ УСЛУГАМ:
с 8.00 до 23.00
– РЕСТОРАН «МОЖАЙСКИЙ»
с 7.00 до 14.00 и с 17.00 до 23.00
– КАФЕ «ЭКСПРЕСС»
с 20.00 до 4.00
– НОЧНОЙ БАР
с 9.00 до 20.00
– МАГАЗИН «БЕРЕЗКА»
с 8.00 до 20.00
– ПАРИКМАХЕРСКАЯ
с 9.00 до 18.00
– ПОРТНОВСКАЯ (4-й этаж)
с 14.00 до 21.00
– ФИНСКАЯ БАНЯ (САУНА)
с 8.00 до 20.00
– ПОЧТА, ТЕЛЕГРАФ,              447-44-31
МЕЖДУГОРОДНЫЙ ТЕЛЕФОН
                                        447-44-32
– МЕЖДУНАРОДНЫЙ ТЕЛЕФОННЫЙ РАЗГОВОР можно заказать из номера по телефону 271-91-03
О времени Вашего отъезда предупредите, пожалуйста, портье.

(*a*)  Куда надо позвонить, если вы хотите заказать билет на самолёт?

(*b*)  Где можно обедать?

(*c*)  Куда надо позвонить, если вы хотите заказать международный телефонный разговор?

## 13.7   Прочитайте и напишите!

Read the symptoms, advice and conclusions in the table below, then write a sentence about each following the model:

|  | Кто? | Что болит? | Что делать? | Значит, нельзя ... |
|---|---|---|---|---|
| (*a*) | Оля | живот | позвонить в поликлинику | обедать в ресторане |
| (*b*) | Таня | нога | сидеть дома | играть в теннис |
| (*c*) | Вы | спина | лежать в постели | работать в саду |
| (*d*) | Алла | горло | пить чай с лимоном | петь на концерте |
| (*e*) | Он | глаз | отдыхать | смотреть телевизор |

(*a*)  У Оли болит живот. Она должна позвонить в поликлинику. Значит ей нельзя обедать в ресторане.

Now write similar sentences about the others listed above.

# Всё понятно?

## 1   Разговор

**Прочитайте этот разговор и ответьте на вопросы**

Sasha is at the doctor's.

| **Врач** | На что вы жа́луетесь? |
|---|---|
| **Саша** | У меня́ о́чень боли́т живо́т. |
| **Врач** | Когда́ э́то начало́сь? |
| **Саша** | Вчера́ то́лько. |
| **Врач** | Покажи́те мне, где у вас боли́т? |
| **Саша** | Вот здесь, с пра́вой стороны́. |
| **Врач** | Си́льно боли́т? |
| **Саша** | Да, до́ктор, о́чень бо́льно. |
| **Врач** | Гм. Аппети́т есть? |

| | |
|---|---|
| **Саша** | Нет. Вчера я ничего не ел. Сегодня тоже не хочу есть. Что делать, доктор? Таблетки мне помогут? |
| **Врач** | Я не думаю. У вас, кажется, аппендицит. |
| **Саша** | Завтра мне нужно поехать в Новосибирск! |
| **Врач** | Ни в коем случае! Вам нужно немедленно в больницу. |

---

| | |
|---|---|
| **сильно** *strongly* | **ни в коем случае** *on no account* |
| **больно** *painful* | **немедленно** *immediately* |
| **ничего не ел** *I ate nothing* | |

---

**Правда или неправда?**
(a) У Саши болит рука.
(b) Он болен уже четыре дня.
(c) У него сильные боли (*pains*) в животе.
(d) Саше не хочется есть.
(e) Саша должен принимать таблетки.
(f) Саше нельзя завтра поехать в Новосибирск.

## 2 Чтение

**Прочитайте письмо и ответьте на вопросы по-английски:**

(a) What cannot be bought?
(b) For whom is illness particularly unpleasant?
(c) From what illness does Tamara's child suffer?
(d) Why are medicines a problem for Tamara?
(e) What takes her a great deal of time every day?
(f) What must her child do four or five times every day?

Уважаемый редактор!
«Всё можно купить, кроме здоровья». Болеть всегда неприятно. Детям особенно неприятно. У моего ребёнка сахарный диабет. Это страшная болезнь. А где прогресс в лечении диабета? Сейчас все говорят по радио, по телевизору, в газетах о СПИДе. А что же диабет?

Сейчас в России ещё возможно лечиться бесплатно. Но у меня такая проблема: кроме инсулина, не все нужные лекарства бесплатны. Ещё проблема. Каждый день я теряю массу вре́мени в по́исках ну́жных овоще́й и фру́ктов, а ребёнок до́лжен 4-5 раз в день принима́ть пи́щу. Что же мне де́лать?

Тама́ра Ива́новна Кузнецо́ва, г. Пермь

(ЛИТЕРАТУ́РНАЯ ГАЗЕ́ТА)

| | | | |
|---|---|---|---|
| **беспла́тный** | *free* | **лечи́ться** | *to be treated* |
| **боле́знь** | *illness* | **осо́бенно** | *especially* |
| **возмо́жно** | *possible* | **пи́ща** | *food* |
| **в по́исках** | *in search (of)* | **СПИД** | *AIDS* |
| (+ gen.) | | **стра́шный** | *dreadful* |
| **здоро́вье** | *health* | **теря́ть/по-** | *to lose* |
| **кро́ме** | *except* | **Уважа́емый** | *Dear Editor* |
| **лека́рство** | *medicine* | **реда́ктор** | |
| **лече́ние** | *treatment* | | |

# 14 Свитер тебе очень идёт
## *The jumper really suits you*

The aim of this unit is to teach you how to talk about clothes and appearance and how to ask for and give advice about size and colour. You will also learn about simple comparisons and negative expressions.

## Диалог

Ira is shopping for a new jumper and Anna has gone with her:

| | |
|---|---|
| **Анна** | Что ты хóчешь купи́ть, Йра? Куда́ мы идём? |
| **Ира** | Я хочу́ купи́ть сви́тер. Зна́чит, мы пойдём снача́ла в универма́г, а е́сли там ничего́ не найду́, пойдём в магази́н «Оде́жда», а пото́м в «Мо́дный трикота́ж». |
| **Анна** | А до магази́на «Мо́дный трикота́ж» далеко́? |
| **Ира** | Нет, не о́чень – э́тот магази́н нахо́дится недалеко́ от ста́нции метро́ Академи́ческая … ты не уста́ла? |
| **Анна** | Нет, что ты! |
| **Ира** | (*looking at jumpers in* «Мо́дный трикота́ж») Ты ду́маешь, что э́тот сви́тер мне идёт, А́нна? Тако́й краси́вый, я́рко-кра́сный цвет! |
| **Анна** | (*uncertainly*) Да, о́чень я́ркий … то́лько немно́жко мал, по-мо́ему. |
| **Ира** | (*sighs*) Да, ты права́ … |
| **Анна** | А посмотри́ на э́тот сви́тер, он на разме́р бо́льше. Ты не хо́чешь его́ приме́рить? |
| **Ира** | Да … (*tries it on*) Ты не ду́маешь, что э́тот сви́тер вели́к? |
| **Анна** | Нет, нет. Э́то лу́чше. Сви́тер тебе́ о́чень идёт. Како́го цве́та твоя́ ю́бка? Зелёная, да? |
| **Ира** | Да, све́тло-зелёная. |

| | |
|---|---|
| **Анна** | Я увéрена, что áтот чёрный свúтер óчень хорошó подойдёт к твоéй юбке. |
| **Ира** | Ну, а я хотéла купúть свúтер бóлее весёлого цвéта. |
| **Анна** | Я совéтую тебé купúть вот áтот чёрный свúтер. |
| **Ира** | Но я обычно ношý бóлее яркие цветá … |
| **Анна** | Зачéм? Чёрный цвет так хорошó тебé идёт – ведь у тебя тёмные глазá, тёмные вóлосы. Ты в нём óчень шикáрно выглядишь. |
| **Ира** | Прáвда? Да, мóжет быть ты и правá. Хорошó, я возьмý вот áтот. |
| **Анна** | Óчень хорошó … Скажú, Ира, у нас врéмя ещё есть? … Я óчень хочý примéрить меховýю шáпку … |
| **Ира** | Конéчно! Какóй у тебя размéр? |
| **Анна** | Не знáю. |
| **Ира** | Ничегó. Продавщúца нам помóжет. |

| | |
|---|---|
| **универмáг** | *department store* |
| **ничегó** | *nothing; never mind* |
| **найдý (находúть/найтú)** | *to find* |
| **одéжда** (singular only) | *clothes* |
| **Мóдный трикотáж** | *fashionable knitwear* |
| **устáла (уставáть/устáть)** | *tired (to get tired)* |
| **свúтер мне идёт** | *the jumper suits me* |
| **ярко-крáсный** | *bright red* |
| **цвет** (pl **цветá**) | *colour* |
| **мал** | *too small* |
| **на размéр бóльше** | *a size bigger* |
| **примéривать/примéрить** | *to try on* |
| **велúк** | *too big* |
| **зелёная (зелёный)** | *green* |
| **свéтло-зелёная** | *light green* |
| **увéрена (увéренный)** | *certain, sure* |
| **чёрный** | *black* |
| **лýчше** | *better* |
| **весёлый** | *cheerful* |
| **подойдёт к (подходúть/подойтú)** | (here) *will go with* |

| | |
|---|---|
| я обы́чно ношу́ (носи́ть) | *I usually wear* |
| тёмный | *dark* |
| во́лосы | *hair* |
| шика́рно вы́глядишь | *you look smart* |
| мо́жет быть | *perhaps* |
| возьму́ (брать/взять) | *to take* |
| мехова́я ша́пка | *fur hat* |
| продавщи́ца нам помо́жет | *the shop assistant will help us* |
| (помога́ть/помо́чь) | |

# Примечания

## Универма́г

**Универма́г** is a department store and the most famous of all Russian department stores is **ГУМ (Госуда́рственный универса́льный магази́н)**, situated just off Red Square in Moscow. Smaller Russian shops tend to have names describing their goods: **Обувь** (*footwear*), **Оде́жда** (*clothes*), **Това́ры для дете́й** (*children's goods*), **Хозтова́ры** (*household goods*). Shops tend to stay open late in the evening, but shopping is no easy business, often involving lengthy queues (**о́череди**) and an uncertain supply of goods.

# Вопросы

### 1 Правда или неправда?

(*a*) Ира хочет купить юбку.
(*b*) Сначала Ира и Анна идут в «Модный трикотаж».
(*c*) Ире нравится ярко-красный свитер.
(*d*) Анна думает, что чёрный свитер ей идёт лучше.
(*e*) Анна хочет примерить чёрный свитер.

### 2 Ответьте на вопросы:

(*a*) Где находится «Модный трикотаж»?
(*b*) Почему Анна думает, что Ире не надо покупать ярко-красный свитер?
(*c*) Почему Анна думает, что Ире надо купить чёрный свитер?
(*d*) Какие цвета Ира обычно предпочитает?

(e)  Какой свитер Ира покупает наконец (*finally, in the end*)?

# Внимание!

How to:

1  *Talk about size.*

Какой у тебя размер? Какой у вас размер?
Этот свитер на размер больше.
Этот свитер мал.
Этот свитер велик.

2  *Talk about colour.*

Какого цвета твоя юбка?
Ярко-красный свитер.
Светло-зелёный свитер.

3  *Make comparisons.*

Это лучше.
Более яркий свитер.

4  *Give advice.*

Я советую тебе. Я советую вам.

5  *Talk about appearance.*

Ты очень шикарно выглядишь. Вы очень шикарно
выглядите.
Свитер тебе очень идёт.
Свитер подойдёт к твоей юбке.
У тебя тёмные глаза, тёмные волосы. У вас тёмные глаза,
тёмные волосы.

# Почему это так?

## 1 Negative expressions

The most important thing to remember about the negative expressions (*nothing, no one, nowhere*, etc.) below is that they are always used with a verb (in a tense or command form) and that **не** must always be added before the verb:

| | |
|---|---|
| Я ничего не понимаю | *I understand nothing/* |
| | *I don't understand anything* |
| Я никогда не смотрю | *I never watch the television* |
| телевизор | |
| Она нигде не работает | *She doesn't work anywhere* |
| Мы никуда не идём | *We're not going anywhere* |
| Никто не знает об этом | *No one knows about this* |

The words **ничто** (*nothing*) and **никто** (*no one*) decline (i.e. have case endings) like **кто** and **что**; note that **ничего** is the accusative of **ничто**:

| | |
|---|---|
| Он ничего не сказал об | *He didn't say anything about* |
| этом | *this* |
| Она никого не знает в | *She doesn't know anyone in* |
| этом городе | *this town* |

If you need to use a preposition with *nothing* and *no one* it splits them up and the two parts are written separately:

| | |
|---|---|
| Он ни о чём не говорил | *He didn't speak about* |
| | *anything* |
| Она ни с кем не говорила | *She didn't speak with anyone* |
| об этом | *about this* |

## 2 Dative case

Note the use of the dative case in the expression *to suit*:

| | |
|---|---|
| Этот свитер Виктору | *This jumper really suits* |
| (dative) очень идёт | *Viktor* |

## 3 Colours

If you want to ask about the colour of something, say *of what*

*colour is* ...: **Какóго цвéта твоя́ ю́бка?** *What colour is your skirt.*
The most common colour words are:

| | | | | | |
|---|---|---|---|---|---|
| бéлый | white | корúчневый | brown | сéрый | grey |
| голубóй | light blue | крáсный | red | сúний* | dark blue |
| жёлтый | yellow | орáнжевый | orange | чёрный | black |
| зелёный | green | рóзовый | pink | | |
| кáрий* | brown (eyes) | седóй | grey (hair) | | |

*See unit 16 for an explanation of this kind of adjective ending.

To qualify shades of colour use the prefixes **я́рко-** (*bright-*),
**тёмно-** (*dark-*), **свéтло-** (*light-*), **блéдно-** (*pale-*):

Вы предпочитáете
я́рко-крáсное плáтье úли
блéдно-рóзовое?

*Do you prefer the bright red
dress or the pale pink?*

# 4   Short adjectives

The short form of one group of adjectives is used to suggest *too
big, too small,* etc.:

| | |
|---|---|
| велúк, великá, великó, великú | (*too big*): |
| Это плáтье (мне) великó | *The dress is too big (for me)* |
| длúнен, длиннá, длúнно, длúнны | (*too long*): |
| Это плáтье (мне) длúнно | *This dress is too long (for me)* |
| кóроток, короткá, кóротко, короткú | (*too short*): |
| Эти брю́ки (мне) короткú | *These trousers are too short (for me)* |
| мал, малá, малó, малы́ | (*too small*): |
| Это ю́бка (мне) малá | *This skirt is too small (for me)* |
| у́зок, узкá, у́зко, узкú | (*too narrow*): |
| Эти брю́ки (мне) узкú | *These trousers are too narrow (for me)* |
| ширóк, широкá, широкó, широкú | (*too wide*): |
| Эта рубáшка (мне) широкá | *This shirt is too wide (for me)* |

*See unit 16 for an explanation of this kind of adjective ending.

## 5   To wear

The verb **носи́ть** can only be used to mean *to wear* when you are talking about habit;

| | |
|---|---|
| Я всегда́ ношу́ костю́м на рабо́те | *I always wear a suit when I'm at work* |
| В саду́ он обы́чно но́сит ста́рые брю́ки | *He usually wears old trousers in the garden* |

If you want to describe what someone wears/wore on a specific occasion, either use **на** + prepositional (of the person), or **в** + prepositional (of the item of clothing):

| | |
|---|---|
| Сего́дня на ней бе́лое пла́тье | *Today she's wearing a white dress* |
| Вчера́ он был в чёрном костю́ме | *Yesterday he wore a black suit* |

## 6   Брать/взять

This is a very common verb meaning *to take* and both the imperfective and perfective are irregular:

брать (present) я беру́, ты берёшь, он берёт, мы берём, вы берёте, они́ беру́т

взять (future) я возьму́, ты возьмёшь, он возьмёт, мы возьмём, вы возмёте, они́ возьму́т

The future (*I will take*) is very often used in the context of shopping:

| | |
|---|---|
| Я возьму́ голубу́ю руба́шку | *I'll take the pale blue shirt* |

The command form of **взять** is also commonly used: **Возьми́те!**

## 7   Comparison

In English the comparative is formed by adding *-er* to an adjective, or by using *more* – a *bigger* book, a *more interesting* book. In Russian, the easiest way to form the comparative is simply to use the word **бо́лее** (more) in front of an adjective:

| Я хочу купить более мо́дную блу́зку | *I want to buy a more fashionable blouse* |

The word **ме́нее** (*less*) can be used in a similar way:

| Я хочу купить ме́нее я́ркую ю́бку | *I want to buy a less bright skirt* |

These forms of the comparative must be used when you are using an adjective before the noun (called an attributive adjective), but note that there are several common adjectives which cannot form the comparative with **бо́лее**:

| бо́льший/ме́ньший | *bigger/lesser* |
| лу́чший/ху́дший | *better/worse* |
| ста́рший/мла́дший | *older/younger; senior/junior* |
| Я хочу купить лу́чшую блу́зку | *I want to buy a better blouse* |

A short form of the comparative adjective exists and can be used after the noun (called a predicative adjective), and this is formed by adding **-ee** to the stem of the adjective:

| Э́та блу́зка модне́е | *This blouse is more fashionable* |

The short form of the comparative adjective is also the comparative adverb, so for example, **быстре́е** means both *quicker* and *more quickly*.

There are a number of common short comparative adjectives which are irregular (a full list is given in Appendix 1):

| большо́й (*big*) | бо́льше | (*bigger, more*) |
| высо́кий (*tall, high*) | вы́ше | (*taller, higher*) |
| далёкий (*far, distant*) | да́льше (or да́лее) | (*further*) |
| дешёвый (*cheap*) | дешёвле | (*cheaper*) |
| дорого́й (*dear, expensive*) | доро́же | (*dearer, more expensive*) |
| хоро́ший (*good*) | лу́чше | (*better*) |
| ма́ленький (*small*) | ме́ньше | (*smaller, less*) |
| молодо́й (*young*) | моло́же | (*younger*) |
| плохо́й (*bad*) | ху́же | (*worse*) |

| | | |
|---|---|---|
| поздний (*late*) | позже/позднее | (*later*) |
| простой (*simple, easy*) | проще | (*simpler; more simply*) |
| ранний (*early*) | раньше | (*earlier, previously*) |
| старый (*old*) | старше | (*older*) |
| частый (*frequent*) | чаще | (*more often*) |
| яркий (*bright*) | ярче | (*brighter*) |

**Чем** (*than*) is useful when comparing two items and must be used if you are using the long comparative (i.e. with **более**):

| | |
|---|---|
| Это более модная юбка, чем её юбка | *This is a more modern skirt than hers* |

With short comparatives the second part of the comparative can be put into the genitive case, or **чем** can be used.

| | |
|---|---|
| Это платье моднее, чем твоё | *This dress is more modern than yours* |
| Это платье моднее твоего | *This dress is more modern than yours* |

Note that if you are expressing degrees of comparison, the preposition **на** is needed:

| | |
|---|---|
| Этот свитер на размер больше | *This jumper is one size bigger* |
| Эта юбка намного лучше | *This skirt is a lot better* |

# Упражнения

## 14.1  Прочитайте и ответьте!

Complete the negative answers of the pessimist:

| | Оптимист | Пессимист |
|---|---|---|
| (*a*) | Вы всё понимаете? | (*nothing*) Нет, я \_\_\_\_ \_\_\_\_ понимаю |
| (*b*) | Вы уже знаете директора завода? | (*no one*) Нет, я здесь \_\_\_\_ \_\_\_\_ знаю |
| (*c*) | Он уже работает в больнице? | (*nowhere*) Нет, он \_\_\_\_ \_\_\_\_ работает |
| (*d*) | Вы часто ходите в театр? | (*never*) Нет, мы \_\_\_\_ \_\_\_\_ ходим в театр |
| (*e*) | Вы будете на вечере (*party*)? | (*nowhere*) Нет, мы \_\_\_\_ \_\_\_\_ идём |

**14.2   Посмотрите и ответьте!**

Look at the advertisement for unusual tourist excursions and answer the questions:

(*a*) What sort of transport is being offered for trips to the **«Золотое кольцо»** and the centre of Suzdal'?

(*b*) What two kinds of transport does **Москва-тур** offer for its major tours to Smolensk, Novgorod, Pskov, etc.?

(c)  Name the four other activities on offer apart from sightseeing.

---

| | | |
|---|---|---|
| **вертолёт**  *helicopter*  **ло́шадь** (f.) *horse* | **предлага́ть/предложи́ть** *to offer* |
| **дегуста́ция**  *tasting*  **са́уна**  *sauna* | **представле́ние** *performance* |

---

**14.3   Прочитайте и ответьте!**

You are buying a fur hat. Complete your part of the conversation with the assistant:

| | |
|---|---|
| (a) **Вы** | Say excuse me, please, do you have any fur hats. |
| **Продавщица** | Коне́чно. Вот они́. |
| (b) **Вы** | Ask her to show you that fur hat … over there, on the left. |
| **Продавщица** | Пожа́луйста. |
| (c) **Вы** | Ask if you can try it on. |
| **Продавщица** | Пожа́луйста. |
| (d) **Вы** | Say you think it's too big |
| **Продавщица** | Да, мо́жет быть вы пра́вы. Како́й у вас разме́р? |
| (e) **Вы** | Say 54th. |
| **Продавщица** | Ну, вот ваш разме́р. Хоти́те приме́рить э́ту ша́пку? |
| (f) **Вы** | Say yes, please. |
| **Продавщица** | Да, по-мо́ему э́то лу́чше. |
| (g) **Вы** | Say yes, you're right. Say you'll take this one. |
| **Продавщица** | Пожа́луйста. |

**14.4   Прочитайте и ответьте!**

Look at the following information about shops situated near the stations of Moscow's Circle Line and answer the questions:

# МОСКВА – СПРАВКА
# МЕТРОПОЛИТЕН
# МАГАЗИНЫ

**Кольцевая линия**

| | |
|---|---|
| Станция метро Краснопресненская | – «Олимп» (спорттовары), «Товары для детей», «Универмаг Краснопресненская» |
| Станция метро Киевская | – «Русский сувенир», «Обувь», «Товары для дома». |
| Станция метро Таганская | – «Цветы», «Обувь», «Товары для детей», «Мужская одежда» |
| Станция метро Новослободская | – «Молодость» (детская одежда), «Обувь», «Универмаг» |

(*a*) How many department stores are accessible from the Circle Line?

(*b*) Which different clothes shops are mentioned?

(*c*) At which metro station would you have to get off if you wanted to buy household items?

(*d*) How many shoe shops are mentioned?

---

**де́тский** (adj.) *children's*    **мужско́й** (adj.) *men's*

---

## 14.5 Прочитайте и ответьте!

Complete the phrases below:

1 _____ вы идёте сейчас?    (*a*) Как

2 _____ вам нравится этот костюм?    (*b*) Сколько

3 _____ вы обычно делаете покупки? (*c*) Куда

4 _____ у вас размер?    (*d*) Какой

5 _____ стоит этот свитер?    (*e*) Где

---

**де́лать/сде́лать поку́пки**    *to do the shopping*

## 14.6 Прочитайте и напишите!

Read the information about each person, then make up sentences to describe their preferences:

| | | | |
|---|---|---|---|
| (a) | Виктор | голубая рубашка | модный | белая рубашка |
| (b) | Маша | чёрная юбка | красивый | красная юбка |
| (c) | Вадим | зелёный свитер | дешёвый | чёрный свитер |
| (d) | Ира | красное платье | яркий | серое платье |
| (e) | Сергей | новый галстук (tie) | весёлый | старый галстук |

(a) Виктор предпочитает голубую рубашку, потому что она моднее белой рубашки.

## 14.7 Прочитайте и ответьте!

Read this passage about Alla, then answer the questions.

В свободное время Алла очень любит читать романы. Она думает, что это интереснее, чем смотреть телевизор. Обычно она читает романтические книги, но вчера в книжном магазине она купила более серьёзную книгу – биографию. Надо сказать, что ей не очень нравится эта книга. Она думает, что это скучнее, чем романы. Она часто ходит в книжный магазин – иногда два раза в неделю. Завтра она ещё раз пойдёт в книжный магазин, потому что она хочет купить более интересную книгу.

---

**биогра́фия** *biography* **кни́жный магази́н** *bookshop* **рома́н** *novel*

---

(a) Что Алла любит делать в свободное время?
(b) Какие книги она предпочитает?
(c) Что она купила вчера?
(d) В каком магазине можно купить книги?

Now answer these questions about yourself:

(a) Вы думаете, что интереснее смотреть телевизор или читать книги?
(b) Какие романы вы предпочитаете? Романтические, исторические ... или вы предпочитаете биографии?
(c) Вы часто ходите в книжный магазин?

# Всё понятно?

## 1   Разговор

**Прочитайте разговор и ответьте на вопросы**

Vadim has gone to the department store to buy a suit.

| | |
|---|---|
| **Продавщица** | Вам помо́чь? |
| **Вадим** | Я ищу́ костю́м. |
| **Продавщица** | Како́го цве́та? |
| **Вадим** | У вас есть тёмно-си́ние? |
| **Продавщица** | Есть ... то́лько вы́бор не о́чень большо́й. Како́й у вас разме́р? |
| **Вадим** | Я не уве́рен. Пятидеся́тый, ка́жется. |
| **Продавщица** | Гм, посмо́трим ... Есть чёрный пятидеся́того, и́ли тёмно-си́ний пятьеся́т второ́го разме́ра. Вы хоти́те приме́рить их? |
| **Вадим** | Да, пожа́луйста ... (*tries them on*) ... Вам не ка́жется, что тёмно-си́ний костю́м мне вели́к? |
| **Продавщица** | Нет, наоборо́т, тёмпо-си́ний вам о́чснь идёт, а чёрный, по-мо́ему, мал. |
| **Вадим** | Ско́лько сто́ит тёмно-си́ний костю́м? |
| **Продавщица** | Две́сти пятьдеся́т ты́сяч рубле́й. |
| **Вадим** | Ой, о́чень до́рого! |
| **Продавщица** | Да, до́рого. Но зато́ о́чень краси́вый шерстя-но́й костю́м. |
| **Вадим** | Да, вы пра́вы ... хорошо́, я возьму́ тёмно-си́ний костю́м. |
| **Продавщица** | Э́то всё? |
| **Вадим** | Нет. У вас есть бе́лые руба́шки? |
| **Продавщица** | Да, ... вот бе́лые руба́шки по со́рок ты́сяч рубле́й. Како́й разме́р? |
| **Вадим** | Сороково́й, со́рок второ́й ... я не уве́рен ... что вы сове́туете? |
| **Продавщица** | Я вам рекоменду́ю со́рок второ́й. |
| **Вадим** | Хорошо́ ... Я возьму́ тёмно-си́ний костю́м и одну́ бе́лую руба́шку. Ско́лько с меня́? |
| **Продавщица** | С вас две́сти девяно́сто ты́сяч рубле́й. |

| | |
|---|---|
| я ищу́ (иска́ть: ищу́, и́щешь ... и́щут) | to look for |
| вы́бор | choice |
| сороково́й | fortieth |
| наоборо́т | on the contrary |
| зато́ | on the other hand |
| шерстяно́й | wool(len) |
| девяно́сто | ninety |

1 Вадим хочет купить

(a) тёмно-синий свитер
(b) чёрный костюм
(c) серый костюм
(d) тёмно-синий костюм

2 Продавщица говорит, что

(a) чёрный костюм широк
(b) чёрный костюм велик
(c) чёрный костюм мал
(d) чёрный костюм узок

3 Вадим покупает костюм, потому что

(a) он дорого стоит
(b) это красивый костюм
(c) это дешёвый костюм

4 Вадим покупает также

(a) красный галстук
(b) чёрную руба́шку
(c) белую рубашку

## 2 Чтение

Прочитайте текст и ответьте на вопросы по-английски:

(a) What is the relationship of Viacheslav and Egor Zaitsev?
(b) Where did Egor study?
(c) In which countries is Egor Zaitsev already famous?
(d) What is Viacheslav's preference in fashion?
(e) To what does Egor compare fashion?
(f) What does Egor consider Viacheslav to be?

В Москве́ есть я́ркая, тала́нтливая дина́стия модельѐров – широко́ изве́стный Вя́чеслав За́йцев и его́ сын, Е́гор. По́сле оконча́ния Моско́вского тексти́льного институ́та Е́гор пошёл рабо́тать к отцу́.

Клие́нты и посети́тели Моско́вского до́ма мо́ды на проспе́кте Ми́ра уже́ хорошо́ зна́ют его́ моде́ли. Зна́ют его́ моде́ли та́кже и в Япо́нии, Австра́лии, И́ндии ... везде́, где моде́ли мла́дшего За́йцева бы́ли вме́сте с колле́кциями отца́.

Вя́чеслав За́йцев бо́льше всего́ лю́бит кла́ссику: «Класси́ческий костю́м прове́рен вре́менем, э́то не мо́да, а стиль».

Éгор счита́ет, что мо́да – э́то иску́сство, сродни́ му́зыке и́ли жи́вописи. Он занима́ется молодёжной мо́дой. Éсли осно́ва моделе́й ста́ршего За́йцева англи́йский костю́м, то мла́дший предпочита́ет аванга́рд. Одна́ко, оте́ц для Éгора – учи́тель и постоя́нный приме́р.

(ОГОНЁК)

| | | | |
|---|---|---|---|
| **аванга́рд** | *avant-garde* | **оконча́ние** | *finishing,* |
| **вме́сте с** (+ instr.) | *together with* | | *graduation* |
| **дина́стия** | *dynasty* | **осно́ва** | *basis, foundation* |
| **жи́вопись** (f.) | *painting* | **посети́тель** (m.) | *visitor* |
| **клие́нт** | *customer* | **постоя́нный** | *constant* |
| **колле́кция** | *collection* | **приме́р** | *example* |
| **мо́да** | *fashion* | **прове́рен** | *tested, checked* |
| **моде́ль** (f.) | *model* | **сродни́** (+ dative) | *related to* |
| **модельер** | *modeller, fashion* | **стиль** (m.) | *style* |
| | *designer* | **тексти́льный** | *textile* (adjective) |
| **молодёжный** | *young people's* | | |
| | (adjective) | | |

# 15  С днём рождения!
## *Happy Birthday!*

The aim of this unit is to teach you how to talk about dates, how to say when and where you were born and state your age. You will also learn to ask other people about their age, place and date of birth. You will also learn how to greet people on special occasions.

## Диалог

Ira has taken Anna to Volodya's birthday celebrations.

| | |
|---|---|
| **Ира** | Воло́дя, приве́т. С днём рожде́ния! Жела́ю тебе́ всего́ са́мого наилу́чшего, ... сча́стья, здоро́вья и успе́хов во всех твои́х дела́х! |
| **Анна** | С днём рожде́ния, Воло́дя! |
| **Володя** | Спаси́бо. Пожа́луйста, входи́те! |
| **Ира** | Вот тебе́ пода́рок ... извини́, э́то не о́чень оригина́льно! |
| **Володя** | Ну, что ты, И́ра ... мне о́чень нужны́ носки́. |
| **Анна** | А вот пода́рок от меня́ ... наде́юсь, что он тебе́ понра́вится – э́то кни́га об изве́стных англи́йских спортсме́нах. Я зна́ю, что ты лю́бишь спорт. |
| **Володя** | Спаси́бо большо́е, А́нна. Я о́чень люблю́ чита́ть таки́е кни́ги. (*Starts leafing through book.*) |
| **Ира** | Ну, Воло́дя, мы бу́дем весь ве́чер стоя́ть в прихо́жей, что ли? Где же шампа́нское, где заку́ски? |
| **Володя** | Пожа́луйста, проходи́те в гости́ную. Там всё есть. |
| **Ира** | (*sips champagne*) ... Хоро́шее шампа́нское ... Я предлага́ю тост за Воло́дю! |
| **Анна** | За Воло́дю! |

| | |
|---|---|
| **Ира** | Скажи, Володя, если не секрет, сколько тебе лет? |
| **Володя** | Мне? Ну, лет тридцать. |
| **Ира** | Если я не ошибаюсь, тебе уже тридцать семь лет ... ведь ты на три года старше меня ... значит ты родился в каком году? |
| **Володя** | (*sighs*) В пятьдесят четвёртом. |
| **Анна** | (*embarrassed*) Тебе легко даётся математика, Ира! ... А где ты родился, Володя? |
| **Володя** | На Украине, в Киеве ... Ну, всё обо мне. Какого числа твой день рождения, Анна? |
| **Анна** | Восьмого марта. |
| **Ира** | Восьмого марта! ... Ты ведь знаешь, что это у нас праздник? |
| **Анна** | Нет, не знала. Какой это праздник? |
| **Ира** | Это международный женский день. В этот день женщинам делают много комплиментов, дарят им цветы, подарки. |
| **Анна** | Правда? ... Ира, ты права, шампанское очень вкусное ... |
| **Володя** | Да, в бутылке есть ещё немножко ... передай мне твой бокал, Анна! |

| | |
|---|---|
| **С днём рождения** | *Happy Birthday!* |
| **Желаю тебе всего самого наилучшего** | *I wish you all the very best* |
| **счастье** | *happiness* |
| **успех** | *success* |
| **входить/войти** | *to enter, come/go in* |
| **оригинально** | *original* |
| **носки (носок)** | *socks (sock)* |
| **надеяться** | *to hope* |
| **об известных английских спортсменах** | *about famous English sportsmen* |
| **прихожая** | *(entrance) hall* |
| **что ли?** | *eh? perhaps?* |
| **проходить/пройти** | *to go through, past* |
| **тост за** (+ accusative) | *toast to* |

| | |
|---|---|
| секре́т | *secret* |
| ско́лько тебе́ лет? | *how old are you?* |
| ошиба́ться/ошиби́ться | *to make a mistake* |
| ты роди́лся (роди́ться) | *you were born (to be born)* |
| тебе́ легко́ даётся матема́тика | *you're good at maths* (lit. *maths gives itself to you easily*) |
| обо мне | *about me* |
| како́го числа́ (число́) | *on what date?* (*date*) |
| ма́рт | *March* |
| пра́здник | *holiday, festive occasion* |
| междунаро́дный же́нский день | *International Women's Day* |
| же́нщина | *woman* |
| комплиме́нт | *compliment* |
| дари́ть/подари́ть | *to give as a present* |
| передава́ть/переда́ть | *to pass, pass on* |

# Примечания

## Пра́здник

International Women's Day is one of a range of major public holidays celebrated in Russia – New Year (**Но́вый год**), Labour Day (1st May), and Victory Day (9th May, marking the end of the 'Great Patriotic War' i.e. the Second World War). There is also an impressive range of special days to mark the work of particular professions – e.g. Day of the Teacher (6th October), Day of the Medical Worker (16th June), Fisherman's Day (15th July). Russian is rich in greetings, but perhaps the most useful (to cover all occasions!) is **С пра́здником!** (literally *with the holiday* – actually a shortened form of *I congratulate you upon the holiday*, **Поздравля́ю вас с пра́здником!**). Similar constructions are used for *Happy New Year* (**С Но́вым го́дом!**), *Welcome* – after a journey – (**С прие́здом!**) and, of course, **С днём рожде́ния!**

## Вопросы:

**1  Правда или неправда?**

(*a*)  Ира дарит Володе носки.
(*b*)  Володя моложе Иры.
(*c*)  Володя родился в Москве.
(*d*)  Анна родилась восьмого марта.
(*e*)  Анна любит шампанское.

**2  Ответьте на вопросы!**

(*a*)  Почему Анна дарит Володе книгу об известных спортсменах?
(*b*)  Какой тост Ира предлагает?
(*c*)  Сколько лет Володе?
(*d*)  Где он родился?
(*e*)  Какой праздник восьмого марта?

# Внимание!

How to:

1  *Greet people on special occasions.*

[Поздравляю тебя/вас] с праздником!
С днём рождения!
Желаю тебе/вам всего самого наилучшего!

2  *Ask on what date.*

Какого числа?

3  *Ask when a person was born.*

Когда ты родился/ты родилась/вы родились?
В каком году ты родился/ты родилась/вы родились?

4  *Ask where a person was born.*

Где ты родился/ты родилась/вы родились?

5  *Seek and give information about age.*

Сколько тебе/вам лет?
Мне тридцать семь лет.

6  *Ask about a special occasion.*

Какой это праздник?

# Почему это так?

## 1  Prepositional case

In the phrase **об известных английских спортсменах** the preposition plural of the adjectives (**известный** and **английский**) and noun (**спортсмён**) is used. Note that **об** (not **о**) is used before a word beginning with a vowel; note also **обо мне** (*about me*) and **обо всём** (*about everything*).

The prepositional plural of nouns is formed as follows, irrespective of gender:

Add **-ах** (to all nouns ending in consonant, **-а**, **о**) or **-ях** (to all others). The prepositional plural of adjectives is formed by adding **-ых** unless the stem of an adjective ends in **г, к, х, ж, ч, ш, щ**, in which case add **-их**:

В больши́х ру́сских города́х   *In large Russian towns*
В э́тих ста́рых кни́гах   *In these old books*
Он говори́л о но́вых учителя́х   *He was talking about the
new teachers*
В твои́х интере́сных пи́сьмах   *In your interesting letters*

## 2  Dates

Months of the year in Russian are as follows:

| | | | |
|---|---|---|---|
| янва́рь | апре́ль | ию́ль | октя́брь |
| февра́ль | май | а́вгуст | ноя́брь |
| март | ию́нь | сентя́брь | дека́брь |

Note that months are written with a small letter in Russian (except
at the beginning of a sentence) and that **all** the months are
masculine. To say *in* a month, simply use **в** + prepositional:

в январе́ (*in January*)   в ма́рте (*in March*)
в а́вгусте (*in August*)

Note that **янва́рь, февра́ль, сентя́брь, октя́брь, ноя́брь, де-
ка́брь** are all stressed on the last syllable in the prepositional case,
e.g.: **в январе́.**

Ordinal numerals (see unit 9) are used when talking about specific
dates – i.e. Russian, like English, talks about the 18th (i.e. ordinal
numeral) of October (i.e. genitive case) – **восемна́дцатое октяб-
ря́.** The neuter form of the ordinal is used because the word for
date – **число́** – is understood, but not stated. To say *on* a date, put
the ordinal into the genitive case:

Како́е сего́дня число́? – Сего́дня восемна́дцатое октяб-
ря́   *What is the date today? – Today it is the 18th of October*

Како́го числа́ ваш день рожде́ния? – Два́дцать седьмо́го
февраля́   *On what date is your birthday – On the 27th of
February*

The ordinal numerals are also important if you want to talk about
a particular year. For 1991, for example, what Russian says
literally is *the one thousand, nine hundred and ninety-first year*:

тысяча девятьсот девяносто пе́рвый год. If you want to say in what year something happened, then в + prepositional is used, but only the very last digit (i.e. the ordinal numeral) has to be put into the prepositional case:

> В како́м году́ А́нна познако́милась с И́рой? В ты́сяча девятьсо́т девяно́сто пе́рвом году́ *In what year did Anna meet Ira? In 1991*

A simpler way of expressing the year in writing is:

> 1991 г  *1991*          В 1991-ом году́  *in 1991*

> В апре́ле 1991-ого го́да  *In April 1991* – i.e. *in April of the 1991st year*

## 3  Time expressions

Note the different ways in which units of time are treated in Russian:

(*a*) If you are dealing with units of time from a second to a day, use в + accusative case:

| | |
|---|---|
| в э́тот моме́нт | *at this/that moment* |
| в час | *at one o'clock* |
| в пя́тницу | *on Friday* |

(*b*) If you are dealing with a week, на + prepositional must be used:

| | |
|---|---|
| на э́той неде́ле | *this week* |
| на про́шлой неде́ле | *last week* |
| на бу́дущей неде́ле | *next week* |

(*c*) As we saw in section 2 above, months and years take в + prepositional case:

| | |
|---|---|
| в декабре́ | *in December* |
| в како́м ме́сяце? | *in which month?* |
| в э́том году́ | *this year* |

## 4  Verbs of motion

In the dialogue we saw two verbs which look very similar: входи́ть (*to enter, go in*) and проходи́ть (*to go past, through*).

These are two of a very useful family of verbs of motion whose special feature is that prefixes are used to give more specific meanings (e.g. *to go in, to go as far as*, etc.). These verbs have one imperfective form, ending in **-ходить** and a perfective ending in **-йти**. With prefixed verbs of motion it is important to remember both the meaning of the prefix and the preposition most likely to be used after the verb; e.g. **входить/войти** means *to go into* and this is usually followed by **в** + accusative:

Он открывáет дверь и вхóдит в библиотéку   *He opens the door and goes into the library*

The most important prefixed verbs of motion include the following (note that the perfective future and perfective past are formed like the future and past of **идти**):

| | | |
|---|---|---|
| to approach | подходить/подойти к + dative | Официáнт подошёл к нáшему стóлику *The waiter approached our table* |
| to arrive, come | приходить/прийти в + accusative | Я надéюсь, что он вóвремя придёт! *I hope that he will arrive on time!* |
| to cross | переходить/перейти чéрез + accusative | Он бы́стро перехóдит чéрез ýлицу *He quickly crosses the street* |
| to enter | входить/войти в + accusative | Врач вошёл в кóмнату *The doctor entered the room* |
| to exit | выходить/вы́йти из + genitive | Тури́сты сейчáс выхóдят из музéя *The tourists are going out of the museum now* |
| to get off | сходить/сойти с + genitive | Все дéти сойдýт с автóбуса *All the children will get off the bus* |
| to leave | уходить/уйти из + genitive | Волóдя ужé ушёл *Volodya has already left* |
| to pass | проходить/пройти ми́мо + genitive | Онá всегдá прохóдит ми́мо шкóлы *She always goes past the school* |
| to pop into | заходить/зайти в + accusative к + dative | Я обы́чно захожý в универсáм *I usually pop into the supermarket* Вчерá Волóдя зашёл к Вади́му *Yesterday Volodya popped into Vadim's* |

# Упражнения

### 15.1 Прочитайте и ответьте!

Match the question with the answer:

| | | | |
|---|---|---|---|
| 1 | Как вас зовут? | (*a*) | Идёт снег. |
| 2 | Когда вы родились? | (*b*) | Двадцать первое сентября. |
| 3 | Где вы живёте? | (*c*) | В три часа. |
| 4 | Кем вы работаете? | (*d*) | В 1964-ом году. |
| 5 | Какое сегодня число? | (*e*) | Виктор. |
| 6 | Какая сегодня погода? | (*f*) | Учителем. |
| 7 | Во сколько отходит поезд? | (*g*) | В Новосибирске. |

(Note: **Кем** (instr. of **кто**) **вы работаете?** – lit. *As whom do you work?*)

### 15.2 Посмотрите и ответьте!

Look at the three cards below and explain what each one is for:

С новым годом!

## 15.3 Прочитайте и напишите:

Read the following paragraph about **Валентина Сергеевна Яблокова**:

Валентина Сергеевна Яблокова русская, родилась в Новгороде 15-ого января 1938-ого года. Валентина живёт в Санкт-Петербу́рге, где она работает врачом.

Now look at the following information and use it to write a paragraph like the one above:

| | |
|---|---|
| Фамилия: | Быков |
| Имя, отчество: | Олег Петрович |
| Национальность: | русский |
| Дата рождения: | 12-ого апреля 1972-ого года |
| Место рождения: | Ялта |
| Местожительство: | Краснодар |
| Профессия: | учитель |

**о́тчество** *patronymic*     **местожи́тельство** *place of residence*

## 15.4 Прочитайте и ответьте!

Complete the sentences with an appropriate phrase from the list which follows:

(*a*) Английские туристы очень любят обедать в ——————— .

(*b*) Анатолию очень нравится ——————— .

(*c*) Официант рекомендует ——————— грибы со сметаной.

(*d*) В ——————— есть очень интересные картины.

(*e*) Извините, у нас сегодня нет ——————— .

(*f*) Они живут в ——————— .

| | |
|---|---|
| больших ресторанах | новых квартирах |
| иностранным туристам (*foreign*) | русских музеях |
| книга о спортсменах | свежего (*fresh*) |
| молока | |

**15.5 Прочитайте и ответьте!**

You have gone to see the doctor, who is filling in a form with all your details. Complete your part of the dialogue:

|  | **Врач** | Как ваша фамилия? |
|---|---|---|
| (a) | **Вы** | Say that your surname is Brown. |
|  | **Врач** | Национальность? |
| (b) | **Вы** | Say that you are English. |
|  | **Врач** | Дата рождения? |
| (c) | **Вы** | Say you were born on 8th August 1945. |
|  | **Врач** | Где вы родились? |
| (d) | **Вы** | Say that you were born in Leeds, in the north of England. |
|  | **Врач** | А где вы теперь живёте? |
| (e) | **Вы** | Say that you live in the south of England now, in Brighton. |
|  | **Врач** | Кем вы работаете? |
| (f) | **Вы** | Say that you work as a journalist. |

**15.6 Прочитайте и напишите!**

Tamara Smirnova has a very busy schedule and always keeps a list of jobs to be done and appointments (and, in brackets, with whom she has an appointment). Look at her list for next week, then answer the questions which follow.

| **Понедельник** | 9 ч. пойти к зубному врачу (*dentist*) (Таня)/вечером позвонить маме |
|---|---|
| **Вторник** | 9 ч. совещание (у директора)/16 ч пойти в бассейн (Алла) |
| **Среда** | утром – свободна/19 ч. пойти в кинотеатр (Борис) |
| **Четверг** | утром – приготовить контракт!/после обеда написать отчёт (*report*) для директора/вечером к Наташе |
| **Пятница** | 10 ч. позвонить директору итальянской компании/20 ч пойти на вечер (Люда) |
| **Суббота** | утром делать покупки/2 часа поехать за город (Борис)/вечером пойти в спортзал (Вадим) |
| **Воскресенье** | днём – гости/вечером – в театр (Максим) |

(*a*)  Какие у неё планы на понедельник утром? – Она пойдёт к зубному врачу с Таней.
(*b*)  Какие у неё планы на вторник (днём) (*in the afternoon*)?
(*c*)  Какие у неё планы на среду (вечером)?
(*d*)  Какие у неё планы на четверг (днём)?
(*e*)  Какие у неё планы на пятницу (вечером)?
(*f*)  Какие у неё планы на субботу (днём)?
(*g*)  Какие у неё планы на воскресенье (вечером)?

## 15.7   Прочитайте и ответьте!

Complete the following descriptions of Boris' movements:

Часто Борис поздно _____ (*arrives*) на работу. Дело в том, что он далеко живёт от музея, где он работает. Обычно он _____ (*goes out of*) из квартиры в 8 ч., _____ (*approaches*) к остановке и ждёт трамвая. Он _____ (*gets off*) с трамвая недалеко от музея, _____ (*crosses*) через улицу и _____ (*goes into*) в музей. Он тихо _____ (*passes*) мимо кабинета директора и _____ (*enters*) в свой кабинет.

| | |
|---|---|
| ждать (жду, ждёшь ... ждут) | *to wait for* |
| дело в том, что | *the thing is that* |
| тихо | *quietly* |
| кабинет | *office; study* |

# Всё понятно?

## 1   Разговор

### Прочитайте разговор и ответьте на вопросы

Valentina and Oleg are deciding how best to celebrate their daughter's birthday.

| | |
|---|---|
| **Валентина** | На бу́дущей неде́ле день рожде́ния Ма́ши. Ты уже́ поду́мал об э́том? |
| **Олег** | Я не понима́ю, почему́ на́до об э́том ду́мать! Ведь мы, коне́чно, ку́пим ей пода́рок, пригласи́м друзе́й на ве́чер. Всё о́чень про́сто. |
| **Валентина** | Ну что ты, Оле́г, э́то далеко́ не просто́е де́ло! Что и́менно на́до купи́ть ей? Кого́ и́менно на́до пригласи́ть на ве́чер? |
| **Олег** | Ты же намно́го лу́чше меня́ понима́ешь, что на́до купи́ть! |
| **Валентина** | Мо́жет быть, но на э́той неде́ле я так занята́! Помоги́ мне, пожа́луйста! |
| **Олег** | Ну, насчёт пода́рка не беспоко́йся … я куплю́ ей духи́ и́ли пласти́нки. |
| **Валентина** | Спаси́бо. А кого́ пригласи́ть? |
| **Олег** | Са́шу, коне́чно, да … и А́ню, и … |
| **Валентина** | Мину́точку! Я запи́сываю … |
| **Олег** | И Све́ту, и Бо́рю … |
| **Валентина** | А почему́ Бо́рю? Он мне не о́чень нра́вится. |
| **Олег** | Мо́жет быть, но он так хорошо́ игра́ет на гита́ре … с ним бу́дет веселе́е. |
| **Валентина** | Ла́дно … а ещё пробле́ма: на́до купи́ть хоро́шее шампа́нское, а у меня́ так ма́ло вре́мени … |
| **Олег** | Не беспоко́йся об э́том. Я куплю́ шампа́нское, а ты пригото́вишь заку́ски. Договори́лись, да? |
| **Валентина** | Договори́лись. Спаси́бо тебе́ за по́мощь, Оле́г. |

| | |
|---|---|
| **духи́** (m.) | *perfume* |
| **запи́сывать/записа́ть** | *to note down* |
| **и́менно** | *precisely, namely* |
| **насчёт** (+ gen.) | *as regards, concerning* |
| **пласти́нка** | *record* |
| **по́мощь** (f.) | *help* |

1  День рождения Маши

(*a*) на этой неделе
(*b*) на будущей неделе

3  Олег купит Маше

(*a*) книгу о спортсменах
(*b*) носки

(c)  на прошлой неделе

(d)  через неделю

(c)  духи или пластинки

(d)  гитару

2  Олег считает, что

(a)  это не сложное дело

(b)  это очень непростое дело

(c)  надо об этом серьёзно подумать

(d)  это далеко не простое дело

4  Олег хочет пригласить Борю, потому что

(a)  Боря не нравится Валентине

(b)  Боря очень любит шампанское

(c)  Боря очень хорошо играет на гитаре

(d)  С ним будет не очень весело

## 2   Чтение

Прочитайте текст и ответьте на вопросы по-английски:

(a)  What is considered the most important purchase in preparation for New Year's Eve?

(b)  Describe Grandfather Frost.

(c)  Who usually accompanies him?

(d)  What is traditionally the first toast to be made on New Year's Eve?

(e)  What do people wish one another at midnight?

Как ру́сские встреча́ют Но́вый год? К концу́ декабря́ они́ гото́вятся к э́тому пра́зднику. На́до коне́чно купи́ть пода́рки де́тям, родны́м, друзья́м, но важне́е всего́ – купи́ть нового́днюю ёлку. Вот почему́ на ёлочных база́рах всегда́ мно́го наро́ду. И де́ти и взро́слые лю́бят украша́ть ёлку шара́ми, игру́шками, конфе́тами. Де́ти с нетерпе́нием ждут прихо́да одного́ о́чень ва́жного го́стя .. до́брого старика́, Де́да Моро́за. Дед Моро́з – стари́к с бе́лой бородо́й, в бе́лой шу́бе и с больши́м мешко́м. В мешке́, коне́чно, пода́рки для дете́й. Дед Моро́з обы́чно прихо́дит вме́сте со свое́й вну́чкой, Снегу́рочкой. Она́ то́же в бе́лой шу́бе и помога́ет Де́ду Моро́зу, когда́ он раздаёт пода́рки де́тям. Ве́чером 31-ого декабря́ взро́слые собира́ются за столо́м, предлага́ют то́сты … пе́рвый тост по тради́ции за ста́рый год. В 12 часо́в бьют Кремлёвские кура́нты. Лю́ди встаю́т, пьют шампа́нское, поздравля́ют друг дру́га с Но́вым го́дом, жела́ют друг дру́гу сча́стья, здоро́вья и успехов.

| | |
|---|---|
| бить/проби́ть (бью, бьёшь ... бьют) | *to strike* (of clock) |
| борода́ | *beard* |
| важне́е всего́ | *most important of all* |
| взро́слый | *adult* |
| вну́чка | *grand-daughter* |
| Дед Моро́з | *Grandfather Frost* (i.e. Father Christmas) |
| друг дру́га | *one another* |
| игру́шка | *toy* |
| коне́ц | *end* |
| конфе́та | *sweet* |
| Кремлёвские кура́нты | *Kremlin chimes* |
| мешо́к | *sack* |
| мно́го наро́ду | *a lot of people* |
| нетерпе́ние | *impatience* |
| нового́дняя ёлка | *New Year (fir) tree* |
| по тради́ции | *according to tradition* |
| прихо́д | *arrival* |
| раздава́ть/разда́ть | *to distribute* |
| родны́е | *relatives* |
| Снегу́рочка | *Snow Maiden* |
| собира́ться/собра́ться | *to gather* |
| стари́к | *old man* |
| сча́стье | *happiness* |
| украша́ть/укра́сить | *to decorate* |
| шар | *ball* |
| шу́ба | *fur coat* |

# 16 Было бы лучше ...
## *It would be better ...*

The aim of this unit is to teach you how to express your opinion about arrangements and events, how to indicate preference in arrangements and how to express hopes and intentions about arrangements. You will also learn how to make hypothetical statements – what *might* be the case – and how to express statements contrary to fact (what ought to be/ought to have been the case).

## Диалог

The end of Anna's stay in Moscow is approaching. Ira and Sasha are trying to agree about where to take Anna on one of her last free evenings.

| | |
|---|---|
| **Саша** | Если я не ошибаюсь, Анна будет свободна во вторник вечером. |
| **Ира** | Ты ошибаешься. Как я уже сказала, во вторник она должна пойти на лекцию о русской живописи. |
| **Саша** | Ой, как серьёзно! Бедная Анна! Значит, было бы лучше пригласить её в театр в четверг? |
| **Ира** | Да. Давай посмотрим последний номер «Театрально-концертной Москвы» ... ага, в Большом идёт опера Верди «Отелло» ... |
| **Саша** | Но она уже была с тобой в Большом на опере «Князь Игорь» – я думаю, что она бы предпочла что-нибудь полегче, посмешнее ... посмотри, в Центральном театре кукол идёт пьеса «Кот в сапогах». |
| **Ира** | Я уверена, что она бы сама выбрала комедию, которая идёт в театре имени Гоголя. |
| **Саша** | Какая это комедия? |
| **Ира** | Михаил Зощенко: «Уважаемый товарищ». |

| Саша | Да, Ирочка, может быть ты права. Смешная пьеса, должно быть. Я это записываю. А что ещё ты предлагаешь? |
|------|------|
| Ира | В Большом зале консерватории ... играет симфонический оркестр, а в Музыкальном театре идёт балет «Снегурочка». |
| Саша | Гм, на концерте симфонического оркестра было бы немножко скучно, а балет, по-моему, ей очень понравился бы. Это балет на музыку Чайковского, не правда ли? |
| Ира | Правильно. |
| Саша | Хорошо ... я постараюсь достать билеты или на комедию «Уважаемый товарищ» или на балет «Снегурочка», на четверг. |
| Ира | Всё правильно. Желаю тебе успеха. |
| Саша | Спасибо ... да, действительно, было бы лучше, если бы мы об этом подумали пораньше. |
| Ира | Да, это правда. Мы должны были бы достать билеты до этого. Ничего. Будем надеяться на лучшее. Позвони мне, как только достанешь билеты! |

| | |
|------|------|
| лекция | *lecture* |
| серьёзно (серьёзный) | *serious* |
| бедная (бедный) | *poor* |
| было бы лучше | *it would be better/it would have been better* |
| последний номер | *latest edition* |
| «Князь Игорь» | *Prince Igor* |
| предпочла бы | *she would prefer* |
| что-нибудь | *something* |
| полегче (лёгкий) | *a bit lighter* (*light*) |
| посмешнее (смешной) | *a bit more amusing* (*amusing*) |
| «Кот в сапогах» | *Puss in Boots* |
| кукольный театр | *puppet theatre* |
| комедия | *comedy* |
| она бы сама выбрала | *she herself would choose* |
| которая (который) | *which* |
| театр имени Гоголя | *Gogol Theatre* |

| уважа́емый | respected |
| должно́ быть | probably (lit. *it must be*) |
| не пра́вда ли? | *isn't that right?* |
| пра́вильно | right, correct |
| постара́юсь | *I'll try (to try)* |
| (стара́ться/постара́ться) | |
| и́ли ... и́ли | *either ... or* |
| действи́тельно | really |
| достава́ть/доста́ть (доста́ну, | to get, obtain |
| доста́нешь) | |
| пора́ньше | *a bit sooner* |
| бу́дем наде́яться на лу́чшее | *let's hope for the best* |
| как то́лько | *as soon as* |

# Примечания

## «Театра́льно-конце́ртная Москва́»

This is a very useful weekly publication for lovers of concerts, circus, drama, ballet, musicals, and opera; it gives details of the week's programme of performances (**програ́мма спекта́клей**) and also includes feature articles on new productions and individual performers. The most famous Moscow theatres include the Bolshoi, the Moscow Arts Theatre (**МХАТ**) and the Taganka Theatre of Drama and Comedy. Many theatres and concert halls are named after famous writers, composers and directors – this is indicated by the letters **им.** (an abbreviation of **и́мени**, *of the name of*) – thus **Конце́ртный зал им. П.И.Чайко́вского, Теа́тр и́мени Н.В.Го́голя, Драмати́ческий теа́тр и́мени К.С.Станисла́вского.** The central puppet theatre is named after Alexander Pushkin, usually regarded as Russia's greatest poet.

## И́рочка

When Sasha addresses Ira in this way he is using a diminutive form of her name. Spoken Russian makes considerable use of diminutive forms; sometimes the diminutive indicates affection or endearment; thus, for example, **мать** (*mother*) becomes **ма́ма, мам** or

**ма́мочка.** The use of diminutives is frequent with first names – here are some typical examples:

| Full name | Diminutives |
|---|---|
| Алекса́ндр | Са́ша, Шу́ра, Са́шенька, Шу́рочка |
| Бори́с | Бо́ря, Бо́ренька |
| Влади́мир | Воло́дя, Во́ва, Воло́денька, Во́вочка |
| Еле́на | Ле́на, Ле́ночка |
| Ири́на | Йра, Йрочка, Ири́ша |
| Ната́лья | Ната́ша, Ната́шенька |
| О́льга | О́ля, О́ленька |

Requests and statements which use diminutives sound gentler, because they tend to imply that the request is only a small one or that the opinion not too harsh; some useful diminutives in this context are:

| | |
|---|---|
| Да́йте, пожа́луйста, кусо́-чек сы́ра | *Give me a piece of cheese, please* (**кусо́к**, *a piece*) |
| Бы́ло немно́жко ску́чно | *It was a bit boring* (**немно́го**, *a little*) |

The diminutive of nouns is commonly used when talking with or about children; the most common diminutive ending for masculine nouns is **-ик** and for feminine nouns **-ка** or **-очка**.

# Вопросы:

## 1   Правда или неправда?

(a)  Анна будет свободна во вторник вечером.
(b)  Саша думает, что будет скучно на лекции о живописи.
(c)  У Иры нет последнего номера «Театрально-концертной Москвы».
(d)  «Уважаемый товарищ» – комедия.
(e)  «Снегурочка» – опера на музыку Чайковского.
(f)  Саша думает, что трудно (*difficult*) будет достать билеты на четверг.

## 2   Ответьте на вопросы:

(a)  Когда Анна будет свободна?

(*b*) Что идёт в Большом театре?

(*c*) В каком театре идёт «Кот в сапогах»?

(*d*) Почему Саша не хочет пойти на концерт в консерваторию?

(*e*) Когда Саша должен позвонить Ире?

# Внимание!

How to:

1 *Ask and state when someone will be free.*

Когда́ она́ бу́дет свобо́дна?
Она́ бу́дет свобо́дна в четве́рг.

2 *Indicate preference in arrangements.*

Бы́ло бы лу́чше …

3 *Make hypothetical statements – what might be the case.*

Она бы предпочла́ …
Смешно́, должно́ быть …
Ей понра́вился бы …
Бы́ло бы немно́жко ску́чно …

4 *Express statements contrary to fact (what ought to have been done).*

Бы́ло бы лу́чше, е́сли бы мы об э́том поду́мали пора́ньше.
Мы должны́ бы́ли бы доста́ть биле́ты до э́того.

5 *Express intentions and hope.*

Я постара́юсь …
Бу́дем наде́яться на лу́чшее

# Почему это так?

## 1 Кото́рый

This means *who* or *which* (it is a relative pronoun). It is always preceded by a comma and its endings work like those of an adjective. The important point to remember is that **кото́рый** must agree with the noun it refers to in number (singular or plural?) and gender (masculine, feminine or neuter?), but its case is determined by what follows:

> *Olga, who works at the museum, is 5 years older than me*
> Óльга, котóрая рабóтает в музéе, на пять лет стáрше меня́

In this sentence, **котóрая** has a feminine singular adjective ending because **Óльга** is feminine singular, and it is in the nominative because *who* here is the subject of *to work* (it is the subject of the relative clause).

> Óльга, котóрую вы ужé знáете, рабóтает в музéе
> *Olga, whom you already know, works at the museum*

In this sentence, **котóрую** is once again a feminine singular adjective, but this time it is in the accusative case, because here it is the object of the verb *to know*.

> Óльга, с котóрой вы познакóмились на лéкции, пригласи́ла нас в теáтр
> *Olga, whom you met at the lecture, has invited us to the theatre*

In this sentence, **котóрой** is the feminine singular instrumental form after the preposition **с** (**познакóмиться с** + instrumental, *to become acquainted with, to meet*).

Take care not to confuse **котóрый** and **какóй** – the latter means *which* or *what* but is only used in questions and exclamations:

| | |
|---|---|
| В какóм теáтре идёт «Снегýрочка?» | *At which theatre is the 'Snow Maiden' on?* |
| Какáя интерéсная пьéса! | *What an interesting play!* |

## 2  Soft adjectives

A soft adjective is one whose masculine singular ends in **-ий**, for no apparent reason – i.e. the stem of the adjective does not end in a letter (**г,к,х,ж,ч,ш,щ**) which would prevent **-ый** being used. The vast majority of soft adjectives have a masculine singular ending in **-ний**, such as **послéдний** (*last, most recent*). The nominative forms of a soft adjective are:

| Masculine singular: | после́дний авто́бус | the last bus |
| Feminine singular: | после́дняя страни́ца | the last page |
| Neuter singular: | после́днее письмо́ | the last letter |
| Plural: | после́дние изве́стия | the latest news |

In the accusative, genitive, dative, instrumental and prepositional (like the possessive adjectives **мой, твой, наш, ваш**) soft adjectives take the alternative adjectival endings – i.e. the **н** at the end of the stem is never followed by **ы**, but always by **и**; it is never followed by **о**, but always by **е**:

**дома́шний** (*domestic*):　По суббо́там обы́чно она́ занима́ется дома́шним хозя́йством
　　　　　　　　　　　*She's usually busy with housework on Saturdays*

**ра́нний** (*early*):　Он всегда́ е́здит на рабо́ту ра́нним по́ездом
　　　　　　　　　*He always travels to work on the early train*

**си́ний** (*dark blue*):　Сего́дня она́ в си́ней ю́бке и си́ней блу́зке
　　　　　　　　　　*She's wearing a dark blue skirt and blouse today*

**вече́рний** (*evening*):　Он всегда́ чита́ет вече́рнюю газе́ту.
　　　　　　　　　　　*He always reads the evening paper*

Note that many soft adjectives are connected with time: e.g.

| дре́вний | (*ancient*) |
| весе́нний | (*spring*) |
| зи́мний | (*winter*) |
| ле́тний | (*summer*) |
| осе́нний | (*autumn*) |
| по́здний | (*late*) |
| сего́дняшний | (*today's*) |

## 3　Как то́лько

This phrase means *as soon as*; remember that in English this can hide a future meaning – *I will ring you as soon as I [will] get the tickets*. In a case like this, the verb must be in the future tense in

Russian: Я тебе́ **позвоню́**, как то́лько **доста́ну** биле́ты.

## 4 Conditional

In English we have various ways of expressing the conditional:

> *I **would** read the evening paper if I had the time.*
> *She **would be** feeling better if she hadn't eaten so much caviare.*
> *He **would have** bought the tickets if he had remembered.*

In Russian there is only one form of the conditional (i.e. the same form covers *would, would be, would have*).

It is formed very simply, by adding **бы** to the past tense of the verb (either imperfective or perfective, depending on the normal rules which determine choice of aspect):

| | |
|---|---|
| Я прочита́л[а] **бы** газе́ту ... | *I would read the paper* |
| Она́ чу́вствовала **бы** себя́ лу́чше ... | *She would be feeling better ...* |
| Он купи́л **бы** биле́ты ... | *He would have bought the tickets ...* |

**Бы** usually follows the verb, but this is not a strict rule; it *can* follow any word in the sentence which requires special emphasis:

| | |
|---|---|
| Он ду́мает, что пье́са «Кот в сапога́х» смешна́я, а И́ра **бы** сказа́ла, что э́то не о́чень интере́сный спекта́кль | *He thinks that the play 'Puss in Boots' is funny, but **Ira** would say that it's not a very interesting show/performance* |

Note how Russian deals with conditions introduced by *if*; where a condition is still possible, the conditional is not used at all:

1    Е́сли +    future ............ +    future
     *If I get* [i.e. *will get*] *tickets,*    *I will ring you*

     Е́сли я доста́ну биле́ты,      я позвоню́ тебе́

If the condition is hypothetical, or no longer possible, then the conditional must be used in both halves of the sentence:

2.    Е́сли + conditional        + conditional
     *If he had got the tickets*    *he would have rung you*
     Е́сли бы он доста́л биле́ты,    он позвони́л бы тебе́

## 5    Сам

This is a determinative pronoun, meaning *self*. It declines like **этот** and is used to emphasise subject pronouns or nouns, stressing that one particular person is indicated and no other:

Она сама выбрала бы ...          *She herself would choose ...*
Он позвонил самому              *He rang the director himself*
директору

# Упражнения

### 16.1    Прочитайте и ответьте!

Fill in the gaps by choosing the appropriate form of **который** from the list below:

которого,    которой,    котором,    которую,    который,
которыми,

(a)  Пианист, _____ даёт концерт в Большом зале консерватории, известен во всём мире.

(b)  Пьеса, о _____ вы говорите, не очень смешная.

(c)  Театр, в _____ идёт опера «Князь Игорь», очень старый.

(d)  Актёр, _____ мы смотрели вчера, неплохо играл роль князя.

(e)  Туристам, с _____ мы были в театре, очень понравился балет.

(f)  Балерина, _____ вы очень любите, действительно талантлива.

### 16.2    Прочитайте и ответьте!

Read the information about Maksim and then answer the questions which follow:

Максим очень серьёзный человек. Он не очень любит музыку. Он будет свободен в пятницу вечером и он хотел бы пойти в театр, но он не знает, что идёт в пятницу. У вас есть последний номер «Театрально-концертной Москвы».

(*a*)  **На какой спектакль вы рекомендуете ему купить билет?**
(*b*)  **В каком театре идёт этот спектакль?**
(*c*)  **Во сколько начинается спектакль?**

| | **Пятница** | |
|---|---|---|
| Большой театр | «Свадьба (*wedding*) Фигаро» (опера) | 19 ч. 30 |
| Концертный зал им.П.И.Чайковского | «Вечер органной (*organ*) музыки» (Бах, Моцарт) | 20 ч. |
| Театр им.Н.В.Гоголя | «Весенний день 30 апреля» (пьеса – комедия) | 19 ч. |
| Кукольный театр | «Машенька и медведь (*bear*)» (музыкальная комедия) | 15 ч. |
| Театр драмы и комедии | «Три сестры» (пьеса) | 19 ч. 30 |
| Музыкальный театр | «Старший сын» (комическая опера) | 20 ч. |

**16.3  Прочитайте и напишите!**

Which activity would you choose under the following circumstances?
Write a sentence for each one:

(*a*)  Если бы вы были свободны после обеда, что бы вы делали?

  (*i*)   играть в футбол
  (*ii*)  играть в шахматы
  (*iii*) смотреть телевизор

Если бы я был[а] свободен[свободна] после обеда, я бы смотрел[а] телевизор.

(*b*)  Если бы у вас было много денег, что бы вы сделали?

  (*i*)   купить новую машину
  (*ii*)  купить подарки друзьям
  (*iii*) купить новый дом

(*c*) Если бы вы плохо чувствовали себя, что бы вы сделали?

    (*i*)   Пожаловаться другу
    (*ii*)  Пойти в поликлинику
    (*iii*) Пойти на хоккейный матч

(*d*) Если бы вы потеряли собаку, что бы вы сделали?

    (*i*)   купить кошку
    (*ii*)  позвонить в полицейский участок (*police station*)
    (*iii*) пойти в кино

**16.4   Прочитайте, посмотрите и ответьте!**

Make up dialogues explaining which activity/entertainment you prefer

    – Что вы любите больше, чтение (√), спорт или кухню?
    – Больше всего я люблю чтение.

Now make up similar dialogues for each set of pictures below:

(*a*) спорт       музыка √       рисование

(*b*) театр       кино √       цирк

(c) опера ✓       балет          футбол

## 16.5 Прочитайте и напишите!

Read the information given about each person and their present job. Write sentences explaining what sort of job would be better for each one.

| | Кто? | Какой это человек? | Профессия | Совет |
|---|---|---|---|---|
| (a) | Лена | тихий | учительница | библиотекарша |
| (b) | Виктор | не очень энергичный | гимнаст | администратор |
| (c) | Вадим | творческий | шофёр | журналист |
| (d) | Наташа | добрый, энергичный | телефонистка | медсестра |
| (e) | Миша | очень серьёзный | футболист | адвокат |

(a) Лена тихий человек. Она учительница. Было бы лучше, если бы она работала библиотекаршей.

| | | |
|---|---|---|
| **совéт** *advice* | **библиотéкарша** *librarian* | **энергѝчный** *energetic* |
| **гимнáст** *gymnast* | **твóрческий** *creative* | **шофёр** *driver* |
| **телфонѝстка** *telephonist* | **медсестрá** *nurse* | **адвокáт** *solicitor* |

### 16.6  Прочитайте и ответьте!

Match the question with the answer:

| | | | |
|---|---|---|---|
| 1 | Как вы ездите на работу? | (*a*) | вечернюю |
| 2 | Чем вы занимаетесь по субботам? | (*b*) | летнюю |
| 3 | Какую газету он читает? | (*c*) | домашним хозяйством |
| 4 | Какой галстук он обычно носит? | (*d*) | ранним автобусом |
| 5 | Какую юбку она обычно носит в августе? | (*e*) | синий |

# Всё понятно?

## 1  Прочитайте разговор и ответьте на вопросы!

Boris has found his seat at the theatre and is waiting for the play to begin.

| | |
|---|---|
| **Девушка** | Извините, пожалуйста, какое это место? |
| **Борис** | Сорок пятое. |
| **Девушка** | Простите, но это моё место. Я думаю, что вы ошиблись местом. |
| **Борис** | Минуточку ... может быть я и ошибся ... вот мой билет ... восьмой ряд, сорок шестое место ... Ой, простите, вы правы. |
| **Девушка** | Ничего, ничего. Это неважно. |
| **Борис** | Какая глупость! Я должен был бы надеть очки. |
| **Девушка** | Не беспокойтесь. Теперь всё в порядке. |
| **Борис** | Но было бы лучше, если бы я повнимательнее посмотрел на билет. |
| **Девушка** | Пожалуйста, не беспокойтесь. Ведь это неважно ... А вы не знаете, кто в роли Маши сегодня вечером? Я купила бы программу, если бы знала, где. |
| **Борис** | Пожалуйста, вот моя программа ... посмотрите ... |
| **Девушка** | Спасибо, вы очень добры. |
| **Борис** | Не за что. |
| **Девушка** | Как хорошо! Играет Жукова! |

| Борис | Жу́кова? Я её не зна́ю ... |
|---|---|
| Де́вушка | О́чень да́же тала́нтливая актри́са, кото́рая так хорошо́ игра́ла О́лю в фи́льме «Ле́тним у́тром». Вы, должно́ быть, зна́ете э́тот фильм? |
| Борис | Нет, не зна́ю. Я не о́чень ча́сто хожу́ в кинотеа́тр. |
| Де́вушка | Почему́? |
| Борис | Ну, не зна́ю ... немно́жко ску́чно. |
| Де́вушка | Вы мно́го теря́ете. Е́сли вы хоти́те, я объясню́ вам в антра́кте, каки́е фи́льмы сто́ит посмотре́ть. |

| ряд | *row* |
|---|---|
| кака́я глу́пость! | *what stupidity* |
| надева́ть/наде́ть | *to put on* |
| очки́ | *spectacles* |
| всё в поря́дке | *everything is in order* |
| повнима́тельнее | *a bit more carefully* |
| (внима́тельный) | *(attentive, careful)* |
| роль (f.) | *role* |
| антра́кт | *interval* |
| сто́ит посмотре́ть | *it is worth watching* |

1  Борис ошибся

(a) рядом
(b) театром
(c) числом
(d) местом

2  Борис должен был бы

(a) прочитать всю программу
(b) посмотреть на билет более внимательно
(c) надеть галстук
(d) быстро посмотреть на билет

3  Девушка думает, что

(a) Жукова очень хорошая актриса

(*b*) Жукова совсем (*quite, entirely; at all*) неталантливая актриса

(*c*) не стоит смотреть фильм «Летним утром».

(*d*) в кинотеатре немножко скучно

## 2 Чтение

Прочитайте текст и ответьте на вопросы по-английски!

(*a*) What happened on May 7th 1840?

(*b*) How old was Tchaikovsky when he died?

(*c*) How long did he live in Klin?

(*d*) How many people visit the museum every year?

(*e*) Why is it generally considered that the museum first opened in October 1894?

(*f*) Why do visitors feel that they are going back into the past when they enter the museum?

(*g*) When is Tchaikovsky's grand piano used nowadays?

**Дом-музей П.И.Чайковского в Клину**/P.I.Tchaikowsky's house (now a museum) in Klin

Седьмóго мáя 1840-ого гóда родúлся мáльчик, котóрый стал гóрдостью и слáвой рýсской музыкáльной культýры – Пётр Ильúч Чайкóвский. Велúкий музыкáнт ýмер в октябрé 1893-ого гóда. Емý бы́ло пятьдеся́т три гóда.

Дом-музéй П.И.Чайкóвского нахóдится в Клинý, старúнном гóроде в 80 киломéтрах от Москвы́. В Клинý велúкий рýсский композúтор провёл послéдние дéвять лет своéй жúзни, в течéние котóрых он написáл, напримéр, óперу «Пúковая дáма», балéт «Спя́щая красáвица», симфóнии («Манфред», Пя́тую и Шестýю). Ежегóдно дом-музéй принимáет сто ты́сяч посетúтелей. Традициóнно днём откры́тия музéя считáется 9 декабря́ 1894-ого гóда – дáта пéрвой зáписи в кнúге регистрáции посетúтелей. Когдá вхóдишь в э́тот стáрый дом, кáжется, что попадáешь в прóшлое … Кáждая вещь – нóты, кнúги, портрéты, мéбель – на том же мéсте, что и при жúзни композúтора. Роя́ль всё ещё занимáт центрáльное мéсто кабинéта-гостúной. Два рáза в год – в день рождéния композúтора и в день егó памяти – извéстные пианúсты снóва игрáют на э́том роя́ле.

(ДОМ-МУЗÉЙ П.И.ЧАЙКÓВСКОГО В КЛИНУ)

| | |
|---|---|
| вещь (f.) | thing |
| в течéние (+ genitive) | during |
| гóрдость (f.) | pride |
| ежегóдно | annually |
| зáпись (f.) | entry |
| на том же мéсте | in the very same place |
| нóты | (sheet) music |
| пáмять (f.) | memory, remembrance (here – anniversary of his death) |
| Пúковая дáма | Queen of Spades |
| попадáть/попáсть | to turn up, to find oneself |
| посетúтель (m.) | visitor |
| при жúзни композúтора | in the composer's lifetime |
| проводúть/провестú | to spend (time) |
| роя́ль (m.) | grand piano |
| своéй жúзни | of his life |

| | |
|---|---|
| **сла́ва** | *glory, fame* |
| **Спя́щая краса́вица** | *Sleeping Beauty* |
| **станови́ться/стать** | *to become* |
| (+ instrumental) | |
| **стари́нный** | *ancient* |
| **умира́ть/умере́ть** (past tense: | *to die* |
| у́мер, умерла́) | |
| **сно́ва** | *again* |

# 17 Давай заглянем в бюро путешествий *Let's pop into the Travel Agent's*

The aim of this unit is to teach you how to talk about holidays and holiday accommodation. You will also learn how to talk about what is best and most comfortable and you will be given more information about negatives.

## Диалог

Ira's mother has not been well and Ira is trying to persuade her to take a holiday.

| | |
|---|---|
| **Ира** | Мáма, как ты ссбя чýвствуешь сегóдня? Тебé лýчше? |
| **Мама** | Немнóжко. Úра, не беспокóйся обо мне. Я немнóжко устáла, и всё. |
| **Ира** | Но ты всё врéмя кáшлясшь, вот что беспокóит меня ... |
| **Мама** | Тсбé пс о чём беспокóиться, ведь кáшель скóро пройдёт. |
| **Ира** | Надéюсь ... но слýшай, мáма, тебé нýжно отдохнýть. Ты ужé подýмала об óтпуске? Кудá ты поéдешь? |
| **Мама** | Никудá не поéду. |
| **Ира** | Не понимáю, а почемý? |
| **Мама** | Мне нé с кем поéхать в óтпуск, а éхать однá не хочý. |
| **Ира** | Мáмочка, это не прáвда ... Ведь у меня скóро бýдет óтпуск. Я с удовóльствием поéду с тобóй в Сóчи ... |
| **Мама** | ... Агá, всё понятно. Знáчит ты ужé решúла, кудá мы поéдем? Ну, скажú, какóй это курóрт? |

| Ира | Да, я слы́шала, что Со́чи это лу́чший куро́рт, е́сли хо́чешь и отдохну́ть и вы́лечиться. Там мя́гкий кли́мат и морско́й во́здух, тёплое мо́ре и са́мые комфорта́бельные гости́ницы, экзоти́ческие рестора́ны … и |
|---|---|
| Мама | Зна́чит, ты уже́ была́ в бюро́ путеше́ствий? |
| Ира | Да, оди́н раз то́лько … а за́втра у́тром я бу́ду свобо́дна, е́сли … |
| Мама | Ну, ла́дно, дава́й загля́нем в бюро́ путеше́ствий за́втра у́тром. Спро́сим об авиабиле́тах. |
| Ира | Хорошо́! Зака́жем но́мер на двои́х, … с ду́шем, коне́чно … на две неде́ли в гости́нице «Дагомы́с». |
| Мама | Э́то лу́чшая гости́ница, что ли? |
| Ира | Коне́чно! … Вот у меня́ в су́мке брошю́ра … «Дагомы́с – туристи́ческий центр на Чёрном мо́ре, отли́чные усло́вия для тури́зма, о́тдыха и лече́ния». |

| | |
|---|---|
| **ка́шлять** | *to (have a) cough* |
| **вот что беспоко́ит меня́** | *that's what's worrying me* |
| **ка́шель** (m., fleeting **e**) | *cough* |
| **тебе́ ну́жно отдохну́ть** (**отдыха́ть/отдохну́ть**) | *you need a holiday* |
| **мне не́ с кем пое́хать** | *I've no one to go with* |
| **о́тпуск** | *holiday, leave* |
| **одна́ (оди́н)** | *alone* (lit. *one*) |
| **реша́ть/реши́ть** | *to decide* |
| **куро́рт** | *resort* |
| **слы́шать/услы́шать** (2nd conjugation) | *to hear* |
| **лу́чший** | *best* |
| **вылéчиваться/вы́лечиться** | *to be cured, recover* |
| **мя́гкий кли́мат** | *mild climate* |
| **морско́й во́здух** | *sea air* |
| **мо́ре** | *sea* |
| **са́мые комфорта́бельные гости́ницы** | *the most comfortable hotels* |
| **экзоти́ческий** | *exotic* |
| **дава́й загля́нем** | *let's look into* |

| | |
|---|---|
| бюро́ путеше́ствий | *travel bureau/agency* |
| спра́шивать/спроси́ть | *to ask* |
| но́мер на двои́х | *a double room* |
| авиабиле́т | *air ticket* |
| усло́вие | *condition* |
| лече́ние | *(medical) treatment* |

# Примечания

## О́тпуск

This is the word for annual holiday/leave from work, as distinct from school holidays (**кани́кулы**) and holiday in the general sense of rest, relaxation from work (**о́тдых**).

With their Mediterranean climate and spectacular scenery, resorts on the Black Sea Coast are a popular holiday destination for Russians. Intourist, the former state travel organisation, organises holidays to all corners of the old USSR, from the far north of Siberia to the republics of Central Asia. Since Russians tend to travel to their holiday destinations by train or 'plane, camping and caravaning holidays are not as common as they are in Western Europe, but there are a number of campsites (**ке́мпинг**, *a campsite*) near major tourist centres where tourists can have accommodation in a chalet (**ле́тний до́мик**), a tent (**пала́тка**) or where they can park their caravan (**жило́й автоприце́п**). The camping season is not a long one, usually running from 1st June until 30th September.

Most hotels are still run by Intourist, or by Sputnik, a youth organisation; there are also hotels run in conjunction with foreign countries (**совме́стные предприя́тия**, *joint ventures*). In hotels the tourist has perhaps most contact with the **дежу́рная** (see p.166). The **дежу́рная** looks after keys, organises the work of the maids, helps tourists in case of difficulty. Usually when tourists register they are given a small card (**ка́рточка**) which shows their room number and the duration of their stay; this must usually be produced when entering the hotel and requesting one's key. (Note that in Russia the **пе́рвый эта́ж** [lit. *first floor*] is the ground floor, **второ́й эта́ж** [lit. *second floor*] is the first floor, and so on).

In addition to the hotels and campsites, there are also holiday homes (**дома́ о́тдыха**) and convalescent homes (**санато́рии**) run by the Trade Unions; tourists who book a holiday through a Trade Union receive a **путёвка**, an all-in-one ticket which covers the cost of travel and accommodation.

# Вопросы:

## 1   Правда или неправда?

(*a*)  Ира беспокоится о маме.
(*b*)  Мама хочет отдыхать одна.
(*c*)  Ира хочет поехать в Новосибирск.
(*d*)  Ира будет свободна завтра утром.
(*e*)  Ира ничего не знает о гостинице «Дагомыс».

## 2   Ответьте на вопросы:

(*a*)  Как мама себя чувствует сегодня?
(*b*)  Что ей нужно?
(*c*)  Кто может поехать с мамой в отпуск?
(*d*)  Какой курорт Ира выбрала (*choose*)?
(*e*)  Когда они пойдут в бюро путешествий?

# Внимание!

How to:

1   *Ask about holidays.*

Куда́ ты пое́дешь/вы пое́дете в о́тпуск?

2   *Ask about holiday accommodation.*

Како́й э́то куро́рт?
Кака́я э́то гости́ница?
Како́й э́то ке́мпинг?

3   *Book holiday accommodation.*

Заказа́ть но́мер на двои́х/но́мер на одного́
Заказа́ть но́мер с ду́шем
Заказа́ть но́мер на две неде́ли

4   *Say what is best; most comfortable.*

Э́то лу́чшая гости́ница.
Са́мые комфорта́бельные гости́ницы.

5   *Say 'no one to go with'.*

Мне не́ с кем пое́хать.

6   *Say 'nothing to worry about'.*

Тебе́ не́ о чём беспоко́иться.

# Почему это так?

## 1   Superlative

The superlative in English is formed by using *most* with an adjective or by adding *-est* to an adjective: *The **most** expensive hotel, The **dearest** hotel*. In Russian the superlative is formed by using the adjective **са́мый** in front of the adjective you wish to make superlative:

Э́то **са́мый** краси́вый куро́рт в Ита́лии   *It's the most beautiful resort in Italy*
Э́то **са́мая** комфорта́бельная гости́ница на куро́рте   *It's the most comfortable hotel in the resort*

Note that for the adjectives *big/small, good/bad, old/young, high/low*, the superlative can be made in any of the following ways:

using **са́мый** + ordinary adjective:   Э́то **са́мая** хоро́шая гости́ница.
using **са́мый** + comparative adjective:   Э́то **са́мая** лу́чшая гости́ница.
using just the comparative:   Э́то **лу́чшая** гости́ница.

All of these three variants mean *This is the best hotel.*

If you want to say *This is one of the best hotels*, **из** + genitive must be used:

> Это одна́ из лу́чших гости́ниц   *This is one of the best hotels.*

See Appendix 1 for further notes on the superlative.

## 2   Беспоко́ить(ся)/побеспоко́ить(ся)

Note how this verb is used reflexively (i.e. with the endings **-сь, -ся**) when it means *to worry* in the sense of *to **be** anxious*; when it means *to worry* in the sense of *to **make** anxious* (i.e. when it has an object), it must be used without the reflexive endings:

> Ира беспоко́ится о ма́ме       *Ira is worried about her mother*
>
> Ка́шель беспоко́ит её        *The cough is worrying her*

This principle applies to a number of common verbs (e.g. *to begin, to finish, to return*) – i.e. they can be used reflexively (if they do not have an object) or non-reflexively (if they do have an object):

> Ле́кция начина́ется в семь      *The lecture begins at 7pm*
> часо́в ве́чера
>
> Он всегда́ начина́ет        *He always starts the lecture*
> ле́кцию шу́ткой            *with a joke*

## 3   Negatives

In unit 14 we met a group of negative expressions which all begin with **ни** and which are all used with **не** + verb in a tense or command form, e.g.:

> Я никуда́ не пое́ду в о́тпуск    *I'm not going on holiday anywhere*

| Я ничего́ не зна́л[а] об э́той гости́нице | *I didn't know anything about this hotel* |
| Никому́ не говори́те об э́том! | *Don't tell anyone about this* |

In this unit we have seen some rather different kinds of negative, e.g.:

| Тебе́ не́ о чём беспоко́иться | *There is nothing for you to worry about* |

This type of negative is always used with an infinitive and is actually a very economical way of saying quite a lot. Note how all the following start with **не́** and are all followed by an infinitive:

| Не́где рабо́тать | *There is nowhere to work* |
| Не́куда идти́ | *There is nowhere to go* |
| Не́когда смотре́ть телеви́зор! | *There is no time to watch television* |
| Не́чего пить | *There is nothing to drink* |
| Не́кого приглаша́ть на у́жин | *There is no one to invite to supper* |

If you want to say, for example, *I have no time to watch the television/there is no time for me to watch the television*, simply use the dative of **я**, *for me*: **Мне не́когда смотре́ть телеви́зор**. Note that **не́что** and **не́кто** must be used in the correct case form; if a preposition is used with them, it splits them up:

| Ива́ну не́ на что жа́ловаться | *Ivan has nothing to complain about* |
| Мне не́ с кем говори́ть | *I've no one to talk to* |

## 4  One

To say *one* (i.e. as the subject of the verb), use the **ты** form of the verb, without the pronoun **ты**, or the **вы** form of the verb:

| Е́сли **хо́чешь** [вы хоти́те] отдохну́ть | *If one wishes to have a rest/ holiday* |

# Упражнения

### 17.1  Прочитайте и ответьте!

Match the questions with the answers:

| | |
|---|---|
| 1 Куда вы поедете в от-пуск? | (a) На две недели. |
| 2 Какой это курорт? | (b) В Одессу. |
| 3 Где вы обычно отдыхаете? | (c) С ванной и с телефоном |
| 4 На сколько недель? | (d) Самый красивый в России. |
| 5 Какой номер вы хотите заказать? | (e) На берегу моря (*at the seaside*) |

### 17.2  Посмотрите, прочитайте и ответьте!

Look at the following advertisements and answer the questions:

(a) Which area does the Aeroflot advertisement recommend?
(b) Name the five positive features it mentions about the resorts there.
(c) What sort of organisation is advertising the skiing holiday?
(d) What positive features are mentioned about the holidays it offers?

В любое время года морской воздух, солнце, лечебные минеральные воды предлагают Вам всемирно известные курорты на Черноморском побереьже. Благодатный климат и красивая природа!

**Самолёты Аэрофлота с комфортом доставят вас сюда из любой точки планеты.**

## БЮРО МЕЖДУНАРОДНОГО МОЛОДЕЖНОГО ТУРИЗМА ПРЕДЛАГАЕТ ВАМ

Великолепная природа, отличные условия отдыха, общение с советскими сверстниками — все это вы найдете в любое время года в молодежных центрах „Спутника":

„ГОРНЫЕ ВЕРШИНЫ" (Кавказ)
„СОЛНЕЧНАЯ ДОЛИНА" (Кавказ)
„СЛАВУТИЧ" (Украина)
„ГЯНДЖЛИК" (Азербайджан)
„ВЕРХОВИНА" (Закарпатье)
„СПУТНИК" (Черноморское побережье Кавказа)
„РОСТОВ ВЕЛИКИЙ" (Средняя полоса России)
„НООРУС" (Эстония)
„ЮНОСТЬ" (Белоруссия)
„ЗОЛОТОЕ РУНО" (Грузия)

Великолепная природа, отличные условия отдыха – всё это вы найдёте в любое время года в молодёжных центрах «Спутника»

---

| | | |
|---|---|---|
| **любо́й** *any* | **лече́бный** *medicinal* | **великоле́пный** *magnificent* |
| **Черномо́рское побере́жье** *Black Sea Coast* | | **молодёжный** *youth* (adjective) |
| **благода́тный** *beneficial* | | |
| **приро́да** *nature* | | |
| **то́чка** *point* **плане́та** *planet* | | |

## 17.3 Прочита́йте и напиши́те!

You're feeling enthusiastic about your holiday plans! Answer the questions according to the model.

(*a*) Какая это гостиница? (хороший) Это одна из самых хороших гостиниц в стране (*country*).

(*b*) Какой это курорт? (приятный)

(*c*) Какой это поезд? (быстрый)

(*d*) Какой это климат? (мягкий)

(*e*) Какая это программа? (интересный)

(*f*) Какой это собор (красивый)

## 17.4 Прочита́йте и отве́тьте!

You are trying to book a hotel room. Complete your part of the conversation:

| | **Администратор** | Вам помо́чь? |
|---|---|---|
| (*a*) | **Вы** | Say hello and ask if here are any free (свобо́дный) rooms. |
| | **Администратор** | Есть. |
| (*b*) | **Вы** | Say you want to book a room. |
| | **Администратор** | Какой номер вы хотите заказать? |
| (*c*) | **Вы** | Say you want to book a single room with a shower, telephone and television. |
| | **Администратор** | На сколько дней? |
| (*d*) | **Вы** | Say for five days, until (до + genitive) Friday. |
| | **Администратор** | Хорошо. Номер 227 свободен. Это на втором этаже. Заполните, пожалуй-ста, бланк. |

| | |
|---|---|
| (*e*) **Вы** | Say thank you and ask where you can get (взять) your key. |
| **Администратор** | У дежурной. |

| | |
|---|---|
| **заполня́ть/запо́лнить бланк** | *to fill in a form* |
| **на второ́м этаже́** | *on first floor (i.e. on second floor)* |

### 17.5   Прочитайте и напишите!

Look at the table, then make up sentences explaining why none of the people are able to do the things listed below (think about what forms of **нечто** and **некто** will be needed):

| | **Кто?** | **Занятие** | **Почему нельзя?** |
|---|---|---|---|
| (*a*) | Иван | пойти в театр завтра | некто/с |
| (*b*) | Надя | смотреть телевизор | некогда |
| (*c*) | Валя | писать письмо | нечто |
| (*d*) | Борис | идти сегодня вечером | некуда |
| (*e*) | Марина | работать | негде |
| (*f*) | Игорь | жаловаться | нечто/на |
| (*g*) | Соня | подарить пластинку | некто |

(*a*)   Ивану не с кем пойти в театр завтра.

### 17.6   Прочитайте и ответьте!

Read Volodya's questionnaire which he was asked to complete at the end of his stay in the hotel «Карелия», then answer the questions:

(*a*)   How long does the hotel administration think it will take to fill in the questionnaire?

(*b*)   Why does the hotel administration want guests to fill in the questionnaire?

(*c*)   Which is the only service Volodya thought excellent?

| Дорогие гости! | | О | Х | С | П |
|---|---|---|---|---|---|
| Просим Вас найти несколько | Приём | | | ✓ | |
| минут и ответить на вопросы | | | | | |
| – этим Вы поможете нам | Бюро облслуживания | | ✓ | | |
| улучшить Ваше | | | | | |
| обслуживание. | | | | | |
| | Обслуживание на | ✓ | | | |
| Спасибо за помощь | этаже | | | | |
| Администрация | Обслуживание в | | | | ✓ |
| | ресторане | | | | |
| О = отлично | Обслуживание в | | | ✓ | |
| Х = хорошо | буфетах | | | | |
| С = средне | | | | | |
| П = плохо | Обслуживание в | | | | ✓ |
| | барах | | | | |

| | |
|---|---|
| **про́сим вас** | *we ask (request) you* |
| **не́сколько** (+ genitive) | *a few* |
| **улу́чшить** | *to improve* |
| **обслу́живание** | *service* |
| **сре́дне** | *average* |
| **приём** | *reception* |
| **эта́ж** | *floor, storey* |

# Всё понятно?

## 1   Разговор

**Прочитайте разговор и ответьте на вопросы!**

Nina is having problems with her hotel room and has gone to the **dezhurnaia** for help:

| | |
|---|---|
| **Нина** | Извини́те, пожа́луйста … |
| **Дежурная** | Здра́вствуйте. Как вам помо́чь? |
| **Нина** | Я пло́хо спала́ но́чью. У меня́ в но́мере хо́лодно. Мо́жно ещё одея́ло? |

| Дежурная | Коне́чно ... Вот, пожа́луйста, возьми́те. |
| Нина | Спаси́бо. |
| Дежурная | Пожа́луйста. Ещё что́-нибудь? |
| Нина | У меня́ в но́мере почему́-то нет полоте́нца. |
| Дежурная | Ой, извини́те ... вот вам полоте́нце. Всё, да? |
| Нина | Спаси́бо. Да, тепе́рь всё в поря́дке ... То́лько, зна́ете, телеви́зор не о́чень хорошо́ рабо́тает. Но э́то не о́чень ва́жно. |
| Дежурная | Хорошо́. Я сейчас пойду́ посмотрю́. |
| Нина | А у меня́ ещё к вам про́сьба. |
| Дежурная | Пожа́луйста. |
| Нина | Вы не мо́жете заказа́ть для меня́ такси́? |
| Дежурная | Могу́. На когда́? |
| Нина | На послеза́втра, на оди́ннадцать часо́в утра́. |
| Дежурная | Куда́ хоти́те пое́хать? |
| Нина | В аэропо́рт. |
| Дежурная | Хорошо́. Всё поня́тно. Я сейча́с закажу́. |
| Нина | Спаси́бо за по́мощь |
| Дежурная | Не́ за что. |

| одея́ло | *blanket* |
| почему́-то | *for some reason or other* |
| полоте́нце | *towel* |
| про́сьба | *request* |
| что́-нибудь | *anything* |

1 Нина плохо спала, потому что

(a) в номере жарко
(b) номер близко от лифта
(c) в номере холодно
(d) в номере шумно (*noisy*)

2 В номере нет

(a) постели
(b) телевизора
(c) полотенца
(d) телефона

3 Нина хочет поехать в аэропорт

(a) после завтрака
(b) послезавтра
(c) завтра
(d) после обеда

## 2 Чтение

Прочитайте текст и ответьте на вопросы по-английски!

(a) Name the different types of transport Intourist uses.
(b) What different types of tour do Intourist organise?
(c) What is the starting point for the 'Golden Ring' tour?
(d) Which resorts are visited in the 'Great Northern Ring' tour?
(e) How long do the tracking holidays in Siberia last?
(f) Which different sporting activities are offered in the 'Sochi, Yalta, Kherson' tour?

Интури́ст одно́ из крупне́йших бюро́ путеше́ствий в ми́ре. Интури́ст предлага́ет все ви́ды путеше́ствий: самолётом, теплохо́дом и по́ездом, на авто́бусе и на автомоби́ле – на традицио́нные фестива́ли иску́сств, на о́тдых и лече́ние, организу́ет пое́здки для деловы́х люде́й – «бизнес-ту́ры», речны́е и морски́е кру́изы. Вот некото́рые из но́вых ту́ров и програ́мм, кото́рые предлага́ет Интури́ст:

### АВТО́БУСНЫЕ И АВТОМОБИ́ЛЬНЫЕ ТУ́РЫ И МАРШРУ́ТЫ

«Золото́е кольцо́ Росси́и» – четы́ре вариа́нта авто́бусных ту́ров по дре́вним ру́сским города́м: Серге́ев Поса́д, Росто́в Вели́кий, Су́здаль, Влади́мир. Ту́ры начина́ются и зака́нчиваются в Москве́. «Большо́е Се́верное кольцо́» – путеше́ствие на авто́бусах из столи́цы Росси́и Москвы́ на се́веро-за́пад страны́ к Балти́йскому мо́рю в Ленингра́д и да́лее в столи́цу и куро́ртные города́ Эсто́нии.

### ТУ́РЫ «АКТИ́ВНЫЙ О́ТДЫХ»

«Тре́кинг по сиби́рской тайге́» (5-7 дней) В окре́стностях о́зера Байка́ла. В програ́мме 25-киломе́тровый похо́д – незабыва́емые встре́чи с фло́рой и фа́уной Сиби́ри.

«Со́чи, Я́лта и Херсо́н» – спорти́вные заня́тия на куро́ртах Чёрного мо́ря – те́ннис, ви́ндсерфинг, па́русный спорт, ры́бная ловля́, волейбо́л, баскетбо́л, насто́льный те́ннис, тури́стские похо́ды в го́ры Кавка́за и Кры́ма.»

| | |
|---|---|
| акти́вный | *active* |
| Балти́йское мо́ре | *Baltic sea* |
| в окре́стностях (+ genitive) | *in the vicinity of* |
| ви́ндсерфинг | *windsurfing* |
| встре́ча | *meeting* |
| гора́ | *mountain* |
| зака́нчивать(ся)/зако́нчить(ся) | *to finish* |
| Кавка́з | *Caucasus* |
| маршру́т | *route, itinerary* |
| насто́льный те́ннис | *table tennis* |
| незабыва́емый | *unforgettable* |
| не́который | *some, certain* |
| о́зеро | *lake* |
| па́русный спорт | *sailing* |
| похо́д | *trip, hike* |
| ры́бная ло́вля | *fishing* |
| се́верный | *northern* |
| специали́ст | *specialist* |
| теплохо́д | *ship* |
| тре́кинг по сиби́рской тайге́ | *tracking in the Siberian taiga* |
| тур | *tour* |
| фестива́ль (m.) иску́сств | *arts' festival* |
| фло́ра и фа́уна | *flora and fauna* |
| Эсто́ния | *Estonia* |

# 18 Что случилось?
## What happened?

The aim of this unit is to teach you how to ask what has happened, how to report on what has happened and what has been said. You will learn how to ask what is wrong and how to express concern and purpose.

## Диалог

Anna is at Ira's flat; they are waiting for Volodya, who arrives late, looking pale and shaken.

| | |
|---|---|
| **Ира** | Уже́ семь часо́в! Где же Воло́дя?! |
| **Анна** | Наде́юсь, что всё в поря́дке. |
| **Ира** | (*ring at the door*) Наконе́ц! |
| **Володя** | А́нна, И́ра, здра́вствуйте. Извини́те, что я по́здно пришёл. |
| **Ира** | Воло́дя! Что с тобо́й? Ты ужа́сно вы́глядишь! Сади́сь! |
| **Володя** | Спаси́бо. |
| **Анна** | Чайку́ хо́чешь? Да? Я сейча́с принесу́. |
| **Ира** | Ну, Воло́дя, расскажи́, что случи́лось? |
| **Володя** | На у́лице произошла́ ава́рия. Я всё ви́дел. |
| **Ира** | Бо́же мой! *Ты* не ра́нен, наде́юсь? |
| **Володя** | Нет, нет. |
| **Анна** | Вот тебе́ чай, Воло́дя. |
| **Володя** | Спаси́бо, А́нна ... Вот ... Я шёл по у́лице к ста́нции метро́. Вдруг уви́дел ста́рую же́нщину, кото́рая переходи́ла че́рез у́лицу. Она́ не ви́дела грузовика́, кото́рый подьезжа́л к перекрёстку ... |
| **Ира** | Ой, Воло́дя ... |
| **Володя** | Я подбежа́л к ней, закрича́л, что́бы останови́ть её, но она́ не услы́шала меня́. Грузови́к не смог |

|   |   |
|---|---|
| | останови́ться и уда́рил её ... Подбежа́ли лю́ди, ГАЙ прие́хала. Пото́м Ско́рая по́мощь увезла́ её в больни́цу .... |
| **Ира** | Ужа́сно! |
| **Володя** | Пото́м, понима́ете, я до́лжен был рассказа́ть милиционе́ру обо всём, что ви́дел ... Он хоте́л увезти́ меня́ в медпу́нкт, сказа́л, что я в состоя́нии шо́ка. Я не захоте́л и сказа́л, что позвоню́ в поликли́нику, е́сли на́до бу́дет. |

| | |
|---|---|
| где же | *where on earth* |
| что с тобо́й? | *what's the matter with you?* |
| ужа́сно (ужа́сный) | *terrible, dreadful* |
| ча́йку (diminutive) хо́чешь? | *would you like some tea?* |
| приноси́ть/принести́ | *to bring* |
| расскажи́! (расска́зывать/ рассказа́ть) | *tell* (*to tell, relate*) |
| что случи́лось (случа́ться/ случи́ться) | *what happened* (*to happen*) |
| произошла́ (происходи́ть/ произойти́) | *what happened* (*to happen*) |
| ава́рия | *accident, crash* |
| ра́нен (ра́неный) | *hurt, injured* |
| грузови́к | *lorry* |
| перекрёсток | *cross-roads* |
| подбега́ть/подбежа́ть | *to run up to* |
| закрича́л (крича́ть/закрича́ть 2nd conj.) | *I/he shouted* (*to shout*) |
| остана́вливаться/останови́ться | *to stop* |
|ударя́ть/уда́рить | *to strike, hit* |
| ГАЙ (госуда́рственная авто- инспе́кция) | *traffic police* |
| что́бы (+ infinitive) | *in order to* |
| милиционе́р | *policeman* |
| увози́ть/увезти́ | *to take away* (by transport) |
| состоя́ние шо́ка | *state of shock* |

## Примечания
### ГАЙ

Roads in Russia are often in poor condition. The Traffic Police deal with accidents and with infringements of traffic regulations (for which they might impose a fine, **штраф**). A traffic accident is known as a **ДТП (доро́жно-тра́нспортное происше́ствие** – lit. *a road traffic incident*). It is still the exception rather than the rule for Russians to own their own car, and petrol stations **(запра́вочные ста́нции)** and service stations **(ста́нции техни́ческого обслу́живания)** are relatively few and far between, so that getting petrol **(бензи́н)** and spare parts **(запасны́е ча́сти)** or having a repair **(ремо́нт)** done can be a problem. Road signs are similar to those in Western Europe (warning signs are triangular, prohibiting signs are circular and those giving information are square).

## Вопросы:

**1   Правда или неправда?**

(*a*)   Ира не понимает, где Володя.
(*b*)   Ира говорит, что Володя хорошо выглядит.
(*c*)   Володя шёл домой, когда увидел аварию.
(*d*)   Грузовик подходил к мосту (*bridge*)
(*e*)   Милиционер спросил Володю обо всём, что случилось.

**2   Ответьте на вопросы**

(*a*)   Как Володя выглядит?
(*b*)   Что Анна предлагает ему выпить?
(*c*)   Что делала старая женщина, когда Володя увидел её?
(*d*)   Куда увезли старую женщину?
(*e*)   Володя в каком состоянии?

## Внимание!

How to:

1   *Ask what has happened.*
    Что случи́лось?

2  *Report what has happened.*

Произошла авария
Рассказать обо всём, что видел/видела/видели

3  *Ask what is wrong/express concern.*

Что с тобой?
Что с вами?
Ты не ранен/ранена?
Вы не ранены?

4  *Report what has been said.*

Он сказал, что я в состоянии шока.
Я сказал, что позвоню в поликлинику.

5  *Express purpose.*

Чтобы остановить её.

# Почему это так?

## 1  Же

This is an emphatic particle – it gives an extra emphasis to a word
in the sentence; in English this might be rendered just by the tone
of voice, or by adding some extra phrase such as *on earth*:

Где же вы были? *Where (on earth) have you
been?*
Когда же он пришёл?  *When (on earth) did he arrive?*
Кто же сказал это?  *Who (on earth) said that?*
Мы поедем сегодня же!  *We'll go today (this very day)*

Note also **Я же вам говорил[a]**, *I told you so!*

## 2  Indirect statement

This is the term used in English to describe reported statements
(i.e. reports of what people have said):

Direct speech:

> The policeman said 'You are in a state of shock'.
> I said 'I will ring the clinic'.

Indirect speech:

> The policeman said I was in a state of shock.
> I said I would ring the clinic.

As you can see, in English there is a change of tense between direct and indirect statement (you are → I was; I will → I would). In Russian the tense in the indirect statement remains the same as it was in the direct statement (although, as in English, there may be some change of pronouns, e.g. *you are* → *I was*):

Direct speech:

> Милиционе́р сказа́л: «Вы в состоя́нии шо́ка».
> Я сказа́л: «Я позвоню́ в поликли́нику».

Indirect speech:

> Милиционе́р сказа́л, что я в состоя́нии шо́ка.
> Я сказа́л, что я позвоню́ в мили́цию.

Note that in Russian the word **что** (*that*) always appears in indirect statements, preceded by a comma.

## 3  Purpose

To say *in order to do something* use **Что́бы** + infinitive:

| | |
|---|---|
| Áлла позвони́ла Ва́ле, что́-бы узна́ть об ава́рии | *Alla rang Valya to find out about the accident* |

Notice that **что́бы** is always preceded by a comma (unless it is the first word in the sentence).

English quite often says simply *to*, rather than *in order to*, but in Russian the only occasion when **что́бы** can be omitted is after a verb of motion:

| | |
|---|---|
| Милиционе́р пришёл помо́чь же́нщине | *The policeman arrived to help the woman* |

## 4 Prefixed verbs of motion

In unit 15 we met a series of prefixes used with the suffixes **-ходи́ть/-йти́**; the same prefixes (followed by the same prepositions) can be used with other verbs of motion and have the same meanings as with **-ходи́ть/йти́**.

| Suffix | Meaning | Example of prefixed form | |
|---|---|---|---|
| -бега́ть/-бежа́ть | *run* | подбега́ть/подбежа́ть | *to run up to* |
| -води́ть/-вести́ | *lead* | вводи́ть/ввести́ | *to lead in* |
| -вози́ть/-везти́ | *transport* | увози́ть/увезти́ | *to take away by transport* |
| -лета́ть/-лете́ть | *to fly* | прилета́ть/прилете́ть | *to arrive by plane* |
| -носи́ть/-нести́ | *carry* | приноси́ть/принести́ | *to bring* |
| -плыва́ть/ плы́ть | *swim, sail* | отплыва́ть/отплы́ть | *to swim/sail away* |

Note especially the prefixed forms of **-езжа́ть/-éхать** (in each case the imperfective is first conjugation, and the perfective works just like **éхать**):

| | | | |
|---|---|---|---|
| *to approach* | (by transport): | подъезжа́ть/ подъéхать | (к + dat.) |
| *to arrive* | (by transport): | приезжа́ть/ приéхать | (в + acc.) |
| *to cross; move house* | (by transport): | переезжа́ть/ переéхать | (чéрез + acc.) |
| *to exit* | (by transport): | выезжа́ть/ вы́ехать | (из + gen.) |
| *to leave* | (by transport): | уезжа́ть/уéхать | (из + gen.) |
| *to pass* | (by transport): | проезжа́ть/ проéхать | (ми́мо + gen.) |

## 5 Всё, что

In order to say *everything which/that*, **что** preceded by a comma must be used:

обо всём, что случи́лось  *about everything that happened*

## 6   Object of a negative verb

If a masculine or neuter noun is the object of a negative verb, it should be put into the genitive case:

| | |
|---|---|
| **Она́ не ви́дела грузовика́** | *She didn't see the lorry* |
| **Он не обраща́л внима́ния на неё** | *He didn't pay any attention to her* |

Note: This rule is not always observed, especially with concrete masculine and neuter nouns, so that, for example, you might hear:

**Она́ не ви́дела грузови́к**      *She didn't see the lorry.*

# Упражнения

### 18.1   Прочитайте, посмотрите и ответьте!

Match the sentences on the left with the traffic signs on the right:

1   Ремонтные работы            (*a*)

2   Поворот направо запрещён   (*b*)

3   Кемпинг                     (*c*)

4   Пункт медицинской помощи   (*d*)

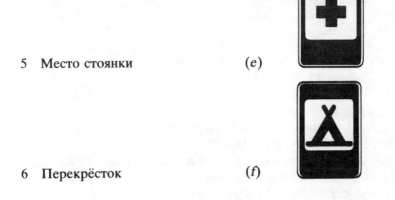

5 Место стоянки (e)

6 Перекрёсток (f)

---

| **поворо́т** *bend turn* | **запрещён** *forbidden* | **сто́янка** *parking* |

## 18.2 Прочитайте и напишите!

Read the extract from the policeman's notebook and then write a sentence for each one, reporting what the witness said:

| **Милиционер** | **Свидетель** (*witness*) |
| --- | --- |
| (a) Куда вы шли? | К станции метро |
| (b) Во сколько это было? | Это было часа в четыре |
| (c) Что вы видели? | Грузовик и старую женщину |
| (d) Что вы сделали? | Я подбежал к ней |
| (e) Как вы себя чувствуете сейчас? | Не очень хорошо |
| (f) Вы хотите поехать в медпункт? | Нет, не хочу |

(a) Свидетель сказал, что он шёл к станции метро.

## 18.3 Прочитайте и ответьте!

Read the police report below and answer the questions:

(a) Where was Amelia Green staying?
(b) What items were stolen?

(c)  Where were they stolen from?
(d)  When did the theft occur?

МВД СССР
Управление внутренних дел
гор. Москва
20 отделение милиции
от 29 марта 1991г

Начальник 20 отделения милиции г.Москвы
/ Калянан В.И.

СПРАВКА

Дана гр. Великобритании Грин Амелия, прож.
в гостинице Можайская № 410 о том, что 28
марта 1991 года она обратилась в 20 отделение
милиции г.Москвы с заявлением по поводу
кражи из её номера следующих вещей:

1.  Фотоаппарат «Миранда»
2.  30 фунтов стерлингов
3.  100 рублей

| | |
|---|---|
| **Великобрита́ния** | *Great Britain* |
| **кра́жа** | *theft* |
| **фотоаппара́т** | *camera* |
| **фунт** | *pound* |

### 18.4  Прочитайте и ответьте!

Complete your part of the conversation:

(a)  **Вы**    Tell Ivan he looks dreadful!
     **Иван**  Да, я плохо себя чувствую.
(b)  **Вы**    Ask what's the matter with him.
     **Иван**  Я только что видел аварию.
(c)  **Вы**    Ask what happened
     **Иван**  Грузовик ударил старую женщину.
(d)  **Вы**    Say that's terrible. Tell him to sit down
     **Иван**  Спасибо.
(e)  **Вы**    Ask him if he'd like some tea.
     **Иван**  Да, очень хочу. Вы очень добры.
(f)  **Вы**    Say don't mention it (he's welcome).

### 18.5 Прочитайте и напишите!

Complete the following description of Tamara's journey, using the prefixed forms of **-езжать/-ехать**:

На прошлой неделе Тамара _____ (*arrived*) в Псков на поезде. Она _____ (*cross*) через город на такси. Они _____ (*drove out of*) из центра города и _____ (*drove past*) мимо старых заводов. Наконец такси _____ (*drove up to*) к гостинице.

### 18.6 Прочитайте и ответьте!

Match the questions with the answers:

| | | | |
|---|---|---|---|
| 1 | Почему вы звоните ей? | (*a*) | Плохо. |
| 2 | Где произошла авария? | (*b*) | Чтобы узнать, как дела. |
| 3 | Как вы себя чувствуете? | (*c*) | Милиционеру. |
| 4 | Что вы хотите купить в аптеке? | (*d*) | Недалеко от станции метро. |
| 5 | Кому вы рассказали обо всём этом? | (*e*) | Таблетки. |

### 18.7 Прочитайте и ответьте!

Read the passage about what happened to Petya yesterday, then answer the questions:

Вчера по дороге на работу Петя зашёл в универсам. Поэтому (*therefore*) он поздно пришёл на работу, часов в десять. Он пообедал в два часа в буфете и вернулся на работу часа в три. В четыре часа Лена позвонила ему и сказала, что у неё два билета в кино, итак (*and so*) вчера вечером они ходили в кинотеатр. После фильма они поужинали в ресторане и Петя очень поздно вернулся (*to return*) домой ... В результате он сегодня ещё раз поздно пришёл на работу ... полодиннадцатого.

(*a*)  Во сколько Петя пришёл на работу вчера?
(*b*)  Во сколько он пообедал вчера?
(*c*)  Что он делал вчера вечером?
(*d*)  Во сколько он пришёл на работу сегодня?

Now answer the same questions about yourself.

# Всё понятно

## 1  Разговор

**Прочитайте разговор и ответьте на вопросы!**

Marina has left her umbrella and bag at the cinema and is ringing the lost property office (**бюро нахо́док**) to try and trace them.

| | |
|---|---|
| **Марина** | Алло́? Бюро́ нахо́док? |
| **Девушка** | Да, слу́шаю. |
| **Марина** | Я забы́ла в кинотеа́тре «Ко́смос» зо́нтик и су́мку. |
| **Девушка** | Когда́? |
| **Марина** | Вчера́ ве́чером. |
| **Девушка** | Опиши́те, пожа́луйста, зо́нтик. |
| **Марина** | Но́вый, кра́сный. |
| **Девушка** | А су́мка како́го цве́та? |
| **Марина** | Чёрная. |
| **Девушка** | Что бы́ло в су́мке? |
| **Марина** | Кошелёк, па́спорт, косме́тика, ро́зовый носово́й плато́к, чёрная ру́чка. |
| **Девушка** | Как ва́ша фами́лия? |
| **Марина** | Белоу́сова. |
| **Девушка** | Подожди́те. Я пойду́ посмотрю́ … |
| **Марина** | Спаси́бо вам большо́е. |
| **Девушка** | … Вам везёт. Ва́ши ве́щи у нас. Приезжа́йте! |
| **Марина** | Я так ра́да! Когда́ лу́чше прие́хать? |
| **Девушка** | Сейча́с же, е́сли мо́жно. Ведь бюро́ закрыва́ется в 5 часо́в. |
| **Марина** | Спаси́бо большо́е. До свида́ния. |
| **Девушка** | Пожа́луйста. До свида́ния. |

| | |
|---|---|
| забыва́ть/забы́ть | *to forget* (here: *leave*) |
| зо́нтик | *umbrella* |
| опи́сывать/описа́ть | *to describe* |
| кошелёк | *purse* |
| косме́тика | *make-up* |
| носово́й плато́к | *handkerchief* |
| вам везёт | *you are lucky/in luck* |

1 Марина забыла
зонтик и сумку

(*a*)  В театре
(*b*)  В кинотеатре
(*c*)  В метро
(*d*)  В бюро

2 У Марины
(*a*)  новый красный зонтик
(*b*)  новый чёрный зонтик
(*c*)  старый красный зонтик
(*d*)  новый розовый зонтик

3 Марине везёт, потому
что

(*a*)  Она забыла зонтик и сумку
(*b*)  Она знает, какого цвета зонтик
(*c*)  Бюро закрывается в 5 часов
(*d*)  Её вещи в бюро находок

## 2 Чтение

Прочита́йте текст и отве́тьте на вопро́сы по-англи́йски.

(*a*)  What different roles did Peter the Great fulfil?
(*b*)  Where did he spend his childhood?
(*c*)  What happened at the battle of Poltava?
(*d*)  Why did Peter the Great build Petersburg?
(*e*)  Why would people interested in Peter the Great want to visit the Hermitage?
(*f*)  What happened in 1824?

Пётр I – удиви́тельный челове́к: ру́сский импера́тор, полково́-дец, диплома́т и кораблестрои́тель, роди́лся в 1672 году́. Его́ де́тские го́ды прошли́ в Москве́.

В 1709 году́ под Полта́вой произошло́ гла́вное сраже́ние Се́верной войны́ (1700–1721), в кото́ром ру́сская а́рмия под кома́ндованием Петра́ I победи́ла войск шве́дского короля́ Ка́рла XII. Санкт-Петербу́рг был осно́ван Петро́м I в 1703 году́ как но́вая столи́ца Росси́и, как «окно́ в Евро́пу». Деревя́нный дóмик Петрá, пáмятник пéрвых лет Санкт-Петербýрга, мóжно вúдеть и сегóдня. Мóжно посетúть и лéтний дворéц Петрá, Эрмитáж (средú экспонáтов котóрого – лúчные вéщи Петрá), Петропáвловскую крéпость, гóрод фонтáнов – Петродворéц.

Пётр I ýмер в 1725 годý. Сáмый извéстный пáмятник Петрý «Мéдный всáдник»; так назывáл Пýшкин э́тот пáмятник, котóрый считáется эмблéмой гóрода. Пýшкин, котóрый послéдние гóды прóжил и ýмер в Санкт-Петербýрге, написáл поэ́му «Мéдный всáдник». Э́то поэ́ма о наводнéнии, котóрое случúлось в Санкт-Петербýрге в ноябрé 1824 гóда. До сих пор это наводнéние считáется сáмым хýдшим наводнéнием в истóрии гóрода.

| войнá | war |
| войскá (n. pl.) | troops, forces |
| деревя́нный | wooden |
| дворéц | palace |
| глáвный | main |
| Еврóпа | Europe |
| импера́тор | emperor |
| как бýдто | as if |
| кораблестрои́тель | shipbuilder |
| крéпость (f.) | fortress |
| лúчный | personal |
| Мéдный всáдник | Bronze Horseman |
| наводнéние | flood |
| называ́ть/назва́ть | to call, name |
| ны́не | nowadays |
| окнó | window |
| оснóван | founded |
| полковóдец | general |
| побежда́ть/победи́ть | to conquer, vanquish |
| сражéние | battle |
| средú (+ genitive) | among |
| удиви́тельный | amazing, surprising |
| фонтáн | fountain |
| швéдский корóль | Swedish king |
| экспонáт | exhibit |

**Санкт-Петербург – Медный всадник**/St. Petersburg – The Bronze Horseman

# 19 Спасибо за письмо *Thank you for the letter*

The aim of this unit is to teach you how to present formal and informal letters in Russian. You will learn how to report what people have asked and you will be given further practice in expressing feelings and opinions.

## Диалог

Ira has just received a letter from her sister, Nina, and is telling her mother about it.

| | |
|---|---|
| **Ира** | Мама, я сегодня получила письмо от Нины. |
| **Мама** | Я надеюсь, что у неё всё в порядке. Она долго не писала. |
| **Ира** | Не беспокойся, мама. Вот что она пишет: «Милая Ирочка! Спасибо за письмо. Прости, что так долго не писала. Последние три недели были довольно напряжёнными … |
| **Мама** | Боже мой! Я надеюсь, что она не заболела! |
| **Ира** | Не волнуйся, мамочка … «… потому, что на работе мы готовили договор с французской компанией…» |
| **Мама** | Я же говорила ей, что было бы лучше работать учительницей … |
| **Ира** | Мама, прошу тебя, не перебивай меня!.. «… и, конечно, мне надо было работать над переводами разных документов. Но теперь мы кончили всю эту работу и директор сказал, что он очень доволен моей работой…» |
| **Мама** | Ну, конечно, ведь Ниночка такая умная, способная девушка! |
| **Ира** | Мама! |

«и вчера́ он спроси́л меня́, хочу́ ли я пое́хать с ним в Пари́ж...»

**Мама**     Что за безобра́зие! Она́, коне́чно, отказа́лась от тако́го приглаше́ния?

**Ира**     Ма́мочка, прошу́ тебя́, слу́шай!

«в ка́честве перево́дчицы. Бу́дет о́чень ве́село и интере́сно, потому́ что Мари́я Никола́евна, жена́ дире́ктора, то́же е́дет (ты по́мнишь, она́ рабо́тает в Эрмита́же здесь в Санкт-Петербу́рге). Она́ уже́ была́ в Пари́же и пока́жет нам са́мые интере́сные места́. Мы пое́дем че́рез де́сять дней, то есть пятна́дцатого числа́. Всем приве́т! Пиши́! Целу́ю, Ни́на.»

**Мама**     Чуде́сно! ... По́чта по-мо́ему откры́та до девяти́.

**Ира**     Не понима́ю.

**Мама**     Ну, я где-то ви́дела ру́чку ... вот она́ ... Напиши́ письмо́ как мо́жно скоре́е, скажи́ Ни́ночке, что в Пари́же на́до купи́ть и духи́, и ...

| | |
|---|---|
| дово́льно | *quite* |
| напряжённый | *pressurised, tense, strained* |
| Бо́же мой! | *Good gracious!* (lit. *My God*) |
| волнова́ться/взволнова́ться | *to be agitated, upset, worried* |
| догово́р | *agreement, contract* |
| компа́ния | *company* |
| перебива́ть/переби́ть (перебью́, перебьёшь) | *to interrupt* |
| рабо́тать над (+ instrumental) | *to work on* |
| перево́д | *translation* |
| у́мный | *clever* |
| спосо́бный | *able, efficient* |
| что за безобра́зие! | *it's disgraceful!* |
| отка́зываться/отказа́тсья от + genitive) | *to refuse* |
| в ка́честве (+ genitive) | *as, in the capacity of* |
| перево́дчица (m. перево́дчик) | *translator, interpreter* |
| то есть (т.е.) | *that is* (i.e.) |
| всем приве́т | *greetings to everyone* |

| | |
|---|---|
| целу́ю | *love from* (lit. *I kiss*) |
| чуде́сно (чуде́сный) | *wonderful* |
| до девяти́ | *until nine o'clock* |
| где-то | *somewhere* |
| как мо́жно скоре́е | *as soon/quickly as possible* |

# Примечания

## Letters

Headings and endings vary depending on whether the letter you are writing is formal or informal. Here are some examples of formal and informal approaches:

**Formal**

*Headings:*

| | |
|---|---|
| Уважа́емый господи́н дире́ктор! | Lit. *respected director* – rather than just **Уважа́емый господи́н** *Dear Sir*, use the title of the person's job |
| Уважа́емая Мари́я Никола́евна! | For someone you don't know well enough to call just by their first name – equivalent to the English *Dear Mrs. Jones* |
| Глубокоуважа́емый профе́ссор Бы́ков! | Lit. *Deeply respected Professor* |

*Endings:*

| | |
|---|---|
| С уваже́нием | Lit. *with respect* – the equivalent of both *yours sincerely* and *yours faithfully* |
| С глубо́ким уваже́нием | Lit. *with deep respect* – *yours very sincerely* |

**Informal**

*Headings:*

| | |
|---|---|
| Дорого́й Бори́с! | *Dear Boris!* |
| Дорога́я Та́ня! | *Dear Tanya!* |
| Ми́лый Пе́тя! | *Dear Petya!* – use **ми́лый** for your nearest and dearest (but not between men) |

*Endings:*

| | |
|---|---|
| Целу́ю | Lit. *I kiss* – equivalent to *love from* |
| Всего́ хоро́шего/до́брого | *All the best* |
| Всего́ вам са́мого наилу́чшего | *All the very best* |
| До ско́рого свида́ния | *See you soon* |
| Твой Пе́тя | *Your Petya* |
| Ва́ша Га́ля | *Your Galya* |

Of course, letters of both kinds may end with various exhortations for a reply – formally, for example, **Наде́емся на ско́рый отве́т** (lit. *We hope for a speedy reply*), and informally, **Пиши́! Я о́чень жду твоего́ письма́** (lit. *Write! I'm really waiting for your letter*). When addressing an envelope, note that Russians write the address in a different order:

| | |
|---|---|
| Росси́я | (*country first*) |
| Пермь 36 | (*town and district number*) |
| улица Одоевского, д. 42, кв. 73 | (*street, house no., flat no.*) |
| Яблокову В.Н. | (*surname in dative, initials of first name and patronymic*) |

Tourists addressing cards and letters to England should write the address in the normal way, but write **АНГЛИЯ** next to the word **КУДА** (*where to*). Letters, postcards and parcels *walk* by post (**Из Росси́и в А́нглию письмо́** *идёт* **дней во́семь**, *a letter takes about eight days from Russia to England*). The following cartoon indicates that some Russians think their postal service is rather slow off the mark (**сро́чный**, *urgent*):

# Вопросы?

**1   Правда или неправда**

(*a*)  Мама получила письмо от Нины.
(*b*)  Нина много работала за последние три недели.
(*c*)  Мама всё время перебивает Иру.
(*d*)  Директор пригласил Иру в Париж.
(*e*)  Почта закрывается в девять часов.

**2   Ответьте на вопросы!**

(*a*)  Когда Ира получила письмо?
(*b*)  Кем работает Нина?
(*c*)  Где она работает?
(*d*)  Куда она поедет через десять дней?
(*e*)  Что она должна будет купить в Париже для мамы?

# Внимание

How to:

1   *Open and close informal letters.*

Ми́лая Йрочка!
Дорого́й Бори́с!
Целу́ю
Всего́ хоро́шего

2   *Open and close formal letters.*

Уважа́емая Мари́я Никола́евна!
Уважа́емый господи́н дире́ктор!
С уваже́нием

3   *Report what people have asked.*

Он спроси́л меня́, хочу́ ли я пое́хать с ним в Пари́ж.

4   *Express feelings and opinions.*

Я наде́юсь, что ...
Бо́же мой!
Что за безобра́зие!
Чуде́сно!

# Почему это так?

## 1   Instrumental case

In the phrase **после́дние три неде́ли бы́ли дово́льно напряжён-
ными** the adjective **напряжённый** is in the instrumental case. This
is because the complement of the verb *to be* (that which completes
our knowledge of the subject of the verb *to be* – i.e. the word
which tells us more about the subject) in the past, future or
imperative (command) form – *but not in the present!* – must
usually be in the instrumental case:

Де́сять лет наза́д (*ago*) он был студе́нтом, а тепе́рь он перево́д-
чик *Ten years ago he was a student, but now he is a translator*

## 2   Indirect question

In English we introduce an indirect question by either *if* or
*whether*:

Direct question:   He asked 'Do you want to go to Paris?'
Indirect Question:  He asked if/whether I wanted to go to Paris.

In unit 18 we saw that Russian indirect statements retain the tense
of the original statement and this also applies to indirect questions.
In Russian there is only one way to introduce an indirect question
– with the participle **ли** (never use **éсли** in an indirect question).
Word order is important in indirect questions:

(a)  He asked (they
     wondered etc.)
(b)  comma
(c)  Verb
(d)  ли
(e)  Subject

Он спроси́л меня́, хочу́ ли я
пое́хать в Пари́ж

Ма́ма хоте́ла знать, отказа́лась ли Ни́на  *Mother wanted to know if/whether Nina had refused*

Нина не зна́ла, пое́дут ли они́  *Nina didn't know if they would go*

## 3  Как мо́жно скоре́е

The formula **как мо́жно** + comparative adverb can be used in a number of useful expressions, for example:

| | |
|---|---|
| как мо́жно бо́льше | *as much as possible* |
| как мо́жно лу́чше | *as well as possible* |
| как мо́жно ти́ше | *as quietly as possible* |

## 4  Cardinal numerals in Time Phrases

In the phrase **до девяти́** the cardinal numeral **де́вять** (*nine*) is in the genitive case (**до** + genitive = *until, as far as, before*). All cardinal numerals decline (i.e. have case endings) – it is particularly useful to know these when you are dealing with time phrases, e.g.: *from* (**с** + gen.) *9am until* (**до** + gen.) *5pm, by/at about* (**к** + dat.) *3pm*. Cardinal numerals like **де́вять** which end in a soft sign decline like a feminine soft sign noun (e.g. **дверь**; note that **во́семь** has a fleeting **e** which is replaced by a soft sign in all cases except the instrumental); **оди́н** declines like **э́тот**. The declensions of 2, 3, 4 resemble one another and have very distinctive sounds which make them easy to remember:

| Nominative | два/две | три | четы́ре |
|---|---|---|---|
| Accusative | два/две | три | четы́ре |
| Genitive and Prepositional | двух | трёх | четырёх |
| Dative | двум | трём | четырём |
| Instrumental | двумя́ | тремя́ | четырьмя́ |

| Он рабо́тал с восьми́ до оди́ннадцати | *He worked from 8 until 11* |
| Приезжа́йте, пожа́луйста, к трём часа́м | *Please be here by 3* |

## 5 Где-то

This is an example of an indefinite adverb and means *somewhere*. The participle **-то** can be used in a similar way with other interrogative adverbs (*when? how?*) and interrogative pronouns (*who? what?*):

| когда́-то | *sometime* (with some specific time in mind) |
| кто́-то | *someone* (with some specific person in mind) |
| что́-то | *something* (with some specific thing in mind) |

Кто-то позвони́л тебе́ часо́в в во́семь  *Someone rang you at about eight*

If the meaning is vaguer than this, the particle **-нибудь** is used:

| когда́-нибудь | *sometime* (with the sense of *any time at all, whenever it may be*) |
| кто́-нибудь | *someone* (with the sense of *anyone at all, whoever it may be*) |
| что́-нибудь | *something* (with the sense of *anything at all, whatever it may be*) |

Мне ску́чно. Дава́йте пое́дем куда́-нибудь  *I'm bored. Let's go somewhere*

## 6 Declension of surnames

The surname of the addressee on an envelope must be in the dative case. Russian surnames hold a few surprises; for example, masculine surnames ending in **-ов**, **-ев** or **-ин** decline exactly like a regular masculine noun ending in a consonant, except for the instrumental which ends in **-ым**; feminine surnames which end in **-ова**, **-ева** or **-ина** decline like a regular feminine noun ending in an **-а**, except for the genitive, dative and instrumental which all end in **-ой**. Surnames which end in **-ский** decline exactly like adjectives. So in addresses, **И.П.Петро́вич**, **В.М.Петро́ва** and **Н.Б.Петро́вский** would appear as:

Петро́вичу, И.П.    Петро́вой, В.М.    Петро́вскому, Н.Б.

# Упражнения

### 19.1 Прочитайте и ответьте!

Look at the details of the following people and then write out the address of each one as you would on an envelope.

(*a*) Борис Николаевич Шмелёв живёт в Санкт-Петербурге (109262); адрес: улица Зацепа, дом 20, квартира 57
(*b*) Мария Александровна Плотникова живёт в Воронеже (394001); адрес: Рябиновая улица, дом 21, квартира 76
(*c*) Фёдор Иванович Соколовский живёт в Москве (117552); адрес: Минская улица, дом 62, квартира 15.

### 19.2 Прочитайте, посмотрите и ответьте!

Look at the following advertisement for a competition and answer the questions:

(*a*) How often is the prize offered?
(*b*) What is it awarded for?
(*c*) Who may take part in the competition?
(*d*) What may competitors write about?

**ЕЖЕГОДНЫЙ ПРИЗ ЖУРНАЛА «ПУТЕШЕСТВИЕ» В РОССИИ ЗА ЛУЧШУЮ ПУБЛИКАЦИЮ О ТУРИЗМЕ В РОССИИ**

Приз «Добрый путь» присуждается иностранным писателям за опубликование материалов о туристской поездке в России:
о достопримечательностях, природе, памятниках истории и культуры России, встречах с советскими людьми, о турах, экскурсиях, национальной кухне и современной жизни в России.

*Добрый путь*

| | |
|---|---|
| опубликова́ние, публика́ция | *publication* |
| присужда́ться | *to be awarded* |
| писа́тель (m.) | *writer* |
| достопримеча́тельности (f.pl) | *sights* |
| совреме́нный | *contemporary, modern* |

### 19.3 Прочитайте и напишите:

Natasha is feeling very uncertain today! Give her answers to Petya's questions:

| Петя | Наташа |
|---|---|
| (*a*) Мама уже получила моё письмо? | Я не знаю, получила ли она письмо. |
| (*b*) Нина сказала, что она поедет в Париж? | |
| (*c*) Борис приедет сегодня? | |
| (*d*) Вадим любит смотреть телевизор? | |
| (*e*) Валя прочитала всю книгу? | |
| (*f*) Директор подписал (*sign*) договор? | |

### 19.4 Прочитайте и ответьте!

Read the following information about Lyuda:

Люда живёт в Новосибирске. У неё один брат, Саша, который живёт с мамой в Москве. Саша не женат. Люда замужем. Мужа зовут Николай. Люда старается писать маме раз в неделю, но иногда она так занята, что у неё просто нет времени. Тогда она звонит маме по телефону, хотя иногда это тоже трудно. Она предпочитает писать письма, если есть время.

| | |
|---|---|
| **жена́т** *married* (of a man) | **за́мужем** *married* (of a woman) |

Now answer these questions
about Lyuda:

(*a*)  Где Люда живёт?
(*b*)  У неё есть сестра?
(*c*)  Как зовут её мужа?
(*d*)  Она часто пишет маме?
(*e*)  Почему иногда она не
    может писать?

And about yourself:

(*i*)   Где вы живёте?
(*ii*)  У вас есть братья и
    сёстры?
(*iii*) Вы женаты/
    замужем?
(*iv*)  Вы предпочитаете
    писать письма или
    говорить по теле-
    фону?

## 19.5   Прочитайте и ответьте!

Read the letter and answer the questions:

(*a*)  Кем работает профессор Смит?
(*b*)  Когда он узнает, где можно получить авиабилет?
(*c*)  Когда он должен подтвердить, что приедет на Конгресс?
(*d*)  Кто подписал письмо?

г.Москва
20 апреля 1995 года

Уважаемый профессор Смит!
   Организационный комитет XII конгресса
психологов информирует, что Вы включены
в число участников Конгресса.
   В конце июня – начале июля мы сообщим
Вам, где можно получить авиабилет.
   Просим подтвердить Ваше участие в
Конгрессе, сообщив дату, номер рейса
не позднее 1 августа 1995г.
   С уважением,

Секретарь
И.С.Хмелевский

| | |
|---|---|
| психо́лог | *psychologist* |
| Вы включены́ | *you are included* |
| уча́стник | *participant* |
| сообща́ть/сообщи́ть | *to communicate, announce* |
| подтвержда́ть/подтверди́ть | *to confirm* |
| рейс | *flight* |

# Всё поня́тно?

## 1 Разговор

**Прочитайте разговор и ответьте на вопросы!**

A journalist is interviewing Marina Vladimirovna, a television producer.

| | |
|---|---|
| **Журналист** | Мари́на Влади́мировна, кем вы рабо́таете? |
| **Марина** | Я режиссёр. |
| **Журналист** | В чём и́менно состои́т ва́ша рабо́та? |
| **Марина** | Я режиссер докумета́льных фи́льмов. |
| **Журналист** | Каки́х, наприме́р? |
| **Марина** | Ну, … фи́льмов по литерату́ре, по исто́рии … |
| **Журналист** | Ско́лько лет вы рабо́таете режиссёром? |
| **Марина** | Лет де́сять. До э́того я рабо́тала перево́дчицей. |
| **Журналист** | И каку́ю рабо́ту вы предпочита́ете? |
| **Марина** | Коне́чно, интере́сно бы́ло рабо́тать перево́дчицей, но я бо́льше люблю́ рабо́тать режиссёром. |
| **Журналист** | Почему́? |
| **Марина** | Ну … рабо́та така́я интере́сная, тво́рческая. |
| **Журналист** | Мари́на Влади́мировна, над чем вы сейча́с рабо́таете? |
| **Марина** | Сейча́с мы снима́ем фильм о жи́зни в Санкт-Петербу́рге в нача́ле э́того ве́ка. |
| **Журналист** | Ско́лько часо́в в день вы рабо́таете? |
| **Марина** | Тру́дно сказа́ть, но теорети́чески я рабо́таю с девяти́ до шести́. |
| **Журналист** | А на пра́ктике? |

**Марина**     На пра́ктике я ещё в телесту́дии в де́сять, да́же в оди́ннадцать часо́в ве́чера.

| | |
|---|---|
| режиссёр | *producer* |
| в чём и́менно состои́т рабо́та? | *what exactly does the job involve?* |
| тво́рческий | *creative* |
| снима́ть/снять фильм | *to shoot a film* |
| теорети́чески | *in theory* |
| на пра́ктике | *in practice* |
| телесту́дия | *television studio* |

1   Марина режиссёр

(*a*)  романтических фильмов
(*b*)  музыкальных передач
(*c*)  спортивных программ
(*d*)  документальных фильмов

2   Десять лет назад она работала

(*a*)  режиссёром
(*b*)  переводчицей
(*c*)  учительницей
(*d*)  врачом

3   Сейчас она снимает фильм

(*a*)  о Москве
(*b*)  об истории Ленинграда
(*c*)  о журналистах
(*d*)  о писателях

4   теоретически она работает

(*a*)  с восьми утра до девяти вечера
(*b*)  с девяти утра до дестяи
(*c*)  с девяти утра до шести вечера
(*d*)  с десяти утра до шести вечера

## 2   Чтение

Прочитайте текст и ответьте на вопросы!

(*a*)  What was Galina pleased to learn from John's letter?
(*b*)  How much holiday do teachers get every year in Russia?
(*c*)  What does Galina like to do most of all in her holidays?
(*d*)  How did she feel towards the end of June?
(*e*)  Where did she go as soon as her holiday began?
(*f*)  What was the temperature at the beginning of July?
(*g*)  What was her opinion of the Black Sea resort?

г.Пермь
7 сентября 1995г.

Дорогой Джон!

Мне бы́ло о́чень прия́тно получи́ть Ва́ше письмо́ и узна́ть, что о́тпуск Ваш прошёл хорошо́.

Я то́же дово́льна свои́м о́тдыхом. О́тпуск преподава́телей ву́зов и шко́льных учителе́й составля́ет в на́шей стране́ 48 рабо́чих дней (то есть 8 неде́ль), так что у меня́ была́ возмо́жность занима́ться дома́шними дела́ми и путеше́ствовать – после́днее мне о́чень нра́вится. К концу́ уче́бного го́да (то есть к концу́ ию́ня) я почу́вствовала, что о́чень уста́ла. Поэ́тому в нача́ле ию́ля, как то́лько я вы́шла в о́тпуск, я уе́хала за́ город к ро́дственникам (на ле́тнюю кварти́ру и́ли, как мы говори́м, на «да́чу»). Там я пла́вала, гуля́ла (температу́ра днём до +35 гра́дусов) и помога́ла мои́м ро́дственникам в саду́, где ле́том всегда́ мно́го рабо́ты. Пото́м я уе́хала на куро́рт на Черномо́рское побере́жье – чуде́сно! – мя́гкий кли́мат, тёплое мо́ре и хоро́шие усло́вия для о́тдыха.

Сейча́с мой о́тпуск уже́ позади́; впереди́ мно́го рабо́ты – в э́том году́ мы перехо́дим на но́вые уче́бные пла́ны. И до́ма есть рабо́та – пора́ сде́лать ремо́нт в кварти́ре.

Вот пока́ и все мои́ но́вости. Переда́йте, пожа́луйста, приве́т Ва́шим колле́гам, с кото́рыми я познако́милась, когда́ я была́ в Ва́шей стране́ в про́шлом году́. Пиши́те! Мне бу́дет интере́сно узна́ть о Ва́шем ле́тнем путеше́ствии (где, в каки́х места́х бы́ли, что ви́дели интере́сного). Жду Ва́шего отве́та!

Ва́ша Гали́на

| | |
|---|---|
| **возмо́жность** (f.) | *opportunity* |
| **впереди́** | *ahead, in front* |
| **да́ча** | *holiday home; house in the country* |
| **колле́га** | *colleague* |
| **но́вости** (f.pl.) | *news* |
| **позади́** | *behind* |
| **поэ́тому** | *therefore* |
| **путеше́ствовать** | *to travel* |
| **ро́дственник** | *relative, relation* |
| **составля́ть/соста́вить** | *to make up, put together, compose* |
| **уче́бный год** | *academic year* |

# 20 Приезжайте к нам опять!
## *Come and see us again!*

The aim of this unit is to teach you further expressions involving possession and self. You will find out more about the use of numerals and you will also learn further ways of expressing appreciation and thanks.

## Диалог

Anna is spending her last evening in Moscow at Ira's flat. Sasha and Volodya are there too.

| | |
|---|---|
| **Ира** | А вот и Саша. Ты принёс с собой бутылку шампанского, да? |
| **Саша** | Да, вот она. (*pours out champagne*) Володя сейчас придёт. Он сказал, что принесёт свой фотоаппарат ... А вот и он. |
| **Ира** | Привет ... Ну, чей это бокал? Мой, да? ... Хорошо, я предлагаю тост за Анну! |
| **Все** | За Анну! |
| **Анна** | Спасибо. Я тоже хочу предложить тост ... за своих русских друзей! |
| **Ира** | Спасибо, Анна ... Ну, скажи, как тебе понравилось твоё пребывание в Москве? |
| **Анна** | Очень. Всё удивительно интересно. |
| **Володя** | Даже на лекциях о живописи? |
| **Ира** | Что ты, Володя! Ведь такие лекции очень интересны для тех, кто любит искусство. |
| **Анна** | Да ... но для меня интереснее всего было познакомиться с Ирой и с её друзьями. |
| **Ира** | Спасибо, Анна! |
| **Анна** | Я действительно очень благодарна вам всем за всё – за билеты в театр, и за поездку за город ... Спасибо. |

| | |
|---|---|
| **Ира** | Ещё шампа́нского!.. |
| **Саша** | Во ско́лько самолёт вылета́ет за́втра, А́нна? |
| **Анна** | Полдеся́того. |
| **Воло́дя** | Ты уже́ купи́ла все свои́ сувени́ры? |
| **Анна** | Да, я купи́ла два краси́вых платка́ (э́то ма́ме и тёте), пласти́нки для бра́та, матрёшку для племя́нницы, пять-шесть интере́сных книг для друзе́й … |
| **Ира** | Мно́го! А что ты купи́ла для себя́? |
| **Анна** | (*sighs*) Пока́ ничего́. Вре́мени не́ было. |
| **Ира** | Я так и ду́мала! … Ну вот, А́нна, э́то пода́рок от нас всех … ру́сская балала́йка. |
| **Анна** | Спаси́бо. Вы о́чень добры́. |
| **Ира** | Пожа́луйста … приезжа́йте к нам опя́ть! Мы бу́дем о́чень ра́ды. |

| | |
|---|---|
| **ты привёз с собо́й** | *you have brought with you* |
| **чей э́то бока́л?** | *whose champagne glass is this?* |
| **за свои́х ру́сских друзе́й** | *to my Russian friends* |
| **пребыва́ние** | *stay* |
| **для тех, кто** | *for those who* |
| **интере́снее всего́** | *most interesting of all* |
| **благода́рный** | *grateful* |
| **все свои́ сувени́ры** | *all your souvenirs* |
| **плато́к** (fleeting **o**) | *shawl* |
| **матрёшка** | *matryoshka doll* |
| **племя́нница** (m. **племя́нник**) | *niece* |
| **для себя́** | *for yourself* |
| **пока́ ничего́** | *nothing yet* |
| **я так и ду́мала** | *I thought as much* |
| **балала́йка** | *balalaika* (musical instrument) |
| **приезжа́йте к нам опя́ть** | *come and see us again* |

# Примечания

## Сувени́ры

A balalaika is a stringed musical instrument (usually 2–4 strings) with a triangular body – the Russian version of a guitar. It is commonly used in a **фолькло́рный анса́мбль** to accompany national folk songs and dances. Balalaikas come in different sizes and there are balalaika orchestras (with instruments ranging in size from that of a violin to a double bass).

Matryoshka dolls are wooden and painted as if in peasant dress with successively smaller identical dolls fitted one inside the other. Other popular souvenirs are the fur hat (**мехова́я ша́пка**) and the samovar (**самова́р**) – a sort of decorative urn for boiling water to make tea; these used to be heated by charcoal, but are now fitted with connections like an electric kettle.

# Вопросы

## 1 Правда или неправда?

(*a*)  Воло́дя привёз с собой буты́лку шампа́нского.
(*b*)  Ира предлага́ет тост за Са́шу.
(*c*)  Анна благода́рит свои́х ру́сских друзе́й.
(*d*)  Самолёт вылета́ет в 9 ч.30 мин.
(*e*)  Анна купи́ла матрёшку для бра́та.

## 2 Отве́тьте на вопро́сы!

(*a*)  Какой тост Анна предлага́ет?
(*b*)  Как Анне понра́вилось пребыва́ние в Москве́?
(*c*)  За что она благода́рит Иру, Са́шу и Воло́дю?
(*d*)  Что Анна купи́ла ма́ме?
(*e*)  Какой пода́рок Анна получа́ет от Иры, Воло́ди и Са́ши?

# Внима́ние

How to:

1  *Ask about possession.*

Чей э́то бока́л?

2  *Indicate possession (one's own).*

Са́ша принесёт свой фотоаппара́т
А́нна предлага́ет тост за свои́х ру́сских друзе́й.

3 *Talk about oneself.*

Ты привёз с собóй буты́лку шампáнского?
А что ты купи́ла для себя́?

4 *Express appreciation.*

Я óчень благодáрна вам за всё

5 *Say how many and of what kind.*

два краси́вых платкá
пять-шесть интерéсных книг

# Почему это так?

## 1 Свой

This word indicates possession by the subject of the nearest verb and can mean *my own, your own, his/her own, our own, their own*. As far as **я, ты, мы, вы** are concerned, **свой** is an alternative to **мой, твой, наш, ваш** (although you are more likely to find **свой** in conversational Russian, especially as an alternative to **твой**):

| | |
|---|---|
| Я читáю мою́/свою́ кни́гу | *I am reading my book* |
| Ты забы́л свой фотоап-пара́т? | *Have you forgotten your camera?* |

However, it is not an alternative to **его́, её, их**; when you are dealing with *his, her, their* you must work out whether you mean *his own, her own, their own* or not:

| | |
|---|---|
| Бори́с читáет свою́ кни́гу | *Boris is reading his (own) book* |
| Бори́с читáет его́ кни́гу | *Boris is reading his book (i.e. a book belonging to someone else)* |

Remember: **свой** indicates possession by the subject of the verb, it cannot describe the subject of the verb; if you want to describe the subject of a verb you must use **мой, твой, его́, её, наш, ваш, их**:

| | |
|---|---|
| Моя́ сестрá преподаёт ита-лья́нский язы́к | *My sister teaches Italian* |

| Он сказа́л, что его́ сестра́ | *He said that his sister had* |
| уже́ купи́ла балала́йку | *already bought a balalaika* |

## 2 Себя́

**Себя́** means *oneself*; it is used in all cases except the nominative:

Accusative: себя́ Dative: себе́ Instrumental: собо́й
Genitive: себя́ Prepositional: себе́

It can refer to any person of the verb (i.e. **я, ты, он**, etc.) and it must be used when *self*, referring back to the subject of the verb, is stated or can be understood:

| А что ты купи́ла для себя́? | *And what have you bought for yourself?* |
| Са́ша привёз с собо́й шам-па́нское | *Sasha has brought the champagne with him(self)* |

## 3 Чей

This means *whose* (it is an interrogative pronoun); in the singular its masculine, feminine and neuter forms are:

| чей: | Чей э́то бока́л? | *Whose is this (champagne) glass?* |
| чья: | Чья э́то матрёшка? | *Whose is this matryoshka doll?* |
| чьё: | Чьё э́то письмо́? | *Whose is this letter?* |

The plural form (irrespective of gender) is **чьи:**

| чьи: | Чьи э́то сувени́ры? | *Whose are these souvenirs?* |

## 4 Numerals

When numerals are used with adjectives as well as nouns, use the genitive plural of both the adjective and the noun if you are dealing with numbers 5 and above: **пять интере́сных книг**.
Note that this does not apply to 2, 3, 4 and their compounds (32, 44, etc.). With these numbers use the genitive plural of the adjective and the genitive singular of masculine and neuter nouns:

| | |
|---|---|
| Три́дцать два англи́йских тури́ста | *32 English tourists* |
| Три интере́сных письма́ | *3 interesting letter* |

Use the nominative (or the genitive) plural of the adjective and genitive singular of feminine nouns:

| | |
|---|---|
| Три ру́сские [ру́сских] бала-ла́йки | *3 Russian balalaikas* |

**Оди́н, одна́, одно́** (and their compounds) behave like adjectives (and it doesn't matter how large the number – if the last digit is *one*, then the following adjective and noun agree with *one*!):

| | |
|---|---|
| Одна́ но́вая кни́га | *1 new book* |
| Ты́сяча пятьсо́т два́дцать одна́ но́вая кни́га | *1,521 books* |

Note that **оди́н** has a plural form, **одни́**, which like **оди́н** and **одна́** can be used if you want to say *alone* –

| | |
|---|---|
| Бори́с и Ири́на пое́хали в Со́чи одни́ | *Boris and Irina went on their own/alone to Sochi.* |

For further notes on the use of numerals, see Appendix 1.

# 5 Тот

**Тот** is a demonstrative pronoun meaning *that*. The construction **тот, кто** means *the one who, he who*. Note that the verb after **те, кто** (*those who*) is usually in the singular:

Для тех, кто лю́бит иску́сство   *For those who love art*

Note that **тот же** means *the same* and **тот же са́мый** *the very same* – both **тот** and **са́мый** must agree with the noun they describe:

| | |
|---|---|
| Он чита́л ту же (са́мую) газе́ту ка́ждый день | *He read the (very) same paper every day* |

A full declension of **тот** is given in Appendix 1.

# Упражнения

**20.1  Прочитайте и ответьте!**

Match the questions with the answers:

1  Во сколько самолёт вылетает?

2  Что ты принёс с собой?

3  Чья это пластинка?

4  Как вам нравится этот город?

5  За что вы благодарите их?

(*a*)  Свою балалайку

(*b*)  Очень. Всё так интересно!

(*c*)  За поездку за город.

(*d*)  К трём часам

(*e*)  Моя

**20.2  Посмотрите, прочитайте и ответьте!**

КАКУЮ СУМКУ ВЗЯТЬ В ДОРОГУ?

У тех, кто собирается в отпуск, в командировку, туристическую или спортивную поездку, затруднений не будет: конгалантерейная фабрика "МЕДВЕДКОВО" предлагает широкий выбор лёгких и прочных сумок.

Конгалантерейная фабрика «МЕДВЕДКОВО»

Look at the advertisement on page 277 and answer the questions:

(*a*)  What question does the advertisement pose?
(*b*)  What types of journey would the products of the Medvedkovo factory be suitable for?
(*c*)  What choice of bags is available?

---

**командиро́вка** *business trip* **затрудне́ние** *difficulty, trouble*
**собира́ться/собра́ться** *to prepare oneself, intend*
**про́чный** *strong, lasting*
**кожгалантере́йная фа́брика** *leather goods factory*

---

### 20.3   Прочитайте и напишите!

You have just returned from a holiday in Moscow and decide to write and thank your friend. Read the extracts below from your diary and address book and thank your friend for each point mentioned.
Address the card appropriately:

| | |
|---|---|
| Суббота: | 2 билета в театр на балет «Снегурочка» |
| Воскресенье: | Поездка за город (собирали грибы два часа!) |
| Понедельник: | Экскурсия в дом-музей П.И.Чайквоского |
| Вторник: | Обед в ресторане «Колобок» |

Губанов, А.П. (Анатолий);
105554 Москва,
Первомайская ул., д. 45, кв. 29

### 20.4   Прочитайте и ответьте!

Look at this form and answer the questions:

(*a*)  What information must you provide if you want washing/dry-cleaning done?
(*b*)  How often are orders taken for this service?
(*c*)  What must you do with the form when you have completed it?

# БЛАНК–ЗАКАЗ НА СТИРКУ/ХИМЧИСТКУ

Номер комнаты: _____

Фамилия: _____

Дата отъезда: _____

Наименование вещей: _____

Подпись: _____

Дата: _____

Примечание:   1. Приём заказа ежедневно до 11.00 утра.
2. Заполните бланк и оставьте на столе.

---

**стирка** washing **химчистка** *dry-cleaning* **отъе́зд** *departure*
**наименова́ние** *name/naming* **по́дпись** (f.) *signature*
**ежедне́вно** *daily* **оставля́ть/оста́вить** *to leave*

---

## 20.5   Прочитайте и ответьте!

Read the following information about **Лидия Павловна Карпова** and answer the questions:

Лидия Павловна живёт в Хабаровске, в Сибири. Хабаровск находится на востоке страны. Она на пенсии и живёт одна потому, что её муж умер десять лет назад. У неё в семье сын, невестка и два внука. К счастью её сын, Коля, живёт надалеко от неё и он часто помогает ей; например, если она больна, он делает покупки. У Лидии два внука, Пётр и Андрей. Вот что Лидия рассказывает о своих внуках: «Петя студент, хочет стать врачом. Он очень интересуется музыкой, прекрасно играет на скрипке – серьёзный такой мальчик. Андрюша всё ещё учится в школе. Он увлекается футболом и надо сказать, что он не очень любит заниматься книгами! Они часто заходят ко мне, помогают мне.»

---

**страна** *country*     **семья** *family*     **невестка** *daughter-in-law*
**внук** *grandson*     **рассказывать/рассказать** *to tell, relate*
**скрипка** *violin*     **учиться** *to study*     **на пенсии** *retired* (lit. *on a pension*)
**увлекаться/увлечься** (+ instr.)     *to be enthusiastic about*

---

**О Лидии**

(*a*)  Где находится Хабаровск?

(*b*)  Почему Лидия живёт одна?

(*c*)  Кто есть в её семье?

(*d*)  Как зовут её внуков?

(*e*)  Что они делают в свободное время?

**О себе**

(*i*)  Где находится ваш город?/ваша деревня?

(*ii*)  Кто есть в вашей семье?

(*iii*)  Как их зовут?

(*iv*)  Что они делают в свободное время?

(*v*)  Расскажите, чем вы интересуетесь, что вы делаете в свободное время?

## 20.6    Прочитайте и ответьте!

Complete your part of the dialogue:

|          | **Володя** | Чем вы интересуетесь? |
|----------|------------|------------------------|
| (*a*) | **Вы** | Say you're interested in Russian music |
|       | **Володя** | Вы любите спорт? |
| (*b*) | **Вы** | Say yes, you sometimes play tennis in the summer. |
|       | **Володя** | Что вы обычно делаете по субботам? |
| (*c*) | **Вы** | Say you do the shopping, work in the garden and sometimes go to the cinema. |
|       | **Володя** | А что вам больше всего понравилось в Москве? |
| (*d*) | **Вы** | Explain that most of all you liked the excursion to Suzdal. |
|       | **Володя** | Когда вы уезжаете? |
| (*e*) | **Вы** | Say tomorrow. Your 'plane leaves at 10 am. |

# Всё понятно?

## 1 Разговор

**Прочитайте разговор и ответьте на вопросы:**

Alla is leaving for a new job and has come to say good-bye to the director.

**Директор** Итáк, вы зáвтра уезжáете, да?

**Алла** Да. Самолёт вылетáет в шесть часóв утрá.

**Директор** Надéюсь, что вы не волнýетесь!

**Алла** Насчёт рéйса, нет ... но, конéчно, я немнóжко беспокóюсь о своéй нóвой рабóте.

**Директор** Не нáдо. Я увéрен, что вам понрáвится эта нóвая рабóта. И я знáю, что вáши бýдущие коллéги с большúм нетерпéнием ждут вáшего приéзда.

**Алла** Почемý вы так дýмаете?

**Директор** Я тóлько что говорúл по телефóну с дирéктором фáбрики «Медвéдково» и объяснúл емý, какóй вы спосóбный лаборáнт.

**Алла** Спасúбо вам, Николáй Пстрóвич.

**Директор** Нé за что ... Я хочý поблагодарúть вас, Áлла Константúновна, за всю вáшу рабóту здесь у нас. Éсли я не ошибáюсь, вы ужé дéсять лет рабóтаете в нáшей лаборатóрии, да?

**Алла** Прáвильно.

**Директор** Я знáю, что вáши коллéги бýдут скучáть по вас! Примúте, пожáлуйста, эту рýчку от úмени всегó коллектúва.

**Алла** Золотáя рýчка! Спасúбо большóе!

**Директор** Мы желáем вам всегó сáмого наилýшего – успéха, здорóвья и счáстья.

**Алла** Спасúбо Николáй Петрóвич, я óчень благодáрна вам за всё.

**Директор** Éсли вы бýдете в Свердлóвске, приезжáйте к нам, Áлла Константúновна. Мы бýдем óчень рáды.

| | |
|---|---|
| колле́га | *colleague* |
| нетерпе́ние | *impatience* |
| ждать с нетерпе́нием | *to look forward to* |
| прие́зд | *arrival* |
| лабора́нт | *laboratory assistant* |
| скуча́ть | *to miss* (**по** + dative of nouns, |
| | **по** + prepositional of pronouns) |
| от и́мени всего́ коллекти́ва | *on behalf of all the staff* |

Правда или неправда?

(*a*) Алла уезжает послезавтра.
(*b*) Она беспокоится о новой работе.
(*c*) Она работает переводчицей.
(*d*) Она десять лет работает в лаборатории.
(*e*) Она получает золотые часы (*watch, clock*) от коллег.

## 2  Чтение

Прочитайте текст и ответьте на вопросы по-английски:

(*a*)  Where is the Dostoevsky museum situated?
(*b*)  How many children did Dosteoevsky have?
(*c*)  How did his wife describe the flat?
(*d*)  What did Dostoevsky used to do in the sitting room?
(*e*)  What did he like to have around him in his study?
(*f*)  In what way did he want to change the world?

Е́сли вы бу́дете в Санкт-Петербу́рге, посети́те музе́й-кварти́ру вели́кого ру́сского писа́теля Фёдора Достое́вского (1821-1881). А́дрес музе́я: Кузне́чный переу́лок, дом 5. Здесь Достое́вский про́жил с семьёй – жено́й А́нной Григо́рьевной и двумя́ детьми́, Фе́дей и Лю́бой, – после́дние го́ды свое́й жи́зни. «Кварти́ру на́няли: на углу́ Ямско́й и Кузне́чного переу́лка...» сообщи́л Фёдор Миха́йлович бра́ту Никола́ю в октябре́ 1878 го́да. А́нна Григо́рьевна вспомина́ла «Кварти́ра на́ша состоя́ла из шести́ ко́мнат и находи́лась на второ́м этаже́».

Век спустя́ со́здали в до́ме на Кузне́чном литерату́рно-мемориа́льный музе́й. Из о́кон гости́ной, где Достое́вский чита́л де́тям «Капита́нскую до́чку» Пу́шкина, «Тара́са Бульбу́» Го́голя, «Бородино́» Ле́рмонтова (но никогда́ не чита́л им своего́), тепе́рь открыва́ется тот же вид, что и мно́го лет наза́д. Тот же са́мый поря́док в кабине́те, где роди́лся рома́н «Бра́тья Карама́зовы» – «Газе́ты, коро́бки с папиро́сами, пи́сьма, кни́ги … всё до́лжно бы́ло лежа́ть на своём ме́сте…» вспомина́ла дочь Достое́вского, Любо́вь Фёдоровна.

Достое́вский ду́мал о переустро́йстве ми́ра по зако́нам приро́ды и пра́вды, добра́ и красоты́; он писа́л об э́том в «Идио́те», в «Преступле́нии и наказа́нии». Достое́вского называ́ли и называ́ют психо́логом. «Непра́вда, – говори́л Достое́вский, – я реали́ст. Моя́ цель – найти́ в челове́ке челове́ка.»

| | |
|---|---|
| **вспомина́ть/вспо́мнить** | *to recall, remember, reminisce* |
| **добро́** | *good* |
| **зако́н** | *law* |
| **Идио́т** | *The Idiot* |
| **коро́бка** | *box* |
| **красота́** | *beauty* |
| **переу́лок** | *lane, alleyway* |
| **переустро́йство** | *reorganisation* |
| **нанима́ть/наня́ть** | *to rent, hire* |
| **папиро́са** | *cigarette* |
| **Преступле́ние и наказа́ние** | *Crime and Punishment* |
| **состоя́ть** | *to consist of* |
| **создава́ть/созда́ть** | *to create* |
| **спустя́** | *later, after* |
| **цель** (f.) | *goal, aim* |

**Ф.М.Достое́вский**/F.M.Dostoevsky

# Appendix 1
# Spelling Rules:

**1** *Never* write **ы, ю, я** after **г, к, х, ж, ч, ш, щ**; instead write **и, у, а** (except for some nouns of foreign origin, e.g. **парашют, жюри**)

**2** *Never* write unstressed **о** after **ж, ч, ш, щ, ц**; instead write **е**.

# Nouns

*Note* on Declensions:

The **Animate Accusative** is formed in exactly the same way as the Genitive Case – as explained in **Units 5** and **7**, it affects **masculine singular** animate objects and all **plural** animate objects.

### Masculine Nouns – Declension

*Singular*

| | | | |
|---|---|---|---|
| Nom: | журна́л | трамва́й | автомоби́ль |
| Acc: | журна́л | трамва́й | автомоби́ль |
| Gen: | журна́ла | трамва́я | автомоби́ля |
| Dat: | журна́лу | трамва́ю | автомоби́лю |
| Instr: | журна́лом | трамва́ем | автомоби́лем |
| Prep: | о журна́ле | о трамва́е | об автомоби́ле |

*Note*:

**1** Some masculine nouns take **-у́** or **-ю́** in the prepositional singular:

| | | |
|---|---|---|
| аэропо́рт | (*airport*) | в аэропорту́ |
| бе́рег | (*shore, bank*) | на берегу́ |
| бой | (*battle*) | в бою́ |
| быт | (*everyday life*) | в быту́ |
| глаз | (*eye*) | в глазу́ |
| год | (*year*) | в году́ |
| гроб | (*grave*) | в гробу́ |
| Дон | (*river Don*) | на Дону́ |
| край | (*edge*) | на краю́ |
| Крым | (*Crimea*) | в Крыму́ |

| лёд | (*ice*) | на льду |
| лес | (*forest*) | в лесу́ |
| лоб | (*forehead*) | на лбу |
| луг | (*meadow*) | в лугу́ |
| мост | (*bridge*) | на мосту́ |
| порт | (*port*) | в порту́ |
| пруд | (*pond*) | в пруду́ |
| рот | (*mouth*) | во рту |
| сад | (*garden*) | в саду́ |
| снег | (*snow*) | в снегу́ |
| таз | (*bowl*) | в тазу́ |
| у́гол | (*corner*) | в углу́ |

2 Some masculine nouns ending in **-а, -я** (e g **де́душка**, grandfather, **дя́дя**, *uncle*) decline like feminine nouns.

### Plural

| Nom: | журна́лы | трамва́и | автомоби́ли |
| Acc: | журна́лы | трамва́и | автомоби́ли |
| Gen: | журна́лов | трамва́ев | автомоби́лей |
| Dat: | журна́лам | трамва́ям | автомоби́лям |
| Instr: | журна́лами | трамва́ями | автомоби́лями |
| Prep: | о журна́лах | о трамва́ях | об автомоби́лях |

*Note*:

1 Some masculine nouns have the nominative plural ending **-а́** or **-я́**:

| а́дрес | (*address*) | адреса́ |
| бе́рег | (*shore, bank*) | берега́ |
| ве́чер | (*evening, party*) | вечера́ |
| глаз | (*eye*) | глаза́ |
| го́лос | (*voice*) | голоса́ |
| го́род | (*town*) | города́ |
| дом | (*house*) | дома́ |
| до́ктор | (*doctor*) | доктора́ |
| лес | (*forest*) | леса́ |
| луг | (*meadow*) | луга́ |
| мех | (*fur*) | меха́ |
| но́мер | (*number, room*) | номера́ |
| о́стров | (*island*) | острова́ |

| па́спорт | (*passport*) | паспорта́ |
|---------|--------------|----------|
| по́езд | (*train*) | поезда́ |
| учи́тель | (*teacher*) | учителя́ |
| цвет | (*colour*) | цвета́ |

2    Some masculine nouns take the nominative plural ending **-ья**:

| | | Nom. | Acc. | Gen. | Dat. | Instr. | Prep. |
|---|---|------|------|------|------|--------|-------|
| брат | (*brother*) | ья | ьев | ьев | ьям | ьями | ьях |
| де́рево | (*tree*) | ья | ья | ьев | ьям | ьями | ьях |
| лист | (*leaf*) | ья | ья | ьев | ьям | ьями | ьях |
| стул | (*chair*) | ья | ья | ьев | ьям | ьями | ьях |

*Note* especially **друг** (*friend*) and **сын** (*son*):

| | | |
|---|---|---|
| Nom: | друзья́ | сыновья́ |
| Acc: | друзе́й | сынове́й |
| Gen: | друзе́й | сынове́й |
| Dat: | друзья́м | сыновья́м |
| Instr: | друзья́ми | сыновья́ми |
| Prep: | о друзья́х | о сыновья́х |

3    Nouns ending in **-анин** or **-янин** in the plural:

**англича́нин**    (*Englishman*):

| | |
|---|---|
| Nom: | англича́не |
| Acc: | англича́н |
| Gen: | англича́н |
| Dat: | англича́нам |
| Instr: | англича́нами |
| Prep: | об англича́нах |

4    Irregular plurals: **де́ти** (*children*), **лю́ди** (*people*):

| | | |
|---|---|---|
| Nom: | де́ти | лю́ди |
| Acc: | дете́й | люде́й |
| Gen: | дете́й | люде́й |
| Dat: | де́тям | лю́дям |
| Instr: | детьми́ | людьми́ |
| Prep: | о де́тях | о лю́дях |

5    Nouns ending in **ж, ч, ш, щ,** have the genitive plural ending **-ей**.

# Feminine Nouns – Declension

### Singular

| | | | | |
|---|---|---|---|---|
| Nom: | ко́мната | неде́ля | ста́нция | дверь |
| Acc: | ко́мнату | неде́лю | ста́нцию | дверь |
| Gen: | ко́мнаты | неде́ли | ста́нции | две́ри |
| Dat: | ко́мнате | неде́ле | ста́нции | две́ри |
| Instr: | ко́мнатой | неде́лей | ста́нцией | две́рью |
| Prep: | о ко́мнате | о неде́ле | о ста́нции | о две́ри |

### Plural

| | | | | |
|---|---|---|---|---|
| Nom: | ко́мнаты | неде́ли | ста́нции | две́ри |
| Acc: | ко́мнаты | неде́ли | ста́нции | две́ри |
| Gen: | ко́мнат | неде́ль | ста́нций | двере́й |
| Dat: | ко́мнатам | неде́лям | ста́нциям | две́рям |
| Instr: | ко́мнатами | неде́лями | ста́нциями | дверя́ми |
| Prep: | о ко́мнатах | о неде́лях | о ста́нциях | о дверя́х |

*Note* the irregular feminine nouns **дочь** (*daughter*) and **мать** (*mother*):

| | Singular | Plural | Singular | Plural |
|---|---|---|---|---|
| Nom: | дочь | до́чери | мать | ма́тери |
| Acc: | дочь | дочере́й | мать | матере́й |
| Gen: | до́чери | дочере́й | ма́тери | матере́й |
| Dat: | до́чери | дочеря́м | ма́тери | матеря́м |
| Instr: | до́черью | дочерьми́ | ма́терью | матеря́ми |
| Prep: | о до́чери | о дочеря́х | о ма́тери | о матеря́х |

# Neuter Nouns – Declension

### Singular

| | | | |
|---|---|---|---|
| Nom: | ме́сто | мо́ре | зда́ние |
| Acc: | ме́сто | мо́ре | зда́ние |
| Gen: | ме́ста | мо́ря | зда́ния |
| Dat: | ме́сту | мо́рю | зда́нию |
| Instr: | ме́стом | мо́рем | зда́нием |
| Prep: | о ме́сте | о мо́ре | зда́нии |

*Plural*

| Nom: | места́ | моря́ | зда́ния |
|------|--------|-------|---------|
| Acc: | места́ | моря́ | зда́ния |
| Gen: | мест | море́й | зда́ний |
| Dat: | места́м | моря́м | зда́ниям |
| Instr: | места́ми | моря́ми | зда́ниями |
| Prep: | о места́х | о моря́х | о зда́ниях |

*Note* the declension of neuter nouns ending in **-мя:**

| | *Singular* | *Plural* |
|------|------------|----------|
| Nom: | вре́мя | времена́ |
| Acc: | вре́мя | времена́ |
| Gen: | вре́мени | времён |
| Dat: | вре́мени | времена́м |
| Instr: | вре́менем | времена́ми |
| Prep: | о вре́мени | о времена́х |

# Stress Patterns in nouns

In many Russian nouns the stress remains constant throughout the declension of the noun, but a number do not. The most effective approach is to learn the most common examples of where stress changes in a noun's declension.

(*a*) We have already seen, for example, that some masculine nouns take stressed endings in the plural (e.g. **дом, го́род,** etc).

(*b*) Some common feminine nouns which are stressed on the ending throughout the singular, are stressed on the stem throughout the plural, e.g:

| | |
|------|------|
| гроза́ | *thunderstorm* |
| игра́ | *game* |
| семья́ | *family* |
| сестра́ | *sister (pl. сёстры)* |
| страна́ | *country* |

(*c*) Some common feminine nouns are stressed on the ending except in the accusative singular and nominative and accusave plural, e.g:

| | |
|---|---|
| вода́ | water |
| голова́ | head |
| нога́ | leg, foot |
| рука́ | arm, hand |
| сторона́ | side, direction |

(d) Some common feminine nouns are stressed on the stem except in the plural oblique (Gen, Dat, Instr, Prep) cases, e.g.:

| | |
|---|---|
| вещь | thing |
| дверь | door |
| ло́шадь | horse |
| но́вость | news |
| о́чередь | queue |
| пло́щадь | square |
| часть | part |
| че́тверть | quarter |

(e) Some common neuter nouns are stressed on the endings throughout the singular and on the stem throughout the plural, e.g.:

| | |
|---|---|
| вино́ | wine |
| кольцо́ | ring |
| окно́ | window |
| письмо́ | letter |
| число́ | number, date |

(f) Some common neuter nouns are stressed on the stem throughout the singular and on the endings throughout the plural, e.g.:

| | |
|---|---|
| де́ло | matter, affair |
| ме́сто | place |
| мо́ре | sea |
| по́ле | field |
| пра́во | right |
| се́рдце | heart |
| сло́во | word |

# Adjectives – declension

## (a) Unstressed

|         | Masculine | Feminine | Neuter | Plural |
|---------|-----------|----------|--------|--------|
| Nom. (*new*) | но́вый | но́вая | но́вое | но́вые |
| Acc: | но́вый | но́вую | но́вое | но́вые |
| Gen: | но́вого | но́вой | но́вого | но́вых |
| Dat: | но́вому | но́вой | но́вому | но́вым |
| Instr: | но́вым | но́вой | но́вым | но́выми |
| Prep: | о но́вом | о но́вой | о но́вом | о но́вых |

## (b) Stressed

|         | Masculine | Feminine | Neuter | Plural |
|---------|-----------|----------|--------|--------|
| Nom. (*young*) | молодо́й | молода́я | молодо́е | молоды́е |
| Acc: | молодо́й | молоду́ю | молодо́е | молоды́е |
| Gen: | молодо́го | молодо́й | молодо́го | молоды́х |
| Dat: | молодо́му | молодо́й | молодо́му | молоды́м |
| Instr: | молоды́м | молодо́й | молоды́м | молоды́ми |
| Prep: | о молодо́м | о молодо́й | о молодо́м | о молоды́х |

## (c) Soft

|         | Masculine | Feminine | Neuter | Plural |
|---------|-----------|----------|--------|--------|
| Nom. (*early*) | ра́нний | ра́нняя | ра́ннее | ра́нние |
| Acc: | ра́нний | ра́ннюю | ра́ннее | ра́нние |
| Gen: | ра́ннего | ра́нней | ра́ннего | ра́нних |
| Dat: | ра́ннему | ра́нней | ра́ннему | ра́нним |
| Instr: | ра́нним | ра́нней | ра́нним | ра́нними |
| Prep: | о ра́ннем | о ра́нней | о ра́ннем | о ра́нних |

*Note*:

**1  тре́тий** (*third*):

|         | Masculine | Feminine | Neuter | Plural |
|---------|-----------|----------|--------|--------|
| Nom. (*new*) | тре́тий | тре́тья | тре́тье | тре́тьи |
| Acc: | тре́тий | тре́тью | тре́тье | тре́тьи |
| Gen: | тре́тьего | тре́тьей | тре́тьего | тре́тьих |
| Dat: | тре́тьему | тре́тьей | тре́тьему | тре́тьим |
| Instr: | тре́тьим | тре́тьей | тре́тьим | тре́тьими |
| Prep: | о тре́тьем | о тре́тьей | о тре́тьем | о тре́тьих |

**2  мой (твой, свой)** and **наш (ваш)**:

|      | Masculine | Feminine | Neuter | Plural |
|------|-----------|----------|--------|--------|
| Nom: | мой/наш | моя́/на́ша | моё/на́ше | мои́/на́ши |
| Acc: | мой/наш | мою́/на́шу | моё/на́ше | мои/наши |

Gen: моего/нашего моей/нашей    моего/нашего моих/наших
Dat: моему/нашему моей/нашей    моему/нашему моим/нашим
Instr: моим/нашим   моей/нашей    моим/нашим   моими/нашими
Prep: о моём/нашем о моей/нашей  о моём/нашем о моих/наших

**3** Irregular short comparative adjectives:

| богатый | rich | богаче |
|---|---|---|
| большой | big | больше |
| близкий | near | ближе |
| высокий | high, tall | выше |
| глубокий | deep | глубже |
| громкий | loud | громче |
| далёкий | distant | дальше |
| дешёвый | cheap | дешевле |
| дорогой | dear, expensive | дороже |
| долгий | long (time) | дольше |
| жаркий | hot | жарче |
| крепкий | strong | крепче |
| короткий | short | короче |
| лёгкий | light, easy | легче |
| молодой | young | моложе |
| маленький | little | меньше |
| низкий | low | ниже |
| плохой | bad | хуже |
| поздний | late | позже |
| ранний | early | раньше |
| сладкий | sweet | слаще |
| тихий | quiet | тише |
| узкий | narrow | уже |
| хороший | good | лучше |
| частый | frequent | чаще |
| чистый | clean | чище |
| широкий | wide | шире |

**4** Note that the suffix, **-айший** or **-ейший** is sometimes added to adjectives to form the superlative; this form of the superlative is most frequently met in written Russian, thus you might read about Pushkin, for example:

Пушкин – величайший русский поэт  *Pushkin is the greatest Russian poet* (from the adjective **великий**, *great*)

# Pronouns – declension

## Subject pronouns

| Nom: | я | ты | он/оно́ | она́ | мы | вы | они́ |
|------|-----|-------|--------|------|------|------|------|
| Acc: | меня́ | тебя́ | его́ | её | нас | вас | их |
| Gen: | меня́ | тебя́ | его́ | её | нас | вас | их |
| Dat: | мне | тебе́ | ему́ | ей | нам | вам | им |
| Instr: | мной | тобо́й | им | ей | на́ми | ва́ми | и́ми |
| Prep: | обо мне | о тебе́ | о нём | о ней | о нас | о вас | о них |

*Note*: always add **н** to beginning of **он/она́/оно́/они́** if they are preceded by a preposition.

## Reflexive pronouns

| | |
|------|-------|
| Acc: | себя́ |
| Gen: | себя́ |
| Dat: | себе́ |
| Instr: | собо́й |
| Prep: | о себе́ |

## Interrogative pronouns

| Nom: | кто | что |
|------|------|------|
| Acc: | кого́ | что |
| Gen: | кого́ | чего́ |
| Dat: | кому́ | чему́ |
| Instr: | кем | чем |
| Prep: | ком | чём |

## Demonstrative pronouns

| | Masculine | Feminine | Neuter | Plural |
|------|-----------|----------|--------|--------|
| Nom: | э́тот/тот | э́та/та | э́то/то | э́ти/те |
| Acc: | э́тот/тот | э́ту/ту | э́то/то | э́ти/те |
| Gen: | э́того/того́ | э́той/той | э́того/того́ | э́тих/тех |
| Dat: | э́тому/тому́ | э́той/той | э́тому/тому́ | э́тим/тем |
| Instr: | э́тим/тем | э́той/той | э́тим/тем | э́тими/те́ми |
| Prep: | об э́том/о том | об э́той/о той | об э́том/о том | об э́тих/о тех |

## Determinative pronouns

|       | Masculine | Feminine | Neuter   | Plural  |
|-------|-----------|----------|----------|---------|
| Nom:  | весь      | вся      | всё      | все     |
| Acc:  | весь      | всю      | всё      | все     |
| Gen:  | всего́     | всей     | всего́    | всех    |
| Dat:  | всему́     | всей     | всему́    | всем    |
| Instr:| всем      | всей     | всем     | все́ми   |
| Prep: | обо всём  | о всей   | обо всём | о всех  |

|       | Masculine | Feminine | Neuter   | Plural   |
|-------|-----------|----------|----------|----------|
| Nom:  | сам       | сама́     | само́     | са́ми     |
| Acc:  | сам       | саму́     | само́     | са́ми     |
| Gen:  | самого́    | само́й    | самого́   | сами́х    |
| Dat:  | самому́    | само́й    | самому́   | сами́м    |
| Instr:| сами́м     | само́й    | сами́м    | сами́ми   |
| Prep: | о само́м   | о само́й  | о само́м  | о сами́х  |

# Prepositions

| Preposition | Case            | Meaning                     |
|-------------|-----------------|-----------------------------|
| без         | + genitive      | *without*                   |
| в           | + accusative    | *into, to*                  |
| в           | + prepositional | *in, at*                    |
| вме́сто      | + genitive      | *instead of*                |
| для         | + genitive      | *for*                       |
| до          | + genitive      | *until, as far as, before*  |
| за          | + instrumental  | *behind, beyond*            |
| из          | + genitive      | *from*                      |
| к           | + dative        | *towards, to the house of*  |
| кро́ме       | + genitive      | *except, apart from*        |
| ме́жду       | + instrumental  | *between*                   |
| ми́мо        | + genitive      | *past*                      |
| на          | + accusative    | *onto, to*                  |
| на          | + prepositional | *on, at*                    |
| над         | + instrumental  | *over*                      |
| о/об        | + prepositional | *about*                     |
| от          | + genitive      | *from*                      |
| о́коло       | + genitive      | *near, approximately*       |
| пе́ред       | + instrumental  | *in front of; before*       |
| по          | + dative        | *along, according to*       |

| под | + instrumental | *under* |
|-----|----------------|---------|
| после | + genitive | *after* |
| при | + prepositional | *at the time of, in the reign of, in the presence of* |
| против | + genitive | *against, opposite* |
| ради | + genitive | *for the sake of* |
| с | + genitive | *from, since* |
| с | + instrumental | *with* |
| среди | + genitive | *among, in the middle of* |
| у | + genitive | *by, at the house of* |
| через | + accusative | *across, through* |

*Note* the following nouns which cannot be used with **в** + prepositional to mean *in, at* and must be used with **на** + prepositional to mean *in, at*:

| | | | |
|---|---|---|---|
| вокзал | *station* | север | *north* |
| восток | *east* | спектакль | *performance* |
| завод | *factory* | стадион | *stadium* |
| запад | *west* | станция | *station* |
| концерт | *concert* | улица | *street* |
| лекция | *lecture* | Урал | *Urals* |
| площадь | *square* | урок | *lesson* |
| почта | *post office* | фабрика | *factory* |
| работа | *work* | факультет | *faculty* |
| рынок | *market* | юг | *south* |
| (*fleeting* о) | | | |

# Numerals

All numerals decline (see unit 19) and we have seen in the units how to use numerals in the nominative case and in expressions of time.

### Further notes on numerals

1    40 (**сорок**), 90 (**девяносто**), 100 (**сто**) have only two forms: **сорок, девяносто, сто** (nom., acc.) and **сорока, девяноста, ста** (all other cases). With 50 (**пятьдесят**), 60 (**шестьдесят**), 70

(сéмьдесят), 80 (вóсемьдесят) both halves of the numeral decline:

| Nom/Acc: | пятьдесят |
|----------|-----------|
| Gen: | пятúдесяти |
| Dat: | пятúдесяти |
| Inst: | пятьюдесятью |
| Prep: | о пятúдесяти |

Both halves of the hundreds of numbers decline too:

| Nom: | двéсти | пятьсóт |
|------|--------|---------|
| Acc: | двéсти | пятьсóт |
| Gen: | двухсóт | пятисóт |
| Dat: | двумстáм | пятистáм |
| Instr: | двумястáми | пятьюстáми |
| Prep: | о двухстáх | о пятистáх |

## 2  Use of numerals with:

(*a*)    animate accusative nouns:

2,3,4 have an animate form
Он вúдит двух мáльчиков     *He sees two boys*

5 and above (including compounds of 2, 3, 4) behave as they would in the nominative:

Онá знáет трúдцать три     *She knows thirty-*
студéнтов     *three students*

(*b*) numbers in all other cases except nominative/accusative:

The numeral and the noun must be in the same case and the noun will take plural endings (except after *one*):

Он идёт в тéатр с однóй дéвушкой     *He is going to the theatre with one girl*

Он идёт в тéатр с тремя́ дéвушками     *... with three girls*

Он идёт в тéатр с двадцатью́ пятью́ дéвушками     *... with twenty-five girls* (*c*)  numerals with distance (**в** + prepositional of the numeral and of the measurement):

Заво́д нахо́дится в трёх киломе́трах от го́рода

*The factory is three kilometres from town*

# Verbs
## Regular Verbs

| *First conjugation* | *Second conjugation* |
|---|---|
| я рабо́таю | я говорю́ |
| ты рабо́таешь | ты говори́шь |
| он рабо́тает | он говори́т |
| мы рабо́таем | мы говори́м |
| вырабо́таете | вы говори́те |
| они́ рабо́тают | они́ говоря́т |

## Irregularities

1  In second conjugation verbs the first person singular of the present and future perfective has a consonantal change if the stem of the verb ends in:

| | | | |
|---|---|---|---|
| б → бл | люби́ть | *to like, love* | я люблю́, ты лю́бишь |
| в → вл | гото́вить | *to prepare* | я гото́влю, ты гото́вишь |
| д → ж | ви́деть | *to see* | я ви́жу, ты ви́дишь |
| з → ж | вози́ть | *to transport* | я вожу́, ты во́зишь |
| п → пл | спать | *to sleep* | я сплю, ты спишь |
| с → ш | носи́ть | *to carry* | я ношу́, ты но́сишь |
| т → ч | лете́ть | *to fly* | я лечу́, ты лети́шь |
| ст → щ | посети́ть | *to visit* | я посещу́, ты посети́шь |

2  Verbs in **-авать** and **-евать** in the present and future perfective tense lose the **-ов/-ев** of the infinitive, e.g. **сове́товать** (*to advise*):

| | |
|---|---|
| ую | сове́тую |
| уешь | сове́туешь |
| ует | сове́тует |
| уем | сове́туем |
| уете | сове́туете |
| уют | сове́туют |

3 Verbs in **-авать** lose the syllable **-ав** throughout the present tense:

**дава́ть** *to give*

| | |
|---|---|
| даю́ | даём |
| даёшь | даёте |
| даёт | даю́т |

## 4 Some common irregular verbs

| | |
|---|---|
| **брать** (*to take*): (*imperfective*) | беру́ берёшь, берёт, берём, берёте, беру́т |
| **взять** (*to take*): (*perfective*) | возьму́, возьмёшь, возьмёт, возьмём, возьмёте, возьму́т |
| **есть** (*to eat*): | ем, ешь, ест, еди́м, еди́те, едя́т |
| **ждать** (*to wait*): | жду, ждёшь, ждёт, ждём, ждёте, ждут |
| **жить** (*to livc*): | живу́, живёшь, живёт, живём, живёте, живу́т |
| **е́хать** (*to travel*): | е́ду, е́дешь, е́дешь, е́дет, е́дем, е́дете, е́дут |
| **идти́** (*to walk*): | иду́, идёшь, идёт, идем, идете, иду́т |
| **класть** (*to put*): | кладу́, кладёшь, кладёт, кладём, кладёте, кладу́т |
| **мочь** (*to be ablc*): | могу́, мо́жсшь, мо́жет, мо́жем, мо́жете, мо́гут |
| **писа́ть** (*to write*): | пишу́, пи́шешь, пи́шет, пи́шем, пи́шете, пи́шут |
| **хоте́ть** (*to want*): | хочу́, хо́чешь, хо́чет, хоти́м, хоти́те, хотя́т |

5 Imperative (see Unit 3). Note that if the first person singular of the verb has an unstressed ending preceded by a single consonant, the imperative ends in **-ь (ты), -ьте (вы)**:

| | |
|---|---|
| отве́тить (perfective, *to answer*) | я отве́чу → отве́ть! отве́тьте! |

Note that imperatives formed from the imperfective infinitive are generally more polite/friendly, while those formed from the perfective infinitive are more of a brusque order:

| | |
|---|---|
| Сади́тесь, пожа́луйста! | *Please (do) sit down* |
| Ся́дьте! | *Sit down!* |

# Appendix 2

## Pronunciation

1  **т, н, д:** these are 'dental' consonants in Russian, pronounced with the tip of the tongue against the top teeth (in English they are pronounced with the tip of the tongue against the alveolar ridge behind the top teeth).

2  **р:** is rolled (with the tip of the tongue vibrating against the alveolar ridge).

3  **ж, ш:** try to extend your bottom jaw when pronouncing these.

4  **й:** is used with vowels to make diphthongs, in the same way as *y* and sometimes *i* are used in English:

> e.g.: **а + й → ай**  (sounds like *ai* in Tha*i*land)
>        **о + й → ой**  (sounds like *oy* in boy)

5  **л:** keep the back of your tongue low, away from the roof of your mouth; the tip of your tongue should push against your upper teeth.

6  **ы:** there is no real equivalent in English – the nearest is the *y* in 'ph*y*sics' or the *i* in '*i*ll'; keep your mouth as still as you can (try saying it whilst holding a pencil between your teeth) and draw your tongue as far back in your mouth as you can.

7  **ъ** and **ь:** before we can deal with the hard sign and the soft sign, the ideas of 'hard' and 'soft' sounds need to be looked at.

Russian has ten letters denoting vowels and these fall into two groups:

| Hard | а | э | ы | о | у |
|------|---|---|---|---|---|
| Soft | я | е | и | ё | ю |

'Soft' vowels 'soften' or 'palatalise' the consonants which precede them – 'softened' or 'palatalised' consonants are produced by arching your tongue against the roof of your mouth (the soft palate). This is not something restricted to Russian; consider the following English words and notice how a 'y' sound is introduced in the 'soft' version – say the words aloud and listen to the difference:

| Hard | Soft |
|------|------|
| *moon* | *music* |
| *pool* | *pew* |
| *stool* | *stew* |

The fact that Russian has a set of soft consonants is helpful, since it tells us when to 'palatalise'. Consider these Russian words and try saying them out loud:

| Hard | | Soft | |
|------|------|------|------|
| да | (*yes*) | дя́дя | (*uncle*) |
| экра́н | (*screen*) | е́сли | (*if*) |
| лы́жи | (*skis*) | ли́дер | (*leader*) |
| тост | (*a toast*) | тётя | (*aunt*) |
| душ | (*shower*) | дю́жина | (*dozen*) |

The soft sign (ь) usually softens (palatalises) the preceding consonant. This is especially important after the letters л and т:

**ль** is pronounced with the back of your tongue arched against the palate (instead of being low in your mouth): **то́лько**, *only*.

**ть** is palatalised (think of how you pronounced the *t* in 'stew' above): **мать**, *mother*.

When the soft sign occurs between a consonant and a soft vowel it separates the two, so that they are pronounced separately: e.g. **семья́**, *family*.

The hard sign (ъ) also has a separating function and it keeps the preceding consonant hard: e.g. **отъе́зд**, *departure* (NB the hard sign is far less common than the soft sign).

There are three letters which resist the temptation to be softened: **ж, ш** and **ц** are *always* hard, so that, for example:

| Written | | | Pronounced |
|---------|------|------|------------|
| уже́ | (*already*) | is pronounced | уже́ |
| цирк | (*circus*) | is pronounced | цырк |
| шёлк | (*silk*) | is pronounced | шолк |

And there are two letters which are *always* soft: **ч** and **щ**, so that, for example:

| | | | |
|---|---|---|---|
| ча́сто | (*often*) | is pronounced | ча́сто |

**8  To summarise the effect of stress on vowels:**

**a**  when stressed: slightly shorter than **a** in father (sometimes described as **u** in h**u**t)
in syllable before stress: like **o** in another (спаси́бо)
otherwise: **a** in around (за́втра)

**e**  when stressed: like **ye** in yet
when unstressed: like **i** or **yi** (дела́; ещё)

**o**  when stressed: like **o** in bore
in syllable before stress: like **o** in another (соба́ка)
otherwise: like **a** in around (хорошо́)

**я**  stressed: like **ya** in yak
in syllable before stress: like **yi** (яи́чница)
otherwise: like short **ya** (но́вая)

Two final points about Russian pronunciation:

1) It is more 'reliable' than English, i.e. the sound of the whole word is by and large produced by joining together the sound of individual letters (unlike English words such as *drought* and *draught*; *I have read* and *I read after supper*; *I excuse you* and *What an excuse*). The hard/soft distinction isn't really difficult – if you pronounce the soft vowel correctly, you'll find you automatically soften the preceding consonant.
2) In Russian, as in other languages, many consonants can be grouped into pairs, one of which is 'voiced' (i.e. the vocal chords vibrate) and one 'unvoiced' (i.e. the vocal chords are not used) – consider the English sounds *g* (voiced) and *k* (unvoiced) – both are produced in the same way, but one uses the vocal chords and one does not. In English, for example, we have the following pairs:

|  Voiced  |  Unvoiced  |
|---|---|
| *bay* | *pay* |
| *dug* | *tug* |

In Russian we have the following pairs:

| Voiced | Unvoiced |
|--------|----------|
| б | п |
| в | ф |
| г | к |
| д | т |
| ж | ш |
| з | с |

This is important because the voiced consonants are usually pronounced as their unvoiced partner when they occur at the end of words:

| Written | | Pronounced |
|---------|---|------------|
| багáж | (*luggage*) | багáш |
| хлеб | (*bread*) | хлеп |
| друг | (*friend*) | друк |
| сад | (*garden*) | сат |

In groups of consonants, all are voiced if the last consonant in the group (e.g. **б** in **футбóл**) is voiced: **футбóл** (*football*) is pronounced **фудбóл** (because the last consonant in the group is voiced). All the consonants in a group are unvoiced if the last consonant in the group is unvoiced: e.g. **вóдка** (*vodka*) is pronounced **вóтка.**

# Key to the Exercises

Please note that **н=неправда** and **п=правда**.

## Introduction

**1** (*a*) London (*b*) Lancaster (*c*) Madrid (*d*) Cornwall (*e*) Amsterdam (*f*) Aberdeen (*g*) Huntingdon (*h*) Salford (*i*) Epsom (*j*) Melbourne.

**2** (*a*) Stephanie Brown 208 (*b*) Jane Clark 202 (*c*) Margaret Davies 209 (*d*) Richard Harrison 207 (*e*) Simon Mackenzie 205 (*f*) Hugh Riley 206 (*g*) John Smith 201 (*h*) Nicholas Taylor 210 (*i*) Veronica Thomson 203 (*j*) Lilian West 204.

## Unit 1

### Вопросы

**1** (*a*) н (*b*) н (*c*) п **2** (*a*) Да, Анна англичанка (*b*) Её фамилия – Принс.

### Упражнения

**1.1** (*a*) Russian (*b*) Vorobyova (*c*) pianist **1.2** (*a*) Джим американец. Он журналист (*b*) Мария итальянка. Она актриса (*c*) Борис русский. Он инженер (*d*) Патрик ирландец. Он студент **1.3** (*a*) Chocolate (*b*) Fiat (*c*) St. Petersburg **1.4** 1 *d* 2 *c* 3 *a* 4 *b* **1.5** (*a*) Вот моя декларация (*b*) Вот моё письмо (*c*) Вот мой багаж (*d*) Вот мой журнал (*e*) Вот моя виза.

### Всё понятно?

**1** (*a*) н (*b*) п (*c*) п **2** (*a*) Moscow (*b*) journalist (*c*) Bolshoi Theatre, Moscow University and Kremlin.

## Unit 2

### Вопросы

**1** (*a*) н (*b*) п (*c*) н **2** (*a*) Хорошо (*b*) В Бристоле (*c*) живопись.

### Упражнения

**2.1** (*a*) работаем (*b*) преподаёт (*c*) живёте (*d*) знают (*e*) говорю **2.2** 1 *d* 2 *a* 3 *b* 4 *c* **2.3** (*a*) Bolshoi Theatre (*b*) 292-00-50 **2.4** (*b*) Саша работает в саду (*c*) Ты работаешь в школе (*d*) Галина работает в лаборатории (*e*) Вы работаете в бюро (*f*) Я работаю в гостинице (*g*) Борис работает в Ленинграде **2.5** (*a*) J.S.Bach (*b*) Mozart (*c*) Schumann **2.6** (*b*) Я живу в Бирмингаме. Я говорю по-английски (*c*) Пьер живёт в Париже. Он говорит по-французски (*d*) Хосе живёт в Испании. Он говорит по-испански. (*e*) Вы живёте в Москве. Вы говорите по-русски.

Всё понятно?

**1** (*a*) н (*b*) п (*c*) п (*d*) н (*e*) н **2** (*a*) large cultural and administrative centre (*b*) about 5 million (*c*) in the centre in a flat (*d*) beautiful – e.g. Winter Palace, Hermitage (*e*) university.

## Unit 3

Вопросы

**1** (*a*) н (*b*) н (*c*) п **2** (*a*) Нет, он не знает (*b*) Дом 120, корпус 3, квартира 5, (*c*) направо.

Упражнения

**3.1** (*a*) куда (*b*) в Омске (*c*) в институте (*d*) в аптеку (*e*) в ресторане (*f*) Ялту (*g*) декларация (*h*) Ольгу **3.2** (*a*) ballet (*b*) Don Quixote **3.3** (*b*) Виктор живёт в Киеве (*c*) Я живу в Англии (*d*) Ты живёшь в Одессе (*e*) Мария и Антонио живут в Италии **3.4** (*a*) Как пройти в аптеку? (*b*) Это далеко? (*c*) Спасибо большое **3.5** (*a*) Как вас зовут? (*b*) Где вы живёте? (*c*) Где вы работаете? (*d*) Куда вы идёте? (*e*) У вас есть план?

Всё понятно?

**1** 1 c 2 b 3 a 4 a **2** (*a*) Mashatin (*b*) works in chemist's shop (*c*) 3 years (*d*) in a flat in a microregion of Moscow (*e*) not big; kitchen, bathroom, bedroom and sitting room (*f*) Supermarket, chemist's, cinema, school, metro station.

## Unit 4

Вопросы

**1** (*a*) п (*b*) п (*c*) н **2** (*a*) В кассе (*b*) Карту и деревянный стул (*c*) Фотографиравать.

## Упражнения

**4.1** 1 c   2 a   3 d   4 b   **4.2** (*a*) Извините, пожалуйста (*b*) Как пройти в церковь? (*c*) Спасибо. Где музей? (*d*) Где можно купить билеты? (*e*) Спасибо. До свидания **4.3** (*a*) Don't smoke in the lift (*b*) Don't smoke in bed (*c*) Entrance ticket **4.4** (*b*) Это маленький город. В городе есть магазины и здания (*c*) Это старый город. В городе есть музеи и театры (*d*) Это новый город. В городе есть универсамы и школы **4.5** (*a*) Palace/ museum (*b*) Прямо, направо, прямо, направо, прямо, направо **4.6** (*a*) Меня зовут … (*b*) Я живу в … (*c*) Я работаю в … (*d*) Я живу в … (*e*) У меня (e.g.) маленькая квартира.

## Всё понятно?

**1** (*a*) н (*b*) п (*c*) н (*d*) н (*e*) п (*f*) н **2** (*a*) Golden ring (*b*) Old, beautiful, historic, Russian (*c*) Churches, cathedrals, museums, monuments (*d*) Tractors, computers, beautiful crystal (*e*) Because it has museums, monuments, ancient architecture (*f*) Beautiful gardens and kitchen gardens with cucumbers and tomatoes.

## Unit 5

### Вопросы

**1** (*a*) н (*b*) н (*c*) п **2** (*a*) Билеты в цирк (*b*) На улице, налево от аптеки, недалеко от станции метро (*c*) Восемь тысяч рублей.

## Упражнения

**5.1** 4: Анны, билета, Чехова, сестры **5.2** (*a*) У вас есть паспорт? (*b*) Где находится киоск? (*c*) Сколько стоит план города? (*d*) Где он работает? (*e*) Вы любите Чехова? **5.3** (*a*) 3 roubles (*b*) circus **5.4** (*b*) У Вадима есть автомобиль и телефон, но у него нет собаки (*c*) У Нины есть собака и автомобиль, но у неё нет телефона (*d*) У Алексея есть автомобиль и телефон, но у него нет собаки **5.5** (*a*) Виктора (*b*) пьеса (*c*) оперу (*d*) пьесу (*e*) Владимир.

## Всё понятно:

**1** 1 c   2 c   3 b   4 a   **2** (*a*) Ukraine (*b*) first capital of Russia (*c*)

2 million (*d*) It's very beautiful; parks, forests, gardens, campsites, hotels, monuments (*e*) 'planes, televisions, motorcycles.

## Unit 6

### Вопросы

**1** (*a*) п (*b*) п (*c*) н (*d*) н (*e*) н **2** (*a*) Нет, не очень (*b*) Очень красивые картины (*c*) Потому, что она художник (*d*) Чай.

### Упражнения

**6.1** (*a*) знаете (*b*) Да, вот он (*c*) работает (*d*) Да, можно (*e*) багажа (*f*) Борису **6.2** (*a*) В городе есть музеи? (*b*) Эти музеи недалеко от гостиницы? (*c*) Что есть в музее? (*d*) Сколько стоит билет в музей? (*e*) Спасибо большое и до свидания **6.3** (*a*) молока (*b*) Борису (*c*) нам (*d*) гостиницы (*e*) мне **6.4** (*b*) Володя предпочитает играть на гитаре (*c*) Вадим предпочитает играть на кларнете (*d*) Лена предпочитает играть в хоккей (*e*) Света предпочитает играть в шахматы.

### Всё понятно?

**1** 1 b   2 d   3 d   4 b   **2** (*a*) Beautiful, typically Russian. (*b*) Centre of Moscow, near metro station Tret'yakovskaya. (*c*) Sergei Mikhailovich Tret'yakov, rich Muscovite merchant. (*d*) 19th century painters, who depict life and problems of 19th century Russia.

## Unit 7

### Вопросы

**1** (*a*) н (*b*) п (*c*) н (*d*) п **2** (*a*) Видовые (*b*) Пять (*c*) бланк (*d*) Примите, пожалуйста, телеграмму.

### Упражнения

**7.1** Извините, сегодня у нас нет: (*b*) театральных билетов (*c*) интересных книг (*d*) русских газет (*e*) свободных мест (*f*) английских журналов **7.2** (*a*) Извините, пожалуйста (*b*) Сколько стоит послать открытку в Англию? (*c*) Пять марок по 35 копеек (*d*) Я хочу послать телеграмму в Англию. Что надо делать? (*e*) Где бланки? **7.3** (*a*) chocolate (*b*) 2,000 roubles (*c*) Moscow **7.4** (*b*) Патрик хочет послать шесть открыток в

Америку. Значит ему надо купить шесть марок по шестьсот рублей (*c*) Ты хочешь послать три открытки в Индию. Значит тебе надо купить 3 марки по шестьсот пятьдесят рублей (*d*) Мы хотим послать семь открыток во Францию. Значит нам надо купить 7 марок по пятьсот рублей (*e*) Саша хочет послать две отркытки в Петербург. Значит ему надо купить две марки по двести рублей (*f*) Я хочу послать десять открыток в Канаду. Значит мне надо купить десять марок по шестьсот пятьдесят рублей **7.5** 1 c  2 a  3 b  4 e  5 d **7.6** (*a*) как (*b*) сколько (*c*) куда (*d*) где (*e*) как (*f*) какой.

Всё понятно?

**1** 1 c  2 c  3 b  **2** (*a*) father of Russian cities (*b*) IX (*c*) Moscow to Leningrad (*d*) many beautiful old churches and interesting monuments (*e*) religious picture of saint(s) (*f*) restoring icons and frescoes of XIV century (*g*) 20 years.

## Unit 8

### Вопросы

**1** (*a*) п (*b*) н (*c*) н (*d*) п (*e*) п **2** (*a*) в углу (*b*) молодой человек (*c*) Нет, они не очень голодны (*d*) мороженое (*e*) чай с лимоном.

### Упражнения

**8.1** (*a*) [Дайте] мне, пожалуйста, салат с помидорами (*b*) Спасибо, нет. Я не очень голоден/голодна (*c*) Сколько стоит бефстроганов? (*d*) [Дайте] мне, пожалуйста, бефстроганов (*e*) [Дайте] мне, пожалуйста, мороженое (*f*) [Дайте] мне, пожалуйста, сок и чай с лимоном **8.2** (*b*) Саша предпочитает суп с помидорами или с грибами? Он предпочитает суп с грибами (*c*) Саша предпочитает котлеты с рисом или с картошкой? Саша предпочитает котлеты с рисом (*d*) Саша предпочитает рыбу с гарниром или с жареной картошкой? Саша предпочитает рыбу с жареной картошкой (*e*) Саша предпочитает бифштекс с рисом или с гарниром? Саша предпочитает бифштекс с гарниром **8.3** 1 c  2 a  3 e  4 b  5 f  6 d  **8.4** (*a*) закрыт (*b*) свободно (*c*) рад (*d*) заняты (*e*) довольны, вкусны (*f*) согласна **8.5** (*a*) салат с помидорами (*b*) суп с грибами (*c*) омлет с сыром (*d*) фрукты (*e*) сок и чай.

**Всё понятно?**

**1** 1 a   2 d   3 c   4 d   **2** (*a*) Cold, hot, fish, meat, vegetable (*b*) cabbage (*c*) with sour cream and with garlic (*d*) fish (*e*) flour, butter, egg, salt.

## Unit 9

**Вопросы**

**1** (*a*) н (*b*) п (*c*) н (*d*) н (*e*) п **2** (*a*) В полночь (*b*) В семь часов (*c*) Она говорит, что это красивый город (*d*) Потому, что тепло и приятно. (*e*) У неё билет в один конец и обратный билет.

**Упражнения**

**9.1** (*a*) Шесть часов (*b*) Два часа (*c*) полшестого (*d*) без двадцати девять (*e*) десять минут одиннадцатого (*f*) четверть девятого **9.2** (*b*) В шесть часов вечера (*c*) В половине девятого/полдевятого утра (*d*) в половине двенадцатого/полдвенадцатого вечера **9.3** (*a*) Сколько стоит билет в Ялту? (*b*) Дайте пожалуйста, два билета в Ялту (*c*) Вот пятьсот тысяч рублей (*d*) Извините, у меня нет мелочи (*e*) Во сколько идёт/отходит поезд? (*f*) От какой платформы отходит поезд? **9.4** (*a*) Business, tourism, transit (*b*) Sleepers (*c*) Europe and Asia (*d*) Have a pleasant journey **9.5** (*b*) Ольга предпочитает ездить трамваем потому, что она далеко живёт (*c*) Галя предпочитает ездить поездом потому, что это ей удобно и приятно (*d*) Вадим предпочитает ездить самолётом потому, что это ему удобно и быстро (*e*) Коля предпочитает ездить автобусом потому, что это недорого стоит.

**Всё понятно?**

**1** 1 c   2 c   3 b   4 b   **2** (*a*) A large red letter 'M' (*b*) Because it is well organised, quick, convenient, trains run quickly and frequently and it is not expensive (*c*) Put token into automatic barrier (*d*) Kiosks where one can buy newspapers, magazines, theatre tickets, ice cream.

## Unit 10

### Вопросы

**1** (*a*) н (*b*) п (*c*) н (*d*) н (*e*) п **2** (*a*) сценаристом (*b*) работает дома, пишет сценарии (*c*) на машине (*d*) рано утром (*e*) сидит дома, слушает радио, смотрит телевизор, читает интересную книгу.

### Упражнения

**10.1** (*b*) чёрную юбку (*c*) деревянный стул (*d*) интересную книгу (*e*) русский журнал (*f*) новую карту **10.2** (*b*) в четверть десятого утра/ полдвенадцатого утра/ полпятого дня (*c*) в восемь часов утра/в четверть одиннадцатого утра/ в двадцать минут третьего дня (*d*) без четверти семь утра/без десяти девять утра/ без четверти два дня (*e*) без пяти шесть утра/в десять минут восьмого утра/в четверть второго дня **10.3** (*a*) Italian (*b*) Russian, Maths, English **10.4** живёт/работает/ говорит/ходит/может/любит/играет/пишет/плавает/гуляет.

### Всё понятно?

**1** c   2 d   3 b   4 d   **2** (*a*) radio and television programmes, cinema, theatre, reading, sport, tourism (*b*) a multitude of different ones (*c*) they have sections entitled 'crosswords, humour, chess' (*d*) everywhere – home, park, school (*e*) USSR, Germany, Canada, Mexico, France, USA (*f*) young schoolboy.

## Unit 11

### Вопросы

**1** (*a*) н (*b*) н (*c*) п (*d*) н **2** (*a*) Потому, что там будут грибы (*b*) На автобусе (*c*) В метро (*d*) В семь часов.

### Упражнения

**11.1** (*a*) будет играть (*b*) напишу (*c*) буду делать (*d*) позвоню (*e*) будут обедать **11.2** (*a*) Холодно, идёт снег (*b*) Тепло/ жарко, светит солнце (*c*) Идёт дождь. (*d*) Прогноз погоды **11.3** (*b*) Серёжа живёт в Архангельске, очень далеко от Москвы. Сегодня идёт снег, очень холодно. (*c*) Елена живёт в Киеве, далеко от Москвы. Сегодня туман, тепло. (*d*) Юрий живёт в Ташкенте, очень далеко от Москвы. Сегодня светит солнце, душно. (*e*) Галя живёт в Свердловске, далеко от Москвы. Сегодня дует ветер, пасмурно **11.4** (*a*) Спасибо, я не могу, потому что сегодня вечером мне надо (будет) работать. (*b*) Извините, завтра я поеду/пойду к Ольге. (*c*) Спасибо, а сегодня очень холодно. Если в четверг будет холодно, я не очень хочу смотреть хоккейный матч. (*d*) Ладно, я позвоню вам в среду часов в восемь. (*e*) Не знаю, это зависит от погоды. **11.5** (*a*) News (*b*) Documentary film 'Suzdal' (*c*) Tennis at 18.30 on Tuesday and hockey at 19.15 on Thursday (*d*) 'Hello, music', 'Musical kiosk' and 'Musical telephone' (*e*) Monday, 20.15, Spanish and Tuesday, 19.30, Italian.

Всё понятно?

**1** 1 c  2 b  3 d  4 c  **2** (*a*) No rain at the beginning of the week, then showers and thunderstorms (*b*) Water will be at 16-18 degrees (*c*) Leningrad (*d*) Central Asia (*e*) In forests of Central Asia (*f*) Northern Urals (*g*) Leningrad.

## Unit 12

Вопросы

**1** (*a*) п (*b*) н (*c*) н (*d*) п **2** (*a*) Нет, она хочет позвонить Ире (*b*) Анне/Ей очень понравилась поездка (*c*) Послезавтра (*d*) У входа в Большой театр.

Упражнения

**12.1** 1 d  2 a  3 e  4 c  5 b  **12.2** (*a*) играл (*b*) написала (*c*) делала (*d*) смотрели, позвонил (*e*) прочитала, пообедала **12.3** (*a*) Kremlin (*b*) children under 16 **12.4** (*b*) Вчера я позвонил(а) Ире. Мы говорили о поездке в Сергеев Посад (*c*) Вчера я позвонил(а) Максиму. Мы говорили о французском фильме (*d*) Вчера я позвонил(а) Алле. Мы говорили о новом учебнике (*e*) Вчера я позвонил(а) Володе. Мы говорили о плохой погоде **12.5** (*a*) Можно заказать билеты в кино на завтра? (*b*) (Я хочу заказать) билеты на «Свадьбу» на вечер (*c*) (Я хочу заказать) два билета (*d*) Моя фамилия ..... Когда надо заплатить за билеты? (*e*) Спасибо. До свидания **12.6** (*a*) В 7 часов (*b*) На кухне (*c*) Она работала в библиотеке 2 часа (*d*) В буфете (*e*) Она приготовила обед, написала письмо и смотрела телевизор.

Вчера Вадим был очень занят. Он встал полшестого утра и позавтракал на кухне. Утром он работал на заводе пять часов, потом он пообедал в ресторане. После обеда он работал на заводе три часа. Вечером он играл в футбол, смотрел телевизор и читал газету.

Всё понятно

1 1 b   2 c   3 c   **2** (*a*) Dial 8 (*b*) Dial town code and number of person you are ringing (*c*) For information (*d*) Book it through number 314-47-47 (*e*) Name of hotel, telephone number and your surname.

## Unit 13

Вопросы

**1** (*a*) п (*b*) п (*c*) н (*d*) н (*e*) п **2** (*a*) неважно (*b*) высокая (*c*) через дежурную (*d*) в Загорск.

Упражнения

**13.1** (*b*) Оле холодно (*c*) Серёже плохо (*d*) Виктору скучно **13.2** (*a*) У меня болит голова (*b*) У меня болит горло (*c*) У меня болят руки (*d*) У меня болит живот (*e*) У меня болит спина **13.3** (*a*) Здравствуйте, доктор. У меня болят горло и голова (*b*) Я думаю/мне кажется, что у меня высокая температура (*c*) Что мне делать? (*d*) Когда мне принимать таблетки? **13.4** (*b*) Врач рекомендует мне лежать в постели (*c*) Врач рекомендует мне не пить водку (*d*) Врач рекомендует мне пить чай с лимоном **13.5** 1 c   2 b   3 c   4 b   **13.6** (*a*) 446-48-65 в бюро обслуживания (*b*) в ресторане «Можайский», в кафе «Экспресс» (*c*) 271-91-03 **13.7** (*d*) У Тани/нога болит/она должна/ей нельзя (*e*) У вас/болит спина/вы доложны/ вам нельзя (*f*) У Аллы/болит горло/она должна/ей нельзя (*g*) У него/ болит глаз/он должен/ ему нельзя.

Всё понятно

**1** (*a*) н (*b*) н (*c*) п (*d*) п (*e*) н (*f*) п **2** (*a*) health (*b*) children (*c*) diabetes (*d*) not all are free (*e*) looking for fruit and vegetables (*f*) eat (take food).

## Unit 14

Вопросы

1 (*a*) н (*b*) н (*c*) п (*d*) п (*e*) н 2 (*a*) Недалеко от станции метро Академическая (*b*) Потому что ярко-красный свитер мал (*c*) Потому что чёрный свитер ей очень идёт (*d*) Яркие, весёлые цвета (*e*) Чёрный.

Упражнения

**14.1** (*a*) ничего не (*b*) никого не (*c*) нигде не (*d*) никогда не (*e*) никуда не **14.2** (*a*) Helicopter and horse (*b*) Bus and air (*c*) Concerts, tasting Russian cuisine, sauna, theatrical performances **14.3** (*a*) Извините, пожалуйста, у вас есть меховы шапки? (*b*) Покажите, пожалуйста, эту шапку ... вон там, налево (*c*) Можно её примертить? (*d*) Я думаю/мне кажется, что она мне велика (*e*) Пятьдесят четвёртый (*f*) Пожалуйста, да (*g*) Да, вы правы. Я возьму эту шапку **14.4** (*a*) two (*b*) two – men's and children's (*c*) Kievskaia (*d*) three **14.5** 1 c 2 a 3 e 4 d 5 b **14.6** (*b*) чёрную юбку/красивее/красной юбки (*c*) зелёный свитер/дешевле/чёрного свитера (*d*) красное платьс/ярче/серого платья (*e*) новый галстук/веселее/старого галстука **14.7** (*a*) Читать романы (*b*) романтические (*c*) биографию (*d*) в книжном магазине.

Всё понятно?

**1** 1 d 2 c 3 b 4 c **2** (*a*) father and son (*b*) Moscow textiles institute (*c*) Japan, Australia, India (*d*) classical (English) suit (*e*) music and painting (*f*) teacher and constant example.

## Unit 15

Вопросы

1 (*a*) п (*b*) н (*c*) н (*d*) п (*e*) п 2 (*a*) потому что он любит спорт (*b*) за Володю (*c*) тридцать семь лет (*d*) в Киеве, на Украине (*e*) это международный женский день.

Упражнения

**15.1** 1 e 2 d 3 g 4 f 5 b 6 a 7 c **15.2** (*a*) New Year (*b*) Birthday (*c*) Invitation **15.3** Олег Петрович Быков русский;

родился в Ялте 12-ого апреля 1972-ого года. Олег живёт в Краснодаре, где он работает учителем. **15.4** (*a*) больших ресторанах (*b*) книга о спортсменах (*c*) иностранным туристам (*d*) русских музеях (*e*) свежего молока (*f*) новых квартирах **15.5** (*a*) Моя фамилия Браун (*b*) Я англичанин/англичанка (*c*) Я родился/родилась восьмого августа тысяча девятьсот сорок пятого года. (*d*) Я родился/родилась в Лидсе, на севере Англии (*e*) Теперь я живу на юге Англии, в Брайтоне (*f*) Я работаю журналистом/журналисткой **15.6** (*a*) она пойдёт в бассейн с Аллой (*c*) она пойдёт в кинотеатр с Борисом (*d*) она напишет отчёт для директора (*e*) она пойдёт на вечер с Людой (*f*) она поедет за город с Борисом (*g*) она пойдёт в театр с Максимом **15.7** приходит/выходит/подходит/сходит/переходит/входит/переходит/входит.

Всё понятно?

**1** 1 b  2 a  3 c  4 c  **2** (*a*) tree (*b*) kind old man with white beard, in white fur coat, with sack of presents (*c*) grand-daughter, the Snow Maiden (*d*) to the old year (year that has just finished) (*e*) happiness, health, success.

## Unit 16

### Вопросы

**1** (*a*) н (*b*) п (*c*) н (*d*) п (*e*) н (*f*) п **2** (*a*) В четверг вечером (*b*) Опера «Отелло» (*c*) В кукольном театре (*d*) Он думает, что было бы скучно (*e*) Когда он достанет билеты.

### Упражнения

**16.1** (*a*) который (*b*) которой (*c*) котором (*d*) которого (*e*) которыми (*f*) которую **16.2** (*a*) На пьесу «Три сестры» (*b*) В театре драмы и комедии (*c*) Полвосьмого **16.3** (*b*) [e.g.] Если бы у меня было много денег, я купил(а) бы новую машину (*c*) [e.g.] Если бы я плохо себя чувствовал(а), я пошла бы в поликлинику (*d*) [e.g.] Если бы я потерял(а) собаку, я позвонил(а) бы в полицейский участок
**16.4** (*a*) – Что вы любите больше, спорт, музыку или рисование?
– Больше всего я люблю музыку

(*b*)– Что бы любите больше, театр, кино или цирк?

– Больше всего я люблю кино

(*c*) – Что вы любите больше, оперу, балет или футбол?

– Больше всего я люблю оперу

**16.5** (*b*) Виктор не очень энергичный человек. Он гимнаст. Было бы лучше, если бы он работал администратором

(*c*) Вадим творческий человек. Он шофёр. Было бы лучше,если бы он работал журналистом

(*d*) Наташа добрый, энергичный человек. Она телефонистка. Было бы лучше, если бы она работала медсестрой

(*e*) Миша очень серьёзный человек. Он футболист. Было бы лучше, если бы он работал адвокатом

**16.6** 1 d 2 c 3 a 4 e 5 b.

Все понятно

**1** 1 d 2 b 3 a **2** (*a*) P.I.Tchaikovsky born (*b*) 53 (*c*) 9 years (*d*) 100,000 (*e*) first entry in visitors' book dates from then (*f*) everything just as it was in his lifetime (*g*) on Tchaikovsky's birthday and anniversary of his death.

## Unit 17

Вопросы

**1** (*a*) п (*b*) н (*c*) н (*d*) п (*e*) н **2** (*a*) Немножко лучше (*b*) Ей нужно отдохнуть (*c*) Ира (*d*) Сочи – лучший курорт, если хочешь и отдохнуть, и вылечиться (*e*) Завтра утром.

Упражнения

**17.1** 1 b 2 d 3 e 4 a 5 c **17.2** (*a*) Crimea (*b*) sea air/sun/ medicinal mineral waters/beneficial climate/beautiful nature (*c*) International Youth Tourist Organisation (*d*) magnificent nature, excellent conditions, any time of year **17.3** (*b*) Это один из самых приятных курортов в стране (*c*) Это один из самых быстрых поездов в стране (*d*) Это один из самых мягких климатов в стране (*e*) Это одна из самых интересных программ в стране (*f*) Это один из самых красивых соборов в стране **17.4** (*a*) Здравствуйте. Есть свободные номера? (*b*) Я хочу заказать номер, пожалуйста (*c*) Номер на одного с душем, с телефоном и с телевизором, пожалуйста (*d*) На пять дней, до пятницы (*e*) Спасибо. Где можно взять ключ? **17.5** (*b*) Наде некогда смотреть телевизор (*c*) Вале нечем писать письмо (*d*) Борису некуда идти сегодня вечером (*e*) Марине негде работать (*f*) Игорю не на что жаловаться (*g*) Соне некому подарить пластинку **17.6** (*a*) a few minutes (*b*) to improve service (*c*) service on his floor.

Всё понятно?

**1** 1 c   2 c   3 b   **2** (*a*) 'plane/ship/train/bus/car (*b*) to arts' festivals/rest and treatment/business trips/river and sea cruises (*c*) Moscow (*d*) Estonian (*e*) 5-7 days (*f*) tennis/windsurfing/sailing/fishing/volleyball/table tennis/mountain hikes.

## Unit 18

Вопросы

**1** (*a*) п (*b*) н (*c*) н (*d*) н (*e*) п **2** (*a*) Ужасно (*b*) Чай (чайку) (*c*) Она переходила через улицу (*d*) В больницу (*e*) Он в состоянии шока.

Упражнения

**18.1** 1 d   2 a   3 f   4 e   5 b   6 c   **18.2** (*b*) Свидетель сказал, что это было часа в четыре (*c*) Свидетель сказал, что он видел грузовик и старую женщину (*d*) Свидетель сказал, что он подбежал к ней (*e*) Свидетель сказал, что он подбежал к старой женщине (*f*) Свидетель сказал, что он не очень хорошо себя чувствует (*g*) Свидетель сказал, что он не хочет поехать в медпункт **18.3** (*a*) Hotel Mozhaiskaia (*b*) Camera, £30 sterling and 100 roubles (*c*) Her room (*d*) 28th March 1991 **18.4** (*a*) Вы ужасно выглядите! (*b*) Что с вами? (*c*) Что случилось? (*d*) Это ужасно. Садитесь (*e*) Вы хотите чай/чайку? (*f*) Не за что/Пожалуйста     **18.5** приехала/переехала/выехали/проехали/подъехало **18.6** 1 b   2 d   3 a   4 e   5 c **18.7** (*a*) Часов в десять (*b*) В два часа (*c*) Он ходил в кинотеатр с Леной (*d*) Полодиннадцатого.

Всё понятно?

**1** 1 b   2 a   3 d   **2** (*a*) Emperor, general, diplomat and shipbuilder (*b*) Moscow (*c*) Peter conquered the troops of the Swedish king (*d*) As the new capital of Russia and a 'window into Europe' (*e*) Exhibits include his personal things (*f*) Worst flood in Petersburg's history.

**Unit 19**

Вопросы

**1** (*a*) н (*b*) п (*c*) п (*d*) н (*e*) п **2** (*a*) Сегодня (*b*) Переводчицей (*c*) В Ленинграде (*d*) В Париж (*e*) Духи.

Упражнения

**19.1** (*a*) Россия
Санкт-Петербург 109262
Улица Зацепа, д.20, кв.57,
Шмелёву, Б.Н.
(*b*) Россия
Воронеж 394001
Рябиновая улица, д.21, кв.76
Плотниковой, М.А.
(*c*) Россия
Москва 117522
Минская улица, д.62, кв.15,
Соколовскому, Ф.И.

**19.2** (*a*) Every year (*b*) Best publication about tourism in Russia (*c*) Foreign writers (*d*) tourist journey, sights, nature, historical and cultural monuments of the peoples of Russia, meetings with Russian people, tours, excursions, national cuisine and modern life of Russia. **19.3** (*b*) Я не знаю, сказала ли Нина, что она поедет в Париж (*c*) Я не знаю, приедет ли Борис сегодня (*d*) Я не знаю, любит ли Вадим смотреть телевизор (*e*) Я не знаю, прочитала ли Валя всю книгу (*f*) Я не знаю, подписал ли директор договор **19.4** (*a*) В Новосибирске (*b*) Нет, у неё нет сестры. У неё брат (*c*) Её мужа зовут Николай (*d*) Она старается писать раз в неделю (*e*) Потому что она так занята **19.5** (*a*) Он ходил психологом (*b*) В конце июня – начале июля (*c*) Не позднее 1 августа/до 1 августа (*d*) Секретарь, И.С.Хмелевский.

**Всё понятно?**

**1** 1 d  2 b  3 b  4 c  **2** (*a*) That his holiday went well (*b*) 48 working days/8 weeks (*c*) Travel (*d*) Very tired (*e*) To her relations' 'dacha'/summer flat/holiday home (*f*) During the day it was up to 35 degrees (*g*) Wonderful! – Mild climate, warm sea, good conditions for a holiday.

**Unit 20**

**Вопросы**

**1** (*a*) н (*b*) н (*c*) п (*d*) п (*e*) н **2** (*a*) Тост за своих русских друзей (*b*) Очень, всё удивительно интересно (*c*) За всё. За билеты в театр, за поездку за город (*d*) Красивый платок (*e*) Она получает русскую балалайку.

**Упражнения**

**20.1** 1 d  2 a  3 e  4 b  5 c  **20.2** (*a*) Which bag should one take on a journey? (*b*) Holidays, business trips, tourist trips, sports trips (*c*) Light and strong/lasting **20.3** e.g.:

| | |
|---|---|
| Дорогой Анатолий! | Россия |
| Спасибо вам большое за билеты в театр; мне очень понравился балет «Снегурочка». Спасибо тоже за экскурсию в дом-музей Чайковского и обед в ресторане «Колобок». Всё было очень интересно. | 105554 Москва Первомайская ул., д.45, кв.29 Губанову, А.П. |
| Всего хорошего, | |

**20.4** (*a*) Room number, surname, date of departure, name of things, signature, date (*b*) Every day before 11am (*c*) Leave it on the table **20.5** (*a*) В Сибири, на востоке страны (*b*) Потому что её муж умер десять лет назад (*c*) Сын, невестка и два внука (*d*) Пётр (Петя) и Андрей (Андрюша) (*e*) Петя играет на скрипке, а Андрюша играет в футбол **20.6** (*a*) Я интересуюсь русской музыкой (*b*) Да, иногда я играю в теннис летом (*c*) Я делаю покупки, работаю в саду, иногда хожу в кинотеатр (*d*) Больше всего мне понравилась экскурсия в Суздаль (*e*) Завтра. Самолёт вылетает в 10 часов утра.

Всё понятно?

**1** (*a*) н (*b*) п (*c*) н (*d*) п (*e*) н **2** (*a*) In Leningrad on Kuznechnyj pereulok (*b*) 2 – Fedya and Lyuba (son and daughter) (*c*) As having 6 rooms and situated on second (i.e. first) floor (*d*) Read to his children (*e*) Newspapers, boxes of cigarettes, letters, books (*f*) To reorganise it according to the laws of nature, truth, good and beauty.

# Russian-English Vocabulary

| | |
|---|---|
| а | *and, but* |
| ава́рия | *accident* |
| а́вгуст | *August* |
| авто́бус | *bus, coach* |
| автомоби́ль (m.) | *car* |
| адвока́т | *solicitor* |
| англи́йский | *English* |
| англича́нин[ка] | *English (wo)man* |
| А́нглия | *England* |
| антра́кт | *interval* |
| апре́ль (m.) | *April* |
| апте́ка | *chemist's shop* |
| | |
| бага́ж | *luggage* |
| бассе́йн | *swimming pool* |
| бе́гать/бежа́ть (бегу́, бежи́шь, бегу́т)/побежа́ть | *to run* |
| бе́дный | *poor* |
| без (+ gen) | *without* |
| бе́лый | *white* |
| бензи́н | *petrol* |
| бе́рег (pl. берега́) | *bank, shore* |
| беспла́тный | *free, at no charge* |
| беспоко́иться/побеспоко́иться | *to worry, be anxious* |
| биле́т | *ticket* |
| благодари́ть/поблагодари́ть (за + асс.) | *to thank (for)* |
| благода́рный | *grateful* |
| бланк | *form* |
| ближа́йший | *closest* |
| бли́зкий | *near* |
| блины́ | *pancakes* |
| бога́тый | *rich* |
| больни́ца | *hospital* |
| больно́й | *ill* |
| боль (f.) | *pain* |
| бо́льше всего́ | *most of all* |
| большо́й | *big* |
| борода́ | *beard* |
| брат (pl. бра́тья) | *brother* |

| | |
|---|---|
| брать (беру́, берёшь)/взять (возьму́ возьмёшь) | to take |
| брю́ки (f.) | trousers |
| бу́дущий (adj.) | future |
| буты́лка | bottle |
| бы́стрый | quick |
| бюро́ | office |
| боро́ нахо́док | lost property office |
| | |
| ва́жный | important |
| ва́нная | bathroom |
| ваш | your |
| ведь | you realise/know, after all, indeed |
| везде́ | everywhere |
| век | century |
| вели́кий | great |
| велосипе́д | bicycle |
| вертолёт | helicopter |
| весёлый | cheerful |
| весна́ | spring |
| весь, вся, всё, все | all |
| ве́тер | wind |
| ве́чер (pl. вечера́) | evening; party |
| вещь (f.) | thing |
| взро́слый | adult |
| вид | view; type |
| ви́деть/уви́деть | to see |
| вино́ | wine |
| вку́сный | tasty, delicious |
| вме́сте | together |
| внизу́ | downstairs/below, down below |
| внима́тельный | careful, attentive |
| внук/вну́чка | grandson/daughter |
| во́время | on time |
| вода́ | water |
| води́ть/вести́ (веду́, ведёшь)/ повести́ | to lead, take (on foot) |
| возвраща́ть(ся)/верну́ть(ся) (верну́[сь], вернёшь[ся]) | to return |
| во́здух | air |
| вози́ть/везти́ (везу́, везёшь)/ повезти́ | to transport, take (by transport) |
| возмо́жность (f.) | opportunity, possibility |
| война́ | war |
| вокза́л | (railway) station |
| волнова́ться/взволнова́ться | to be agitated, upset, worried |

| | |
|---|---|
| во́лосы (gen.pl. воло́с) | hair |
| воскресе́нье | Sunday |
| восто́к | east |
| вот | here/there is/are |
| врач | doctor |
| вре́мя (n., pl. времена́) | time |
| всего́ | in all, only |
| всё | everything |
| вспомина́ть/вспо́мнить | to recollect, reminisce, remember |
| встава́ть/встать (вста́ну, вста́нешь) | to get up |
| встре́ча | meeting |
| встреча́ть/встре́тить | to meet |
| встреча́ться/встре́титься | to meet one another |
| вто́рник | Tuesday |
| вход | entrance |
| входи́ть/войти́ | to enter |
| вчера́ | yesterday |
| вы́глядеть (+ instr.) | to look (e.g. smart) |
| высо́кий | tall, high |
| выходи́ть/вы́йти | to go out |
| выходно́й день | day off |
| | |
| га́лстук | tie |
| где | where |
| гла́вный | main |
| глаз (pl. глаза́) | eye |
| глу́пый | stupid |
| год | year |
| голова́ | head |
| голубо́й | light blue |
| гора́ | mountain |
| го́рло | throat |
| го́род (pl. города́) | town |
| горя́чий | hot (to the touch) |
| гости́ница | hotel |
| гости́ная | sitting room |
| гость (m.)/го́стья | guest/female guest |
| гото́вить/приготовить | to prepare |
| гра́дус | degree (of temperature) |
| грипп | 'flu |
| гроза́ | (thunder)storm |
| гру́ппа | group |
| гуля́ть/погуля́ть | to stroll |
| | |
| да | yes |
| дава́й[те] | let's |

| | |
|---|---|
| дава́ть/дать (дам, дашь, даст, дади́м, дади́те, даду́т) | *to give* |
| далеко́ | *far, a long way* |
| дари́ть/подари́ть | *to give as a present* |
| дверь (f.) | *door* |
| дворе́ц | *palace* |
| де́вушка | *girl* |
| действи́тельный | *real, actual* |
| деклара́ция | *currency declaration* |
| де́лать/сде́лать | *to do, make* |
| де́ло | *matter, affair* |
| делово́й | *business* (adj.), *businesslike* |
| день (m., fleeting 'e') | *day* |
| день рожде́ния | *birthday* |
| дере́вня | *village; countryside* |
| дешёвый | *cheap* |
| дли́нный | *long* |
| дли́тельный | *long, lengthy* |
| до (+ gen.) | *before; as far as; until* |
| до́брый | *good, kind* |
| дово́льно | *enough; quite* |
| дово́льный | *content, satisfied* |
| догово́р | *agreement, contract* |
| договори́лись | *agreed* |
| доезжа́ть/дое́хать | *to reach, travel as far as* |
| до́лго | *for a long time* |
| дождь (m.) | *rain* |
| до́лжен, должна́, etc. | *must, have to, duty bound* |
| дом (pl. дома́) | *house, home* |
| дома́шний | *domestic* |
| доро́га | *road, way, journey* |
| дорого́й | *dear, expensive* |
| до свида́ния | *goodbye* |
| достава́ть/доста́ть (доста́ну, доста́нешь) | *to get, obtain* |
| достопримеча́тельность (f.) | *sight (e.g. tourist sights)* |
| дочь (f., pl. до́чери) | *daughter* |
| друг (pl. друзья́) | *friend* |
| ду́мать/поду́мать | *to think* |
| дуть/поду́ть | *to blow* |
| духи́ (m.pl.) | *perfume* |
| душ | *shower* |
| ду́шный | *suffocatingly hot* |
| дя́дя | *uncle* |
| | |
| еди́ный (биле́т) | *all-in-one (ticket)* |
| ежего́дный | *annual* |

| | |
|---|---|
| ежедне́вный | *daily* |
| е́здить/е́хать (е́ду, е́дешь)/пое́хать | *to go* (by transport), *to travel* |
| ёлка | *fir/Christmas tree* |
| е́сли | *if* |
| есть (ем, ешь, ест, еди́м, еди́те, едя́т)/съесть | *to eat* |
| ещё | *still, again, more* |
| | |
| жа́ловаться/пожа́ловаться (на + асс.) | *to complain (about)* |
| жа́ркий | *hot* |
| ждать (жду, ждёшь ... ждут)/ подожда́ть | *to wait for* |
| жёлтый | *yellow* |
| жела́ть/пожела́ть (+ genitive) | *to wish* |
| жена́ | *wife* |
| же́нщина | *woman* |
| жи́вопись | *painting* |
| живо́т | *stomach* |
| жизнь (f.) | *life* |
| жить | *to live* |
| журна́л | *magazine* |
| | |
| за (+ instr.) | *behind, beyond* |
| заболева́ть/заболе́ть | *to be/fall ill* |
| забыва́ть/забы́ть | *to forget; to leave* |
| зави́сеть от (+ gen.) | *to depend on* |
| заво́д | *factory* |
| за́втра | *tomorrow* |
| за́втракать | *to have breakfast* |
| загля́дывать/загляну́ть | *to glance; to drop in* |
| зака́зывать/заказа́ть | *to order, book, reserve* |
| закрыва́ть(ся)/закры́ть (закро́ю, закро́ешь) (ся) | *to close* |
| замеча́тельный | *splendid* |
| занима́ть(ся)/заня́ть (займу́, займёшь) (ся) | *to occupy* |
| заня́тие | *occupation, activity* |
| за́нятый | *busy, occupied, engaged* |
| за́пад | *west* |
| заполня́ть/запо́лнить | *to fill in* |
| запреща́ть/запрети́ть | *to forbid* |
| зато́ | *on the other hand* |
| заходи́ть/зайти́ | *to pop in* |
| звать/по-, на- | *to call* |
| звони́ть/позвони́ть | *to ring, telephone* |
| зда́ние | *building* |
| здесь | *here* |

| | |
|---|---|
| здоро́вье | health |
| здоро́вый | healthy (short form – well) |
| здра́вствуйте | hello |
| зелёный | green |
| зима́ | winter |
| знако́миться/познако́миться | to meet |
| знать | to know |
| зо́нтик | umbrella |
| зуб | tooth |
| зубно́й врач | dentist |
| | |
| игра́ть/сыгра́ть | to play |
| игру́шка | toy |
| из (+ gen.) | from (out of) |
| изве́стный | famous |
| извиня́ть/извини́ть | to excuse |
| изуча́ть/изучи́ть | to study, learn |
| и́ли | or |
| и́менно | namely, precisely |
| и́мя (n.) | (first) name |
| иногда́ | sometimes |
| иностра́нный | foreign |
| интересова́ться/заинтересова́ться (за + instr.) | to be interested (in) |
| интере́сный | interesting |
| иска́ть (ищу́, и́щешь) | to look for |
| испа́нский | Spanish |
| ита́к | and so, so, well |
| италья́нский | Italian |
| ию́ль (m.) | July |
| ию́нь (m.) | June |
| | |
| кабине́т | office, study |
| каза́ться/показа́ться (мне ка́жется) | to seem (it seems to me) |
| как | how, as |
| как бу́дто | as if |
| как жаль | what a shame/pity |
| како́й | which, what sort of |
| как то́лько | as soon as |
| кани́кулы (f.pl.) | (school) holidays |
| ка́рий (soft adjective) | hazel, brown (eyes) |
| карти́на | picture |
| ка́сса | cash desk; ticket office |
| ката́ться на лы́жах | to ski, go skiing |
| кафе́ | café |
| ка́ша | porridge |
| ка́шель (m., fleeting 'e') | cough |
| ка́шлять | to (have a) cough |

| | |
|---|---|
| кварти́ра | *flat* |
| кинотеа́тр | *cinema* |
| колле́га | *colleague* |
| командиро́вка | *business trip* |
| коне́ц | *end, direction, destination* |
| коне́чно | *of course* |
| ко́нкурс | *competition* |
| конфе́та | *sweet* |
| конча́ть(ся)/ко́нчить(ся) | *to finish, end* |
| кори́чневый | *brown* |
| коро́бка | *box* |
| коро́ткий | *short* |
| костю́м | *suit* |
| кошелёк | *purse* |
| кра́жа | *theft* |
| краси́вый | *beautiful* |
| кра́сный | *red* |
| Кремль (m.) | *Kremlin* |
| крича́ть/закрича́ть (2nd conjugation) | *to shout* |
| кро́ме (+ genitive) | *apart from, except* |
| кру́пный | *major, large* |
| к сожале́нию | *unfortunately* |
| к сча́стью | *fortunately* |
| кто | *who* |
| куда́ | *(to) where* |
| кури́ть/закури́ть | *to smoke* |
| ку́хня | *kitchen* |
| | |
| ла́дно | *OK* |
| лёгкий | *light, easy* |
| лежа́ть (2nd conjugation) | *to lie, be lying down* |
| ле́кция | *lecture* |
| лета́ть/лете́ть/полете́ть | *to fly* |
| ле́то | *summer* |
| ли́чный | *personal* |
| ло́шадь (f.) | *horse* |
| лу́чший | *better, best* |
| лы́жи (f.pl.) | *skis* |
| люби́ть | *to love, like* |
| любо́й | *any* |
| | |
| май | *May* |
| ма́ленький | *small* |
| ма́ло (+ gen.) | *little* |
| ма́рка | *stamp* |

| | |
|---|---|
| март | *March* |
| маршру́т | *route, itinerary* |
| ма́сло | *butter; oil* |
| мать (f., pl. ма́тери) | *mother* |
| ме́бель (f.) | *furniture* |
| медсестра́ | *nurse* |
| ме́жду (+ instr.) | *between, among* |
| междунаро́дный | *international* |
| ме́лочь (f.) | *change* |
| ме́сто | *place* |
| мете́ль (f.) | *snowstorm* |
| милиционе́р | *policeman* |
| ми́лый | *dear, sweet* |
| ми́мо (+ gen.) | *past* |
| мир | *world; peace* |
| мно́го (+ gen.) | *a lot, many* |
| мо́да | *fashion* |
| мо́жет быть | *perhaps* |
| мо́жно | *it is possible, one may* |
| молодо́й | *young* |
| молоко́ | *milk* |
| мо́ре | *sea* |
| моро́женое | *ice cream* |
| моро́з | *frost* |
| морско́й | *sea (adj.), marine* |
| москви́ч[ка] | *Muscovite* |
| мост | *bridge* |
| мочь (могу́, мо́жешь, мо́гут; past tense: мог, могла́)/смочь | *to be able* |
| музе́й | *museum* |
| мя́гкий | *soft, gentle* |
| мя́со | *meat* |
| | |
| набира́ть/набра́ть | *to dial* |
| над (+ instr.) | *over, on top of* |
| надева́ть/наде́ть (наде́ну, наде́нешь) | *to put on* |
| наде́яться (наде́юсь, наде́ешься, наде́ются) | *to hope* |
| на́до | *it is necessary* |
| наза́д | *ago* |
| назва́ние | *name* |
| называ́ть/назва́ть (назову́, назовёшь) | *to name, call* |
| наконе́ц | *finally* |
| напи́ток | *drink* |
| наприме́р | *for example* |

| | |
|---|---|
| наро́д | *people, nation* |
| насчёт (+ gen.) | *as regards to, concerning* |
| находи́ть/найти́ | *to find* |
| находи́ться | *to be situated* |
| нача́ло | *beginning* |
| начина́ть(ся)/нача́ть(ся) (начну́, начнёшь) | *to begin* |
| не́который | *some, certain* |
| нельзя́ | *it is forbidden, not possible* |
| нетерпе́ние | *impatience* |
| нигде́ | *nowhere* (position) |
| никогда́ | *never* |
| никто́ | *no-one* |
| никуда́ | *nowhere* (motion) |
| ничто́ | *nothing* |
| но́вый | *new* |
| но́вости (f.pl.) | *news* |
| нога́ | *leg, foot* |
| носи́ть | *to wear* |
| носи́ть/нести́ (несу́, несёшь; past tense: нёс, несла́)/понести́ | *to carry* |
| носо́к (fleeting 'o' – носки́ pl.) | *sock* |
| ночь (f.) | *night* |
| ноя́брь (m.) | *November* |
| нра́виться/понра́виться | *to please, be pleasing* |
| | |
| обе́дать/пообе́дать | *to have lunch* |
| о́бувь (f.) | *footwear* |
| объясня́ть/объясни́ть | *to explain* |
| обы́чный | *usual* |
| обяза́тельно | *without fail, certainly* |
| о́вощи (m.pl.) | *vegetables* |
| оде́жда (sing. only) | *clothes* |
| одея́ло | *blanket* |
| одна́ко | *however* |
| о́зеро | *lake* |
| окно́ | *window* |
| октя́брь (m.) | *October* |
| опи́сывать/описа́ть | *to describe* |
| опуска́ть/опусти́ть | *to drop, lower* |
| опя́ть | *again* |
| о́сень (f.) | *autumn* |
| осо́бенно | *especially* |
| оставля́ть/оста́вить | *to leave* |
| остана́вливать(ся)/останови́ть(ся) | *to stop* |
| остано́вка | *(bus) stop* |

| | |
|---|---|
| от (+ gen.) | *(away) from* |
| отвеча́ть/отве́тить | *to answer* |
| о́тдых | *rest, holiday* |
| отдыха́ть/отдохну́ть | *to rest; have a holiday* |
| оте́ц | *father* |
| от и́мени (+ gen.) | *on behalf of, in the name of* |
| отка́зываться/отказа́ться от (+ gen.) | *to refuse* |
| открыва́ть(ся)/откры́ть (откро́ю, откро́ешь) (ся) | *to open* |
| откры́тка | *postcard* |
| отли́чный | *excellent* |
| о́тпуск | *leave* |
| отсю́да | *from here* |
| отту́да | *from there* |
| отходи́ть/отойти́ | *to leave, move away from* |
| о́тчество | *patronymic* |
| о́чень | *very* |
| о́чередь (f.) | *queue* |
| очки́ (m.pl.) | *spectacles, glasses* |
| ошиба́ться/ошиби́ться | *to be mistaken* |
| оши́бка | *mistake* |
| | |
| пала́тка | *tent* |
| па́мятник | *monument* |
| па́мять (f.) | *memory, remembrance* |
| па́смурный | *overcast* |
| перево́дчик/перево́дчица | *translator, interpreter* |
| переса́дка | *change (e.g. of train)* |
| пе́рвый | *first* |
| пе́ред (+ instr.) | *in front of* |
| переда́ча | *programme* |
| передава́ть/переда́ть | *to pass, pass on* |
| переу́лок | *lane, alleyway* |
| переходи́ть/перейти́ | *to cross* |
| пи́во | *beer* |
| пиро́г | *pie* |
| писа́ть (пишу́, пи́шешь)/написа́ть | *to write* |
| письмо́ | *letter* |
| пить (пью, пьёшь)/вы́пить | *to drink* |
| пла́вать/плыть (плыву́, плывёшь)/ поплы́ть | *to swim, sail* |
| пласти́нка | *record* |
| племя́нник/племя́нница | *nephew/niece* |
| пла́тье (gen.pl. пла́тьев) | *dress* |
| пого́да | *weather* |
| под (+ instr.) | *under* |

| | |
|---|---|
| пода́рок | *present* |
| подпи́сывать/подписа́ть | *to sign* |
| по́дпись (f.) | *signature* |
| подтвержда́ть/подтверди́ть | *to confirm* |
| по́езд (pl. поезда́) | *train* |
| пое́здка | *journey* |
| по́здний | *late* |
| пока́зывать/показа́ть | *to show* |
| покупа́ть/купи́ть | *to buy* |
| пол | *floor* |
| по́лдень (m.) | *midday* |
| по́лночь (f.) | *midnight* |
| полоте́нце | *towel* |
| получа́ть/получи́ть | *to receive* |
| помидо́р | *tomato* |
| по́мнить/вспо́мнить | *to remember* |
| помога́ть/помо́чь (+ dative) | *to help* |
| по-мо́ему | *in my opinion* |
| по́мощь (f.) | *help* |
| понеде́льник | *Monday* |
| понима́ть/поня́ть (пойму́, поймёшь) | *to understand* |
| пора́ (+ infin.) | *it is time to* |
| поря́док | *order* |
| поса́дка | *boarding* (of a train, plane, etc.) |
| посети́тель (m.) | *visitor* |
| посеща́ть/посети́ть | *to visit* |
| по́сле (+ gen.) | *after* |
| после́дний | *last, latest* |
| послеза́втра | *the day after tomorrow* |
| посте́ль (f.) | *bed* |
| постоя́нный | *constant* |
| посыла́ть/посла́ть (пошлю́, пошлёшь) | *to send* |
| посы́лка | *parcel* |
| пото́м | *then, next, after* |
| потому́, что | *because* |
| почему́ | *why* |
| почему́-то | *for some reason or other* |
| по́чта | *post office; post* |
| поэ́тому | *therefore* |
| пра́вда | *truth* |
| пра́вило | *rule* |
| пра́вильный | *correct* |
| пра́здник | *holiday, celebration, festive occasion* |
| предлага́ть/предложи́ть | *to suggest, propose* |

| | |
|---|---|
| предпочита́ть/предпоче́сть (past tense: предпочёл, предпочла́) | *to prefer* |
| преподава́ть/препода́ть | *to teach* |
| преподава́тель (m.) | *teacher* |
| привози́ть/привезти́ | *to bring* (by transport) |
| приглаша́ть/пригласи́ть | *to invite* |
| приём | *reception* |
| приме́р | *example* |
| приме́ривать/приме́рить | *to try on* |
| принима́ть/приня́ть (приму́, при́мешь) | *to receive, take, accept* |
| приноси́ть/принести́ | *to bring* |
| приро́да | *nature* |
| прихо́д | *arrival* |
| приходи́ть/прийти́ | *to arrive, come* |
| прия́тный | *pleasant* |
| пробле́ма | *problem* |
| проводи́ть/провести́ | *to spend* (of time) |
| прогно́з | *forecast* |
| продава́ть/прода́ть | *to sell* |
| продаве́ц | *shop assistant* (male) |
| продавщи́ца | *shop assistant* (female) |
| производи́ть/произвести́ | *to produce* |
| происходи́ть/произойти́ | *to happen* |
| проси́ть/попроси́ть (+ acc.) | *to ask, request* |
| просто́й | *simple* |
| про́сьба | *request* |
| прохла́дный | *cool, chilly* |
| проходи́ть/пройти́ | *to go through, past* |
| проща́ть/прости́ть | *to forgive, excuse* |
| путеше́ствие | *travel, journey* |
| путеше́ствовать | *to travel* |
| путь (m.) | *journey, way* |
| пя́тница | *Friday* |

| | |
|---|---|
| рабо́та | *work* |
| рабо́тать | *to work* |
| рад | *glad* |
| разгово́р | *conversation* |
| разме́р | *size* |
| ра́зный | *different, various* |
| ра́неный | *hurt, wounded, injured* |
| ра́нний | *early* |
| расска́зывать/рассказа́ть | *to tell, relate* |
| ребёнок (pl. де́ти) | *child* |

| | |
|---|---|
| результа́т | result |
| река́ | river |
| рекомендова́ть/порекомендова́ть | to recommend |
| ремо́нт | repair |
| реша́ть/реши́ть | to decide |
| роди́ться | to be born |
| ро́дственник | relative, relation |
| роль (f.) | role |
| рот | mouth |
| руба́шка | shirt |
| рубль (m.) | rouble |
| рука́ | hand, arm |
| ру́сский | Russian |
| ру́чка | pen |
| ры́ба | fish |
| ряд | row; series; rank |
| ря́дом с (+ instr.) | next to |
| | |
| с (+ gen.) | since; (down) from |
| с (+ instr.) | with |
| сад | garden |
| сади́ться/сесть | to sit down; to catch (e.g. bus) |
| самолёт | aeroplane |
| све́жий | fresh |
| свети́ть | to shine |
| све́тлый | light |
| свобо́дный | free, vacant |
| се́вер | north |
| сего́дня | today |
| седо́й | grey (hair) |
| семья́ | family |
| сентя́брь (m.) | September |
| се́рдце | heart |
| се́рый | grey |
| сестра́ (pl. сёстры) | sister |
| сиде́ть | to sit, be seated |
| си́льный | strong |
| си́ний | dark blue |
| скри́пка | violin |
| ску́чный | boring |
| сло́жный | complicated |
| случа́ться/случи́ться | to happen |
| слу́шать/послу́шать | to listen to |
| слы́шать (слы́шу, слы́шишь)/ услы́шать | to hear |
| смешно́й | funny, amusing |
| смотре́ть/посмотре́ть | to watch, look at |

| | |
|---|---|
| снача́ла | *at first* |
| СНГ | *CIS (Commonwealth of Independent States)* |
| сно́ва | *again* |
| соба́ка | *dog* |
| собира́ть/собра́ть | *to collect, gather* |
| собира́ться/собра́ться | *to prepare oneself, intend; assemble* |
| сове́т | *advice; council* |
| сове́товать/посове́товать (+ dative) | *to advise* |
| совеща́ние | *meeting, conference* |
| совреме́нный | *modern, contemporary* |
| совсе́м | *quite, entirely; at all* |
| согла́сный | *in agreement* |
| сок | *(fruit) juice* |
| сообща́ть/сообщи́ть | *to communicate, announce* |
| состоя́ние | *condition* |
| спа́льня | *bedroom* |
| спаси́бо | *thank you* |
| спина́ | *back* |
| спосо́бный | *talented* |
| спра́шивать/спроси́ть (+ асс.) | *to ask, enquire* |
| спустя́ | *later, after* |
| среда́ | *Wednesday* |
| среди́ (+ genitive) | *among* |
| сре́дний | *average* |
| сро́чный | *urgent* |
| СССР | *USSR* |
| станови́ться/стать (ста́ну, ста́нешь; + instr.) | *to become* |
| ста́нция | *station (bus or underground)* |
| ста́рый | *old* |
| стара́ться/постара́ться | *to try* |
| столи́ца | *capital* |
| сто́ить | *to cost* |
| стоя́нка | *parking* |
| стоя́ть | *to stand* |
| стра́шный | *terrible (dreadful)* |
| стул (pl. сту́лья) | *chair* |
| суббо́та | *Saturday* |
| сухо́й | *dry* |
| сходи́ть/сойти́ | *to get off* |
| счёт | *bill* |
| счита́ть(ся) | *to consider (to be considered)* |
| сын | *son* |
| сыр | *cheese* |

| | |
|---|---|
| так | *so* |
| та́кже | *also* |
| тако́й | *such a, so* |
| такси́ (n.) | *taxi* |
| там | *there* |
| телеви́зор | *television* |
| тёмный | *dark* |
| теплохо́д | *ship* |
| тёплый | *warm* |
| теря́ть (теря́ю, теря́ешь)/потеря́ть | *to lose* |
| тётя | *aunt* |
| ти́хий | *quiet* |
| това́ры (m.) | *goods, wares* |
| тогда́ | *then, in that case* |
| то есть (т.е.) | *that is (i.e.)* |
| то́же | *also* |
| то́лько | *only* |
| то́чка | *point; full stop* |
| трамва́й | *tram* |
| тру́дный | *difficult* |
| тума́н | *fog, mist* |
| тури́ст | *tourist* |
| | |
| у (+ gen.) | *by; at the house of* |
| уважа́емый | *respected* |
| уваже́ние | *respect* |
| уве́ренный | *certain, sure* |
| увлека́ться/увле́чься (+ instr.) | *to be enthusiastic about* |
| у́гол | *corner* |
| ударя́ть/уда́рить | *to hit, strike* |
| удиви́тельный | *surprising, amazing* |
| удо́бный | *comfortable, convenient* |
| удово́льствие | *pleasure* |
| уже́ | *already* |
| у́жин | *supper* |
| у́зкий | *narrow* |
| узнава́ть/узна́ть | *to find out, to recognize* |
| у́лица | *street* |
| улучша́ть/улу́чшить | *to improve* |
| умира́ть/умере́ть (past tense: у́мер, умерла́) | *to die* |
| у́мный | *clever (intelligent)* |
| универма́г | *department store* |
| универса́м | *supermarket* |
| уника́льный | *unique* |
| усло́вие | *condition* |
| успе́х | *success* |

| | |
|---|---|
| уставáть/устáть (устáну, устáнешь) | to get tired |
| ýтро | morning |
| уходи́ть/уйти́ | to leave; be spent (of time) |
| учи́тель (m.) | teacher |
| учи́тельница (f.) | teacher |
| | |
| фами́лия | surname |
| феврáль (m.) | February |
| фотоаппарáт | camera |
| | |
| хлеб | bread |
| ходи́ть/идти́ (иду́, идёшь; past tense: шёл, шла)/пойти́ | to go (on foot), to walk |
| ходьбá | walk, walking |
| холóдный | cold |
| хорóший | good |
| хотéть (хочу́, хóчешь, хóчет, хоти́м, хоти́те, хотя́т)/захотéть | to want |
| хотя́ | although |
| | |
| цвет (pl. цветá) | colour |
| цветóк (pl. цветы́) | flower |
| цель (f.) | goal, aim |
| цéрковь (f. – fleeting 'o') | church |
| цирк | circus |
| | |
| чáсто | often |
| часы́ | watch, clock |
| чей, чья, чьё, чьи | whose |
| человéк (pl. лю́ди) | person |
| чéрез (+ acc.) | across |
| чёрный | black |
| чеснóк | garlic |
| четвéрг | Thursday |
| чéтверть (f.) | quarter |
| числó | date; number |
| читáть/прочитáть | to read |
| что | what |
| чу́вствовать/почу́вствовать себя́ | to feel |
| чудéсный | wonderful |
| | |
| широ́кий | wide, broad |
| шкаф | cupboard |
| шкóла | school |
| шу́мный | noisy |
| шу́ба | fur coat |

| | |
|---|---|
| шу́тка | *joke* |
| щи | *cabbage soup* |
| эта́ж | *floor, storey* |
| ю́бка | *skirt* |
| юг | *south* |
| язы́к | *language; tongue* |
| янва́рь (m.) | *January* |
| я́ркий | *bright* |

# Key Words and Phrases:
# English–Russian

(N.B. for prepositions – in, on, at, etc. – see p.293)

| | |
|---|---|
| *able (to be – can)* | мочь (я могу́, ты смо́жешь)/смочь |
| *aeroplane* | самолёт |
| *after* | по́сле (+ genitive) |
| *again* | опя́ть, ещё раз, сно́ва |
| *all* | весь (вся, всё, все) |
| *already* | уже́ |
| *also* | та́кже/то́же |
| *always* | всегда́ |
| *and* | и, а |
| *autumn* | о́сень f.; осенью – in the autumn) |
| | |
| *bad* | плохо́й |
| *be (to)* | быть |
| *because* | потому́ что |
| *because of (+ noun)* | из-за (+ genitive) |
| *behind* | за (+ instrumental) |
| *better* | лу́чший |
| *big* | большо́й |
| *bread* | хлеб |
| *breakfast* | за́втрак |
| *brother* | брат (pl.бра́тья) |
| *building* | зда́ние |
| *bus* | авто́бус |
| *but* | но, а |
| *buy* | покупа́ть/купи́ть |
| | |
| *car* | автомоби́ль (m.), маши́на |
| *carry (to)* | носи́ть, нести́/понести́ |
| *cheese* | сыр |
| *child* | ребёнок (pl. дети) |
| *cinema* | кино́ (теа́тр) |
| *church* | це́рковь (f.) |
| *closed* | закры́т (закры́та, закры́то, закры́ты) |
| | |
| *coffee* | ко́фе |
| *cold* | холо́дный |
| *complain (to)* | жа́ловаться (я жа́луюсь, ты жа́луешься)/по- |

| | |
|---|---|
| *concert* | концéрт |
| *cost (to)* | стóить |
| *day* | день (m.; fleeting 'e'; днём – during the day/afternoon) |
| *delicious* | вкýсный |
| *do (to)* | дéлать/сдéлать |
| *doctor* | врач |
| *don't mention it* | нé за что |
| *east* | востóк |
| *eat (to)* | есть (я ем, ты ешь)/съесть |
| *even* | дáже |
| *evening* | вéчер (вéчером – in the evening) |
| *every* | кáждый |
| *excuse me, please* | извинúте, пожáлуйста |
| *far (a long way off)* | далекó |
| *father* | отéц, пáпа |
| *feel (to)* | чýвствовать себя́ (как вы себя́ ýвствуете? – how do you feel?) |
| *first* | снача́ла (at first); пéрвый (adjective) |
| *flat* | кварти́ра |
| *fly (to)* | летáть, летéть/полетéть |
| *form* | бланк (запóлнить бланк – to fill in a form) |
| *free* | свобóдный |
| *friend* | друг (pl. друзья́) |
| *girl* | дéвушка |
| *give (to)* | давáть (я даю́, ты даёшь)/дать (я дам, ты дашь; дáйте мне, пожáлуйста – please give me) |
| *go (to)* | ходи́ть, идти́/пойти́ (on foot); éздить, éхать/поéхать (by transport) |
| *good* | хорóший (хорошó – well) |
| *goodbye* | до свидáния |
| *happen (to)* | случáться/случи́ться |
| *head* | головá |
| *hear (to)* | слы́шать (я слы́шу, ты слы́шишь)/услы́шать |
| *hello* | здрáвствуйте |
| *help (to)* | помогáть/помóчь (+ dative) |
| *her* | её; свой (своя́, своё, свои́) |
| *here* | здесь (position); сюдá (direction) |
| *his* | егó; свой (своя́, своё, свои́) |
| *home* | дом (дóма – at home; домóй – homewards) |

| | |
|---|---|
| hot | жа́ркий (of weather); горя́чий (to the touch) |
| hotel | гости́ница |
| hour | час |
| house | дом |
| how | как |
| how many/how much | ско́лько |
| husband | муж |
| ice cream | моро́женое |
| ill | больно́й (бо́лен, больна́, бо́льно, больны́) |
| impossible (it is; one may not) | нельзя́ |
| invite (to) | приглаша́ть/пригласи́ть |
| late | по́здний (поздно – it is late) |
| left (on the, to the) | нале́во |
| letter | письмо́ |
| like (to) | люби́ть (я люблю́, ты лю́бишь); нра́виться/по-(мне нра́вится) |
| listen (to) | слу́шать/послу́шать |
| live (to) | жить (я живу́, ты живёшь) |
| luggage | бага́ж |
| lunch | обе́д |
| magazine | журна́л |
| many/much | мно́го (+ genitive pl.) |
| milk | молоко́ |
| minute | мину́та |
| money | де́ньги (genitive pl. де́нег) |
| month | ме́сяц |
| morning | у́тро (у́тром – in the morning) |
| mother | мать (f.), ма́ма |
| my | мой (моя́, моё, мои́) |
| near (it is) | бли́зко |
| necessary (it is) | на́до |
| new | но́вый |
| newspaper | газе́та |
| night | ночь (f; но́чью – at night) |
| no | нет |
| north | се́вер |
| occupied | за́нят (занята́, за́нято, за́няты) |
| of course | коне́чно |
| often | ча́сто |
| OK | ла́дно |
| old | ста́рый |
| open | откры́т (откры́та, откры́то, откры́ты) |

| | |
|---|---|
| *order (to)* | зака́зывать/заказа́ть |
| *our* | наш (на́ша, на́ше, на́ши) |
| *over there* | вон там |
| *person* | челове́к (pl. люди) |
| *please* | пожа́луйста |
| *place* | ме́сто |
| *play* | пье́са |
| *play (to)* | игра́ть/сыгра́ть (в те́ннис; на кла́рнете) |
| *possible (it is; one may)* | мо́жно |
| *postcard* | откры́тка |
| *prefer (to)* | предпочита́ть/предпоче́сть |
| *prepare (to)* | гото́вить/при- |
| *present* | пода́рок |
| *rain* | дождь (m.) |
| *receive (to)* | получа́ть/получи́ть |
| *rest (to)* | отдыха́ть/отдохну́ть |
| *return (to)* | возвраща́ться/верну́ться |
| *right (on the, to the)* | напра́во |
| *ring (to)* | звони́ть/позвони́ть (+ dative) |
| *sea* | мо́ре (на берегу́ мо́ря – at the seaside) |
| *see (to)* | ви́деть/уви́деть |
| *sister* | сестра́ (genitive pl. сестёр) |
| *snow* | снег |
| *sometimes* | иногда́ |
| *south* | юг |
| *speak (to)* | говори́ть (e.g. по-англи́йски) |
| *spring* | весна́ (весно́й – in the spring) |
| *stand (to)* | стоя́ть |
| *still* | ещё |
| *straight on* | пря́мо |
| *street* | у́лица |
| *sugar* | са́хар |
| *summer* | ле́то (ле́том – in the summer) |
| *sun* | со́лнце |
| *supper* | у́жин |
| *surname* | фами́лия |
| *swim* | пла́вать, плыт /поплы́ть |
| *take (to)* | брать (я беру́, ты берёшь)/взять (я возьму́, ты возьмёшь) |
| *tea* | чай |
| *tell (to)* | сказа́ть (скажи́те, пожа́луйста – tell me, please) |
| *thank you* | спаси́бо |

| | |
|---|---|
| *then* | потóм (next); тогдá (in that case; at that time) |
| *there* | там (position); тудá (direction) |
| *there is/are* | есть |
| *this* | э́тот (эта, это, эти) |
| *this is/these are* | э́то |
| *throat* | гóрло |
| *ticket* | билéт |
| *ticket office* | кácca |
| *today* | сегóдня |
| *tomorrow* | зáвтра |
| *tooth* | зуб |
| *town* | гóрод |
| *unfortunately* | к сожалéнию |
| *usually* | обы́чно |
| *very* | óчень |
| *waiter/waitress* | официáнт/официáнтка |
| *want (to)* | хотéть (я хочý, ты хóчешь) |
| *water* | водá |
| *weather* | погóда |
| *week* | недéля |
| *west* | зáпад |
| *when* | когдá |
| *where* | где (position), кудá (direction) |
| *which* | какóй?; котóрый |
| *who* | кто?; котóрый |
| *why* | почемý |
| *wife* | женá |
| *wind* | вéтер |
| *window* | окнó |
| *winter* | зимá (зимóй – in the winter) |
| *work (to)* | рабóтать |
| *worry (to)* | беспокóиться/по- (не беспокóйтесь! – don't worry!) |
| *write* | писáть/написáть |
| *yes* | да |
| *yesterday* | вчерá |
| *young* | молодóй |
| *your* | твой (твоя́, твоё, твои́); ваш (вáша, вáше, вáши) |

# Index

## Further titles from Teach Yourself

0 340 59429 2
*Teach Yourself Business Russian* ☐ £8.99
Olga Bridges with Pauline Rayner and Irina Tverdokhlebova

0 340 56177 7
*Teach Yourself Bulgarian* ☐ £8.99
Michael Holman and Mira Kovatcheva

*All Teach Yourself books are available from your local bookshop or can be ordered direct from the publisher. Just tick the titles you want and fill in the form below.*
*Prices and availability subject to change without notice.*

To: Hodder & Stoughton Ltd, Cash Sales Department, Bookpoint, 39 Milton Park, Abingdon, OXON, OX14 4TD, UK. If you have a credit card you may order by telephone - 01235 831700.

Please enclose a cheque or postal order made payable to Bookpoint Ltd to the value of the cover price and allow the following for postage and packing:

UK & BFPO: £1.00 for the first book, 50p for the second book and 30p for each additional book ordered up to a maximum charge of £3.00.
OVERSEAS & EIRE: £2.00 for the first book, £1.00 for the second book and 50p for each additional book.

Name ........................................................................................................

Address ....................................................................................................

..................................................................................................................

..................................................................................................................
If you would prefer to pay by credit card, please complete:
Please debit my Visa/Access/Diner's Card/American Express
(delete as appropriate)
card no:

☐☐☐☐ ☐☐☐☐ ☐☐☐☐ ☐☐☐☐

Signature ...........................................................Expiry Date....................